Beck-Rechtsberater
Rechtsfragen bei einem Todesfall

W0173971

Beck-Rechtsberater:
Rechtsfragen bei einem Todesfall

Von Prof. Dr. Walter Zimmermann

2., aktualisierte und erweiterte Auflage
Stand: 1. 10. 1995

Deutscher
Taschenbuch
Verlag

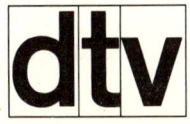

Redaktionelle Verantwortung: Verlag C.H. Beck, München
Umschlaggestaltung: Celestino Piatti
Umschlagfoto: Matthias Hoffmann, München
Gesamtherstellung: C.H. Beck'sche Buchdruckerei, Nördlingen
ISBN 3 423 056320 (dtv)
ISBN 3 406 406831 (C.H. Beck)

Vorwort

Das vorliegende Buch gibt keine Ratschläge zur Testamentsabfassung. Es geht vom Todesfall aus und gibt den Erben, Nichterben, Angehörigen, Verwandten, Vermietern, Gläubigern rechtlich orientierte Ratschläge.

Es werden mit der Bestattung zusammenhängenden Fragen erörtert (Beerdigung, Feuerbestattung, Leiche, Friedhof, Grab, Grabdenkmal, Grabpflege, Kosten), dann die wichtigeren Erbrechtsprobleme (Testament, gesetzliches Erbrecht, Pflichtteil usw) behandelt, die Besonderheiten der Erbfolge in der Landwirtschaft, bei der Wohnung, in Handelsgeschäfte, in Sozialansprüche, in die Lebensversicherung dargelegt. Auf entlegenere Sachverhalte, die seltener erörtert werden, wie Auslandsfälle, Tod von Betreuten und Altenheimbewohnern, Steuerfragen, Hinterbliebenenrenten, Unterhaltsrenten bei Tötung, Rückzahlung von Sozialhilfe, Sterbegelder, Informationsrechte, Schutz von Persönlichkeitsrechten, Kirchenrecht und Ersparnis von Kosten habe ich besonderen Wert gelegt.

Die einschlägigen gesetzlichen Bestimmungen habe ich genannt, wichtige Rechtsprechung zitiert. Eine erschöpfende Darstellung war wegen des Umfangs nicht möglich. Die Beratung durch rechtskundige Personen wird durch dieses Buch nicht ersetzt.

Die 2. Auflage bringt Ergänzungen, die durch das Jahressteuergesetz 1996 bedingt sind, ferner bei der Erbschaftsteuer, Hinterbliebenenversorgung, Obduktion, Bestattung von Frühgeburten, Transplantation, Ertragswert; auch im übrigen ist das Buch auf den neuesten Stand gebracht.

Passau, im Oktober 1995   Walter Zimmermann

Abkürzungen

aA	anderer Ansicht
Abs	Absatz
abw	abweichend
AG	Amtsgericht
AO	Abgabenordnung
Art	Artikel
AGBG	Gesetz über Allgemeine Geschäftsbedingungen
BayVBl	Bayerische Verwaltungsblätter
BFH	Bundesfinanzhof
BGB	Bürgerliches Gesetzbuch
BGBl	Bundesgesetzblatt
BGH	Bundesgerichtshof
BSHG	Bundessozialhilfegesetz
BStBl	Bundessteuerblatt
BVG	Bundesversorgungsgesetz
BVerwG	Bundesverwaltungsgericht
DGVZ	Dt. Gerichtsvollzieherzeitung
DNotZ	Deutsche Notarzeitung
EGBGB	Einführungsgesetz zum BGB
ErbStG	Erbschaftsteuergesetz
EStG	Einkommensteuergesetz
FamRZ	Zeitschrift für das gesamte Familienrecht
FGG	Ges. über die Freiwillige Gerichtsbarkeit
FGPrax	Praxis der Freiwilligen Gerichtsbarkeit
G	Gesetz
GAL	Gesetz über eine Altershilfe für Landwirte
GBO	Grundbuchordnung
GrdstVG	Grundstücksverkehrsgesetz
GrEStG	Grunderwerbsteuergesetz
hM	herrschende Meinung
LG	Landgericht
MDR	Monatschrift für Deutsches Recht
ne	nichtehelich
NJW	Neue Juristische Wochenschrift
NJW-RR	Rechtsprechungsreport der NJW
OLG	Oberlandesgericht
RG	Reichsgericht
Rpfleger	Zeitschrift Der Rechtspfleger
RVO	Reichsversicherungsordnung

Rz.	Randziffer
S	Satz
SGB	Sozialgesetzbuch
StGB	Strafgesetzbuch
str	streitig
StVG	Straßenverkehrsgesetz
StPO	Strafprozeßordnung
TV	Testamentsvollstrecker, -ung
VGH	Verwaltungsgerichtshof
VO	Verordnung
VVG	Versicherungsvertragsgesetz
WEG	Wohnungseigentumsgesetz
ZEV	Zeitschrift für Erbrecht und Vermögensnachfolge
ZGB	Zivilgesetzbuch
ZPO	Zivilprozeßordnung
ZVG	Zwangsversteigerungsgesetz

Literatur

Bengel/Reimann, Handbuch der Testamentsvollstreckung, 1994

Ebenroth, Erbrecht, 1992

Esch/Schulze zur Wiesche, Handbuch der Vermögensnachfolge, 4. Aufl. 1992

Ferid/Firsching/Lichtenberger, Internationales Erbrecht, 4. Aufl. 1993 ff.

Gaedke, Handbuch des Friedhofs- und Bestattungsrechts, 6. Aufl. 1992

Haegele/Winkler, Der Testamentsvollstrecker, 13. Aufl. 1994

Jauernig u.a., BGB-Kommentar, 7. Aufl. 1994

Kapp/Ebeling, Handbuch der Erbengemeinschaft

Kleinknecht/Meyer-Goßner, Strafprozeßordnung, 42. Aufl. 1995

Knopp/Fichtner, Bundessozialhilfegesetz, 7. Aufl. 1992

Kunz/Ruf/Wiedemann, Heimgesetz, 7. Aufl. 1995

Lange/Wulff/Lüdtke-Handjery, Höfeordnung, 9. Aufl. 1991

Leipold, Erbrecht, 10. Aufl. 1993

Meincke, ErbStG (Kommentar), 10. Aufl. 1994

Monstadt, Unterhaltsrenten bei Tötung eines Ehegatten, 1992

Müller/Nachtigal/Hansen/Berenz, Rentenreformgesetz 1992, 2. Aufl. 1992

Münchener Kommentar zum BGB, 2. Aufl. 1984; 3. Aufl. 1993 ff.

Palandt, Bürgerliches Gesetzbuch, 54. Aufl. 1995

Pelikan, Rentenversicherung/SGB VI, 8. Aufl. 1992

Schmidt, Einkommensteuergesetz (Kommentar), 14. Aufl. 1995

Soergel, Bürgerliches Gesetzbuch, 12. Aufl. 1992

Wöhrmann/Stöcker, Das Landwirtschaftserbrecht, 6. Aufl. 1995

Inhaltsverzeichnis

I. Bestattungsvorbereitungen

1. Ablauf im Allgemeinen

Wer vom Tod eines Angehörigen betroffen wird, muß innerhalb kurzer Zeit im wesentlichen folgende Vorbereitungen treffen:
- Benachrichtigung eines Arztes (zwecks Leichenschau und Ausstellung der Leichenschau-Bescheinigung). Verpflichtet ist jeder Arzt, in Krankenhäusern der dort tätige Arzt; er wird von der Krankenhausverwaltung unmittelbar beauftragt.
- Benachrichtigung des Standesamts unter Mitnahme von Personalpapieren (§§ 32, 33 PStG), Vorlage der Leichenschau-Bescheinigung, Besorgen der Sterbeurkunde; weitere Formalitäten bei Feuerbestattung;
- Benachrichtigung des Bestatters, dort ist der Sarg mit Sargausstattung und Zubehör auszusuchen; die Überführung der Leiche zum Friedhof/Krematorium ist zu veranlassen;
- Benachrichtigung der Friedhofs-/Krematoriumsverwaltung und Vereinbarung eines Bestattungstermins; eventuell Vereinbarung der Aufbahrung der Leiche. Ist kein Grab vorhanden, muß ein Grabplatz besorgt werden; hierbei ist zu beachten, daß es für bestimmte Gräber besondere Gestaltungsregelungen (Grabstein, Bepflanzung) gibt, was für den späteren Grabstein jetzt schon bedacht werden muß.
Jede Beerdigung muß frühestens 48 Stunden und spätestens 96 Stunden nach Eintritt des Todes erfolgen; Einzelheiten regelt das Landesrecht (zB § 9 BayBestattungsVO); Ausnahmegenehmigungen über frühere oder spätere Bestattung sind zulässig.
- Benachrichtigung der Pfarrei/Kirchengemeinde: Mitteilung des Bestattungstermins, Vereinbarung einer Trauerfeier am Grab und des Trauergottesdienstes in den Einzelheiten (mit/ohne Organist, Sänger usw); Besuch beim Pfarrer zwecks Besprechung der Leichenrede (zweckmäßig ist, einen Lebenslauf des Verstorbenen mitzubringen); gegebenenfalls ist ein nichtkonfessioneller Redner zu besorgen;

- Verständigung der Verwandten, Arbeitgeber, Vereine;
- Tageszeitung: Todesanzeige in Auftrag geben (Personalausweis mitbringen, da sonst manchmal der Auftrag – zur Verhinderung von Unfug – nicht entgegengenommen wird);
- Gaststätte: Plätze für Leichenschmaus bestellen, Essen in Auftrag geben;
- Druckerei: Sterbebilder (Photos des Verstorbenen mitbringen), Totenbriefe, Einladungskarten für den Leichenschmaus in Auftrag geben.
- Blumengeschäft: Kranz und Sarggesteck in Auftrag geben, Kranzschleifen bedrucken lassen; Transport des Kranzes zum Friedhof veranlassen.

2. Beauftragung eines Bestattungsunternehmens

Im Regelfall kommen die Angehörigen nicht an der Beauftragung eines Bestattungsunternehmens vorbei. Denn zumindest der Sarg nebst Sargausstattung sowie die Überführung der Leiche vom Sterbeort zum Friedhof müssen dort in Auftrag gegeben werden.

Die Bestattungsunternehmen bieten darüber hinaus komplette Dienstleistungen an; sie führen auf Wunsch alle oben genannten Aufträge aus. Diese Leistung muß natürlich bezahlt werden und ist manchmal nicht billig. Die Angehörigen stehen hierbei vor dem Problem, daß bis zur Bestattung nur kurze Zeit zur Verfügung steht und der Schmerz und Pietätsgründe Preisverhandlungen und Preisvergleiche in der Regel verbieten. Wenn man sich für ein Bestattungsunternehmen entscheidet ist es deshalb wichtig, sich im Kreis der Verwandten und Bekannten nach deren Erfahrungen mit bestimmten Bestattungsunternehmen zu erkundigen und beim Vertrag ("Auftrag") mit dem Unternehmen den Leistungsumfang und den Preis genau festzulegen.

Das Unternehmen arbeitet gewinnorientiert; die Gewinnsituation ist für den Außenstehenden nicht genau durchschaubar: wenn zB das Bestattungsunternehmen mit der Einschaltung der Todesanzeige in die Zeitung beauftragt wird, bekommt das Unternehmen manchmal vom Zeitungsverlag Rabatt, so daß sich für die Hinterbliebenen keine Verteuerung ergibt; teils macht das Unternehmen aber auch auf den Preis, den man bei direkter Auftragserteilung bezahlen müßte, einen Aufschlag. Jedenfalls sollte man zur Auftragsvergabe Bekannte mitnehmen, da sie die Verhandlungen objektiver führen können.

Wenn Inhaber oder Angestellte eines Bestattungsunternehmens unaufgefordert nach einem Sterbefall das Trauerhaus aufsuchen, um den Hinterbliebenen ihre Dienste für die Bestattung anzubieten, ist das wettbewerbswidrig (RG 145, 396); das gilt erst recht, wenn es kurz vor dem Tod erfolgt (BGH Gewerbl. Rechtsschutz und UrheberR 1955, 541). Verträge, die auf diese Weise zustandekommen, können wegen Sittenwidrigkeit nichtig sein (§ 138 Abs. 1 BGB). Sonstige Verträge, die in der Privatwohnung aufgrund unaufgeforderten Besuchs zustande kommen, können innerhalb einer Woche widerrufen werden (§ 1 HaustürwiderrufsG). Einzelheiten vgl. Widmann, Der Bestattungsvertrag, 2. Aufl. 1994.

II. Die Leiche

1. Unnatürlicher Tod

Sind Anhaltspunkte dafür vorhanden, daß jemand eines nicht natürlichen Todes gestorben ist oder wird die Leiche eines Unbekannten gefunden (zB Wasserleichen), ist die Polizei zur sofortigen Anzeige an die Staatsanwaltschaft verpflichtet; zur Bestattung ist die schriftliche Genehmigung der Staatsanwaltschaft erforderlich (§ 159 StPO); aus dem Bestattungsschein muß ersichtlich sein, ob auch die Feuerbestattung genehmigt wird. Nicht natürlich ist der Tod durch Selbstmord, Unfall, Straftaten (Mord, Totschlag, Körperverletzung mit Todesfolge usw); über ärztliche Behandlungsfehler siehe unten 2c. Bei jungen Menschen bestehen schon Anhaltspunkte für einen unnatürlichen Tod, wenn ein natürlicher Tod nicht ersichtlich ist.

Bei einem unnatürlichen Tod kann die Staatsanwaltschaft eine Leichenschau veranlassen (§ 87 StPO).

2. Leichenschau

a) Allgemeine Leichenschau

In den Bestattungsgesetzen der Bundesländer ist geregelt, daß jede Leiche vor der Bestattung zur Feststellung des Todes, der Todesart (natürlicher oder nicht natürlicher Tod), Todesursache und der Todeszeit von einem Arzt untersucht werden muß. Zweck ist die Verhinderung der Bestattung von Scheintoten, Schaffung von personenstandsrechtlichen Urkunden, Bekämpfung übertragbarer Krankheiten und Todesursachenstatistik. Der Leichenschauschein besteht aus einem offenen Teil (der sog. Todesbescheinigung) und einem vertraulichen Teil mit näheren Angaben über die Todesursache. Bei verdächtigen Anzeichen hat der Leichenschauarzt die Polizei zu verständigen. In der Regel kann jeder Arzt, auch der Hausarzt, die Leichenschau vornehmen; eine Spezialausbildung ist nicht vorgeschrieben. Die Leichenschau ist beim Tod in der Wohnung von den Angehörigen zu veranlassen, zB indem der Hausarzt gerufen wird; beim Tod in der Klinik wird die Leichenschau von einem Klinikarzt vorgenommen.

Der Tod kann festgestellt werden, wenn sichere Anzeichen dafür bestehen; das sind Totenflecke, Totenstarre, Fäulnis.

b) Gerichtliche Leichenschau

Wenn eine Straftat als Todesursache nicht ausgeschlossen werden kann, ist eine Leichenschau durch die Staatsanwaltschaft, auf Antrag der Staatsanwaltschaft auch durch den Richter, unter Zuziehung eines Arztes durchzuführen (§ 87 StPO); Leichenschau ist die nur äußere Besichtigung der Leiche. Wenn fremdes Verschulden am Tod in Betracht kommt und Todesursache oder Todeszeit festgestellt werden müssen, folgt der Leichenschau die Leichenöffnung (Obduktion); sie muß vom Richter oder Staatsanwalt angeordnet werden. Verweigern die Angehörigen die Zustimmung zur Leichenöffnung, wird die Leiche beschlagnahmt (§ 94 StPO). Zwei Ärzte müssen die Leichenöffnung (Öffnung von Kopf-, Brust- und Bauchhöhle, § 89 StPO) vornehmen, einer davon muß Gerichts-, Amts- oder Institutsarzt sein; der zuletzt behandelnde Arzt ist von der Mitwirkung ausgeschlossen (§ 87 Abs. 2 StPO). Der Staatsanwalt kann teilnehmen. Über die Obduktion wird ein genaues Protokoll errichtet, eventuell mit Photographien. Bei Verdacht einer Vergiftung sind Chemiker bzw Toxikologen hinzuzuziehen (§ 91 StPO); bei Säuglingsleichen ist zu untersuchen, ob das Kind nach oder während der Geburt gelebt hat (§ 90 StPO).

c) Leichenschau bei eventuellen ärztlichen Behandlungsfehlern

Der Tod nach einer ärztlichen Operation oder Behandlung stellt nicht immer einen „unnatürlichen Tod" im Sinne des Strafprozeßrechts dar. Anders ist es, wenn Anhaltspunkte für Behandlungsfehler oder sonstiges Verschulden des Arztes bzw des ärztlichen Personals vorliegen (Maiwald NJW 1978, 563). Wenn ein solcher Verdacht besteht, können die Angehörigen einen anderen als den Klinikarzt mit der Leichenschau beauftragen; der operierende Arzt sollte die Leichenschau selbst nicht vornehmen (er ist zur Verweigerung berechtigt, vgl Art. 2 Abs. 3 BayBestattungsG). Der Leichenschauarzt ist verpflichtet, auf etwaige

Kunstfehler als Todesursache hinzuweisen (Gubernatis JZ 1982, 363). Die Angehörigen sollten ferner eine Sektion beantragen; wenn die behandelnden Ärzte die Sektion fordern, dürfen sie die Angehörigen nicht verweigern, weil ihnen sonst im späteren Zivilprozeß Beweisvereitelung entgegengehalten werden kann. Die Staatsanwaltschaft sollte sogleich verständigt werden, damit sie nach § 159 StPO tätig wird (oben 1). Zur Frage, inwieweit die Angehörigen Einsicht in den Sektionsbefund und die Krankenunterlagen haben, vgl S. 145.

3. Obduktion

Unter Obduktion (= Sektion; innere Leichenschau) versteht man die Leichenöffnung zwecks Feststellung der Todesursache; sie kommt aus verschiedenem Anlaß in Frage:
- Die behandelnden Ärzte wollen aus wissenschaftlichen Gründen die Todesursache feststellen;
- Die Beteiligten wollen die Frage der Arzthaftung dadurch klären;
- Die Lebensversicherungsgesellschaft verlangt die Obduktion zur Klärung, worin die Todesursache liegt, ob zB ein Unfall vorliegt (ob eine solche Obduktionsobliegenheit durch Versicherungsklauseln wirksam auferlegt werden kann, läßt der BGH NJW-RR 1992, 982 offen). Der Sozialversicherungsträger kann die Leichenöffnung zwecks Unfalluntersuchung verlangen (§§ 1559–1565 RVO).
- Die Unfallversicherung verlangt die Entnahme von Leichenblut zur Feststellung des Blutalkoholgehalts des tödlich verunglückten Versicherten, um auf diese Weise eventuell keine Versicherungssumme zahlen zu müssen; verweigert die Mutter des Toten (die die Summe erhalten würde) die Zustimmung zur Blutentnahme, kann dies nur dann zur Leistungsfreiheit der Versicherung führen, wenn die Leichenblutentnahme zu einem entscheidungserheblichen Beweisergebnis führen kann und wenn mit ihr das letzte noch fehlende Glied eines vom Versicherer zu führenden Beweises geliefert werden soll (BGH NJW-RR 1992, 853).
- Vor einer Feuerbestattung, wenn die Todesursache nicht eindeutig geklärt ist (§ 3 FeuerbestattungsG);

– Aus seuchenpolizeilichen Gründen (§ 32 Abs. 3 Bundesseu-
chenG);
– Anläßlich strafrechtlicher Ermittlungen (§§ 87ff StPO); vgl
oben 2.

Die Obduktion ist in den ersten vier Fällen nur mit Zustimmung des Verstorbenen zulässig, weil es sich um Eingriffe in ein
fortwirkendes Persönlichkeitsrecht handelt; läßt sich ein solcher
Wille des Verstorbenen nicht ermitteln, ist nur der Totenfürsorgeberechtigte dazu befugt (BGH NJW-RR 1992, 982), das sind
meist die nächsten Angehörigen (vgl S. 11), in erster Linie der
Ehegatte (LG Detmold NJW 1958, 265; Soergel/Wolf § 2038
BGB Rz 6). Wer zugestimmt, sollte klären, wie lange die Leiche
den Ärzten zur Verfügung steht, damit sich die Bestattung nicht
verzögert.

In Krankenhausaufnahmeverträgen sind manchmal vorgedruckte Klauseln enthalten, wonach der Patient mit der Sektion einverstanden ist,
wenn sie zur Feststellung der Todesursache aus ärztlicher Sicht notwendig ist oder wenn ein wissenschaftliches Interesse besteht. Rechtlich handelt es sich um Allgemeine Geschäftsbedingungen des Krankenhausträ-
gers. Ob sie wirksam sind ist umstritten (offengelassen vom BGH NJW
1990, 2313); richtiger Ansicht nach sind sie nicht wirksam, weil eine
solche Klausel für den Patienten, der den Krankenhaus-Vordruck nicht
im einzelnen durchliest, überraschend ist: der auf Besserung hoffende
Patient rechnet nicht damit, nach seinem Tod aufgeschnitten und seziert
zu werden.

Wird ohne Zustimmung seziert, stellt das nach herrschender
Rechtsmeinung keinen Straftatbestand dar (weder Leichenweg-
nahme nach § 168 StGB; noch Sachbeschädigung nach § 303
StGB). Beabsichtigen die Ärzte eine Sektion, der der Verstorbene
und die Angehörigen nicht zustimmen, können sie beim Zivilgericht (Amts-, Landgericht) eine einstweilige Verfügung beantragen, durch die die Unterlassung der Sektion geboten wird (§ 1004
BGB analog; §§ 935, 940 ZPO).

4. Exhumierung

Ist die Leiche begraben, muß sie vor der Obduktion ausgegra-
ben werden (Exhumierung). Die Ausgrabung und Leichenöffnung wird vom Richter angeordnet, bei Eilbedürftigkeit durch

den Staatsanwalt. Ein Angehöriger des Toten wird von der Ausgrabung in der Regel benachrichtigt (§ 87 Abs. 4 StPO). Die Erlaubnis des Friedhofsträgers ist zur gerichtlichen Exhumierung nicht erforderlich.

5. Organtransplantation

Ob dem Toten Organe (zB Nieren, Augenhornhaut, Zellen, Herz, Bauchspeicheldrüse, Gewebe) zwecks Transplantation entnommen werden dürfen, hängt zunächst vom Willen des Verstorbenen ab; er kann sich zB aus einem Organspende-Ausweis ergeben. Hat der Verstorbene zu Lebzeiten einer Transplantation widersprochen, können die Angehörigen diesen Widerspruch nicht durch ihre Zustimmung überwinden. Läßt sich ein Wille des Verstorbenen nicht ermitteln, kommt es auf den Willen der Person an, die der Verstorbene zur Wahrnehmung solcher Rechte bestimmt hat. Fehlt eine solche Person (wie meist), entscheiden die Angehörigen, wobei zunächst der Ehegatte maßgebend ist, dann die Kinder, die Eltern, die Geschwister. Stimmt also die Witwe zu, kommt es auf die Kinder nicht an. War der Verstorbene bereits verwitwet, sind die Kinder entscheidend. Problematisch ist die Lage, wenn zB die Kinder uneins sind; vertreten wird, daß die Zustimmung *eines* Berechtigten genüge oder die Mehrheit (vgl Soergel/Stein § 1922 BGB Rz 17); richtig ist mE, daß alle gleichrangigen Berechtigten (also alle Kinder) zustimmen müssen, weil es nicht um Fragen der Nachlaßverwaltung geht (für die dann Gemeinschaftsrecht, § 745 BGB, gilt), sondern um Persönlichkeitsrechte. Einzelheiten sind umstritten (vgl Schmidt-Didczuhn ZRP 1991, 264; Lemke MedR 1991, 288; Dreher/Tröndle StGB § 168 Rz 4); ein Transplantationsgesetz ist geplant.

In Klinikverträgen sind manchmal Klauseln vorgedruckt, wonach der Patient im Fall seines Todes mit einer Transplantation einverstanden ist; solche vorgedruckte Transplantationsklauseln dürften als überraschend (§ 3 AGBG) aufzufassen und daher unwirksam sein (Soergel/Stein § 1922 BGB Rz 20).

In den Ländern der ehem. DDR gilt die TransplantationsVO v. 4. 7. 1975 weiter (str.); nach § 4 Abs. 1 ist in den neuen Bundesländern die Organentnahme bei Verstorbenen für Transplantationszwecke zulässig, wenn der Verstorben zu Lebzeiten keine anderweitige Festlegung getroffen hat. Wenn der Verstorbene nicht widersprochen hat, haben die Angehörigen kein Entscheidungsrecht. Hat er widersprochen, können sie seine Zustimmung ohnehin nicht ersetzen.

Die Transplantation ist umstritten. Einesteils warten Tausende auf Organe (meist Nieren); Verkehrs-, Unfall- und Suizidopfer wären die geeigneten Spender. Andererseits ist unklar, wann jemand wirklich tot ist; üblicherweise wird der Zusammenbruch der Funktionen des Hirns (sog. Hirntod) dem Tod gleichgesetzt. Um die Organe durchblutet zu halten und später verwerten zu können, muß die moderne Intensivmedizin nach dem Eintritt des Hirntods das Herz-Kreislauf-System des Spenders künstlich aufrechterhalten; das gelingt über Wochen (Fall des „Erlanger Babys": eine tote Frau sollte noch ihr Kind austragen). Der „Tote" ist warm, sein Brustkorb hebt und senkt sich, sein Herz schlägt. Die Angehörigen können seinen Tod nicht in der herkömmlichen Art erleben; manche befürchten, sie würden vorzeitig als tot bezeichnet; andere denken, ihr Körper solle für die Auferstehung oder das Nachleben nach dem Tod intakt bleiben oder wollen sich einfach nicht im Interesse eines Unbekannten wie ein Ersatzteillager ausschlachten lassen.

6. Widmung der Leiche für die Anatomie

Ob die Leiche für wissenschaftliche Zwecke dem anatomischen Institut einer Universität zur Verfügung gestellt werden darf, richtet sich danach, ob ein entsprechender Wille des Verstorbenen vorliegt. Läßt sich der Wille nicht ermitteln, kommt es auf den Willen der Angehörigen (in der Reihenfolge oben 5) an. Die Institute leisten keine Zahlungen für die Leiche; sie übernehmen aber uU Kosten wie Leichenschaugebühren, Transportkosten, Aussegnungsfeier, Beisetzung, Grabpflege. Die Beisetzung erfolgt in einer Gemeinschaftsgrabanlage und wird oft erst nach einem Jahr vorgenommen.

Im Münchener Waldfriedhof sind bei einem Gedenkstein mit der Inschrift „Die Toten lehren die Lebenden" rund 1000 Personen bestattet, die seit 1977 ihren Körper der Anatomie vermacht haben.

7. Leichenversuche

Leichen werden gelegentlich (statt Puppen) an Universitäten in Versuchswägen für Auto-Crash-Tests verwendet; die Versuche dienen dazu, Rückhaltesysteme wie Gurte und Airbags sowie Kindersitze zu verbessern; auch für die Versicherungsmedizin, Verkehrsmedizin, Chirurgie und Rechtsmedizin sind Leichenversuche relevant. Wenn der Verstorbene damit einverstanden war, ist dies zulässig; hat er sich nicht geäußert, kommt es auf den Willen der Totenfürsorgeberechtigten (S. 8) an. Fehlt deren Einwilligung ist die Zulässigkeit von Leichenversuchen streitig (vgl Pluisch/Heifer NJW 1994, 2377).

8. Künstliche Körperteile

Für fest mit der Leiche verbundene künstliche Körperteile (Goldzähne, Herzschrittmacher, Gelenke) wird überwiegend ein Aneignungsrecht der Erben des Verstorbenen bejaht (Soergel/Stein § 1922 Rz 21); andere nehmen ein Aneignungsrecht der Erben an, dessen Ausübung von der Zustimmung der Angehörigen abhänge (Palandt/Edenhofer § 1922 BGB Rz 44). Andere halten künstliche Körperteile für einen unvererblichen Bestandteil der Leiche (Ebenroth Erbrecht Rz 37).

Jedenfalls dürfen Ärzte und Klinikverwaltungen diese Teile nicht von sich aus entfernen oder verwerten. Bei einer leichten pietätgerechten Entfernbarkeit und einem hohen Wert wird man meines Erachtens aber annehmen können, daß zB Herzschrittmacher vermögensrechtlichen Bestimmungen folgen, so daß die Erben nach der Aneignung diese Teile gegen Bezahlung veräußern dürfen (vgl Brandenburg JuS 1984, 48; Gropp JR 1985, 183; abw LG Mainz MedR 1984, 200).

Nicht fest mit dem Körper verbundene künstliche Teile wie Brillen, Perücken, Prothesen, künstliche Gebisse sind bewegliche Sachen und fallen in den Nachlaß.

III. Die Bestattung der Leiche

1. Wer ist totenfürsorgeberechtigt?

Das Recht, den Ort der letzten Ruhestätte zu bestimmen und für die Bestattung zu sorgen (Totenfürsorge) steht dem Verstorbenen zu; hatte der Verstorbene keine Anordnungen getroffen: in erster Linie demjenigen, den der Verstorbene mit der Wahrnehmung dieser Belange betraut hat (BGH NJW-RR 1992, 834). Hat der Verstorbene jemand mündlich oder schriftlich beauftragt (zB einen Freund, Lebensgefährten, Testamentsvollstrecker), ist diese Person totenfürsorgeberechtigt, auch wenn sie nicht zu den nahen Angehörigen oder Erben gehört. Der so Berufene ist berechtigt, den Willen des Verstorbenen notfalls auch gegen den Willen der Angehörigen zu erfüllen. Wegen der kurzen Zeitspanne bis zur Beerdigung besteht ein Eilbedürfnis: in Frage kommt, daß der Berechtigte eine einstweilige Verfügung (§§ 935 ff ZPO) gegen die Angehörigen bei Amts- oder Landgericht beantragt, daß er zur Wahrnehmung der Totenfürsorge, insbesondere zur Bestimmung von Art und Ort der Bestattung, berechtigt ist. Kann eine rechtzeitige Entscheidung nicht erlangt werden oder zeigt sich erst bei Testamentseröffnung, wer zur Totenfürsorge berechtigt war, kommt eine Umbettung der Leiche in Frage (vgl S. 19).

Der Wille des Verstorbenen, wer totenfürsorgeberechtigt sein soll, kann ausdrücklich bekundet werden, zB in einer letztwilligen Verfügung oder einem anderen Schriftstück (das nicht handschriftlich geschrieben sein muß); er kann auch mündlich bekundet sein; es genügt sogar, „wenn der Wille aus den Umständen mit Sicherheit geschlossen werden kann" (BGH NJW-RR 1992, 834). Hier kommen Äußerungen des Verstorbenen in Frage, an welchem Ort er beerdigt werden möchte, wer sein Grab pflegen solle. Den Umstand allein, daß jemand mehrere Jahre eng mit dem Verstorbenen zusammenlebte, hat der BGH nicht genügen lassen. Bleiben im Prozeß nach der Beweisaufnahme Ungewißheiten, geht das zu Lasten eines Dritten, dh dann bleibt es beim Totenfürsorgerecht der Angehörigen.

Ist ein Wille des Verstorbenen nicht erkennbar, sind nach Gewohnheitsrecht die nächsten Angehörigen des Verstorbenen berechtigt und verpflichtet, über den Leichnam zu bestimmen und über die Art der Beerdigung sowie die letzte Ruhestätte zu entscheiden (BGH FamRZ 1978, 15; NJW-RR 1992, 834; RGZ 154, 269). Reihenfolge: Ehegatte, Verwandte und Verschwägerte ab- und aufsteigender Linie, Geschwister und deren Kinder sowie Verlobte (hM, Soergel/Stein § 1922 BGB Rz 18). Der Wille des Ehegatten hat also Vorrang; fehlt ein Ehegatte, ist der Wille der Kinder vorrangig. Diese Reihenfolge gilt zunächst auch, wenn die Angehörigen nicht Erben geworden sind; das ergibt sich schon daraus, daß die Klärung der Erbfrage oft längere Zeit dauert, mit der Bestattung aber nicht gewartet werden kann.

2. Bestattungszwang

Jede menschliche Leiche muß bestattet werden; dieser Bestattungszwang ist in den Bestattungsgesetzen der Bundesländer verankert.

Bei Tot- und Fehlgeburten ist die Rechtslage unterschiedlich: Totgeburten mit einem Gewicht von mindestens 500 Gramm *müssen* bestattet werden (zB Art. 6 BayBestattungsG; § 24 PStG; § 29 PStV). Geburten, die nicht dem Bestattungszwang unterliegen, werden durch die Klinik „unverzüglich in schicklicher und gesundheitlich unbedenklicher Weise beseitigt", „soweit und solange sie nicht medizinischen oder wissenschaftlichen Zwecken dienen" (Art. 6 Abs. 3 BayBestattungsG). Dasselbe gilt für aus Schwangerschaftsabbrüchen stammende Föten und Embryonen (Art. 6 Abs. 2 BayBestattungsG). Diese Föten werden teils weiterverwertet (vgl Ingrid Schneider, Föten, ein neuer medizinischer Rohstoff, 1995). Die Bestattung von Tot- und Fehlgeburten unter 500 Gramm kann die Friedhofsbehörde aber auf Wunsch der Eltern zulassen.

3. Erdbestattung

Die Erdbestattung ist der Regelfall. Sie muß auf einem öffentlichen Bestattungsplatz erfolgen, also auf einem kommunalen (gemeindlichen) oder kirchlichen Friedhof, in Sonderfällen auf privaten Bestattungsplätzen oder auf See.

4. Feuerbestattung

In den alten Bundesländern werden ca 25% der Verstorbenen eingeäschert, in der DDR waren es früher mehr als 50%. Die Gründe dafür sind vielfältig: religiöse, ästhetische, hygienische und wirtschaftliche. Die christlichen Kirchen verbieten die Feuerbestattung nicht mehr.

a) Rechtsgrundlagen

Das Feuerbestattungsgesetz von 1934 gilt fort in den Ländern Bremen, Hessen, Niedersachsen, Nordrhein-Westfalen, Saarland, Schleswig-Holstein und in den neuen Bundesländern. In den anderen Bundesländern ist die Feuerbestattung in den jeweiligen Friedhofs- und Bestattungsgesetzen geregelt.

b) Voraussetzungen

Der Träger der Feuerbestattungsanlage (Krematorium) darf eine Einäscherung nur zulassen, wenn u.a. eine Bestätigung der Polizeidienststelle vorgelegt wird, daß keine Anhaltspunkte für einen nicht natürlichen Tod vorliegen und die Feuerbestattung dem Willen des Verstorbenen entspricht; letzteres ist nachzuweisen durch eine vom Verstorbenen stammende unterzeichnete schriftliche Erklärung, oder eine von ihm im Testament getroffene Anordnung oder eine von ihm vor einem Notar abgegebene Erklärung.

Hat der Verstorbene die Feuerbestattung abgelehnt, ist sie unzulässig; die Angehörigen dürfen die Einäscherung dann nicht gestatten.

Ist der Wille des Verstorbenen nicht nachweisbar, kommt es auf den Willen der Angehörigen an, weil anzunehmen ist, daß der Verstorbene die Art der Bestattung seinen Angehörigen überlassen wollte. Dabei gilt eine bestimmte Reihenfolge: zuerst kommt der Ehegatte; dann: Kinder und Adoptivkinder; Eltern; Großeltern; Enkelkinder; Geschwister; Geschwisterkinder; Verschwägerte ersten Grades. Wenn der in der Reihenfolge frühere Angehörige (zB der Ehegatte) nicht vorhanden ist oder verhindert ist oder sich um die Bestattung nicht kümmert, kommt die nächste Gruppe (zB die Kinder) zum Zuge. Unter mehreren Berechtigten (zB mehreren Kindern) ist dabei Einstimmigkeit erforderlich; bei Meinungsverschiedenheiten ist zunächst nur Erdbestattung zulässig (vgl § 2 FeuerbestattungsG; § 8 Bayerische Bestattungs-VO).

Bei Zweifeln über die Todesart muß zuvor ein Arzt des Gesundheitsamts eine Obduktion vornehmen. Bei Anhaltspunkten für einen nicht natürlichen Tod muß der zuständige Staatsanwalt oder der Amtsrichter die Feuerbestattung genehmigen (§ 159 Abs. 2 StPO).

In den neuen Bundesländern darf eine Einäscherung erst erfolgen, wenn der vom Standesamt ausgestellte Bestattungsschein vom Krematoriumsarzt bestätigt worden ist (Gaedke S. 245).

c) Durchführung

Die Einäscherung wird bei uns nicht etwa durchgeführt, indem die Leiche auf dem Scheiterhaufen verbrannt wird, wie dies der griechische Dichter Homer von der Beerdigung des Helden Patroklos berichtet. Vielmehr wird die Leiche im Sarg in ein Krematorium befördert (davon gibt es über hundert in Deutschland). Dort wird der Sarg mit der Leiche in eine Kammer verbracht, heiße Luft wird in die vom Feuerraum getrennte Kammer zugeführt, so daß die Asche rein und unvermischt mit Brennstoffresten zurückbleibt. An jedem Sarg wird eine durch Hitze nicht zerstörbare Marke angebracht (§ 15 BayBestattungsVO), so daß eine Verwechslung der Aschenreste ausgeschlossen erscheint. Aschenreste und Nummernmarke werden in einer Urne gesammelt; der Deckel der Urne wird mit einem Schild (Personalangaben des Verstorbenen) versehen. Die Urne wird vom Krematorium an den Friedhofsträger übersandt, wo die Beisetzung stattfinden soll, bleibt also fortlaufend in amtlicher Hand; eine Aushändigung der Urne an Angehörige ist nur in Sonderfällen zulässig.

Im Krematorium ist eine Leichenhalle vorhanden; ferner Räume für die Bestattungsfeierlichkeiten. Der Betrieb des Krematoriums ist durch eine Betriebsordnung geregelt.

d) Die Beisetzung der Aschenreste

Die Aschenreste werden in eine Urne aufgenommen; die Urne muß in einem Urnengrab oder Erdgrab beigesetzt werden oder in der Urnenhalle (Kolumbarium) oder dem Urnenhain eines Friedhofs aufgestellt werden. Die Ruhezeit ist in den jeweiligen Friedhofsordnungen bestimmt; nach Ablauf werden noch vorhandene Aschenreste nebst Urne in einer Gemeinschaftsgrabstelle beigesetzt. Die Angehörigen dürfen die Urne nicht etwa zuhause aufstellen.

Auf kirchlichen Friedhöfen, die unter kommunaler Verwaltung stehen, darf die Urnenbeisetzung Andersgläubiger nicht versagt werden, auch wenn der Verstorbene in einem anderen Ort als dem seines Wohnsitzes gestorben ist (BayVGH Bd. 50, 70; Bd. 54, 84). Ist dagegen in der selben Gemeinde neben dem katholischen ein kommunaler Friedhof vorhanden, kann die Kirchengemeinde eine Urnenbeisetzung Andersgläubiger versagen. Die Aschenreste von Angehörigen der eigenen Konfession müssen auch hier beigesetzt werden.

e) Kosten

Die Feuerbestattung ist nicht immer billiger als die Erdbestattung. Die Urne kostet zwischen 50 und 500 DM, der Kiefernsarg in einfachster Ausführung von 250–1500 DM.

5. Anonyme Bestattung

Es handelt sich dabei um eine Feuerbestattung, bei der anschließend die Urne in einer Gemeinschaftsgrabstätte beigesetzt wird, ohne daß ein Hinweis auf den Namen des Beigesetzten angebracht wird. Möglich ist auch, daß die Asche in einer Aschengemeinschaftsstätte unter dem grünen Rasen ausgestreut wird. Die Friedhofsverwaltung vermerkt natürlich die Namen der anonym Bestatteten in ihren Unterlagen.

Diese Bestattungsarten sind nicht in allen Friedhöfen zugelassen, sondern meist nur in großen Städten. Sie werden zB gewählt von Personen ohne Angehörige oder von Hinterbliebenen, die die erheblichen Kosten für ein Grabdenkmal nebst Gebühren und Grabpflege nicht aufbringen wollen oder können. Wenn der Verstorbene den Wunsch nach anonymer Bestattung schriftlich niedergelegt hat, ist sie zulässig. Andernfalls stellt sich die Frage, ob eine solche Bestattung seinem Willen entspricht.

6. Seebestattung

Die Beisetzung der Urne mit den Aschenresten hat grundsätzlich auf einem Friedhof zu erfolgen. Die zuständige Behörde kann aber die Beisetzung der Aschenreste außerhalb eines Friedhofs gestatten, zB in bestimmten Teilen der Nord- und Ostsee. Die Genehmigung wird in der Regel erteilt, wenn ein schriftlich niedergelegter Wunsch des Verstorbenen vorliegt; die Erklärung des Totenfürsorgeberechtigten, daß der Verstorbene eine Seebestattung wünschte, kann genügen. Die Seebestattung ist nicht auf Seeleute beschränkt. Die Behörde erteilt die Genehmigung unter der Auflage, daß die Urne aus Material hergestellt wird, das sich im Meerwasser schnell auflöst und die Urne mit Sand oder Kies beschwert wird, damit sie nicht an der Meeresoberfläche schwimmt. Mit der Seebestattung ist eine Reederei zu beauftragen; die Urne wird ohne Anwesenheit der Angehörigen nach einer Zeremonie im Meer (außerhalb der Dreimeilenzone) versenkt. Im Schiffstagebuch wird der Vorgang beurkundet. Die Behörde und die Angehörigen bekommen später eine Kartenskizze, auf der die Stelle, an der die Urne versenkt wurde, nach seiner geographischen Länge und Breite bezeichnet ist; der Zeitpunkt der Beisetzung wird ebenfalls mitgeteilt.

In manchen Bundesländern fehlt ein angrenzendes Meer. Hier muß die Urne an einen Friedhofsträger in den Küstenländern versandt werden.

Bei den Kosten ist zu beachten, daß der Seebestattung eine Feuerbestattung vorausgeht; andererseits entfallen Folgekosten für Grabdenkmal, Grabpflege, Grabnutzungsgebühren. Die Bestattungsunternehmen berechneten 1988 für eine Urnenversenkung in der Nordsee zwischen 300 und 5000 DM. Im Jahr gibt es in Deutschland ca. 6000 Seebestattungen.

7. Kirchliches Begräbnis

a) Allgemeines

Auf kommunalen Friedhöfen können alle Religionsgemeinschaften kirchliche Begräbnisfeiern abhalten; auch Bestattungsfeiern von Weltanschauungsgemeinden und Laienreden sind zugelassen (Gaedke S. 155).

Auf kirchlichen Friedhöfen, die verpflichtet sind, die Bestattung Andersgläubiger zu gestatten (vgl S. 20), kann ebenfalls den Geistlichen anderer anerkannter Religionsgemeinschaften die Amtsausübung nicht untersagt und das Glockengeläut nicht versagt werden (Gaedke S. 155). Ob auf solchen Friedhöfen auch Weltanschauungsgemeinschaften und Laienredner ohne weiteres tätig werden dürfen, ist umstritten; meines Erachtens ist es zu bejahen, weil ein solcher kirchlicher Friedhof in jeder Hinsicht einem kommunalen gleichgestellt sein muß, wenn nicht auf einen kommunalen Friedhof ausgewichen werden kann.

Jedes Mitglied einer Religionsgemeinschaft hat Anspruch auf Mitwirkung der Kirche der eigenen Konfession nach dem jeweiligen kirchlichen Ritus. Das kirchliche Begräbnis unterbleibt, wenn es nicht erwünscht ist (sog. stilles oder weltliches Begräbnis) oder wenn es die Kirche nach ihrer innerkirchlichen Ordnung versagt.

Bei der römisch-katholischen Kirche richtet sich das nach Can. 1176–1185 CIC 1983. Ungetauften Kindern kann das kirchliche Begräbnis gestattet werden; getauften, die einer nichtkatholischen Kirche zugezählt werden, kann das kirchliche Begräbnis „nach klugem Ermessen" des Pfarrers gewährt werden (Can. 1183). Das kirchliche Begräbnis ist bestimmten Personen zu verweigern, wenn sie nicht vor dem Tod irgendwelche Zeichen der Reue gegeben haben: nämlich offenkundigen Apostaten (Abtrünnigen), Häretikern (Ketzern, Sektierern), Schismatikern (Kirchenspaltern) und „andern öffentlichen Sündern, denen das kirchliche Begräbnis nicht ohne öffentliches Ärgernis bei den Gläubigen gewährt werden kann" (Can. 1184). Ein wegen der Kirchensteuer aus der Kirche Ausgetretener kann also kirchlich beerdigt werden, jedenfalls wenn der Austritt nicht öffentlich bekannt geworden ist.

b) Feuerbestattung

Die römisch-katholische Kirche empfiehlt zwar nachdrücklich, „daß die fromme Gewohnheit beibehalten wird, den Leichnam Verstorbener zu beerdigen; sie verbietet indessen die Feuerbestattung nicht, es sei, sie ist aus Gründen gewählt worden, die der christlichen Glaubenslehre widersprechen" (Can. 1176 § 3 CIC 1983). Die Teilnahme eines katholischen Geistlichen bei Feuerbestattungsfeiern und Urnenbeisetzungen ist deshalb möglich. Auch Sterbesakramente und kirchliche Einsegnung können gewährt, Totenmessen können gelesen werden; Einzelheiten ergeben sich aus den pastoralen Anweisungen der Ordinariate.

Die evangelische Kirche stellt es ihren Geistlichen anheim, an einer Feuerbestattungsfeier und an der Beisetzung von Aschenresten in Amtstracht mitzuwirken; verpflichtet sind sie dazu nicht. Weigert sich der zuständige evangelische Geistliche, können die Angehörigen einen anderen Geistlichen beauftragen (Abschn. VIII 10 der Lebensordnung 1977 der VELKD; Gaedke S. 249).

8. Trauerfeiern

Die Trauerfeiern werden in einem dafür bestimmten Raum auf dem Friedhof oder am Grab abgehalten. Musik- und Gesangsdarbietungen sowie Böllerschüsse auf den Friedhöfen müssen nach der jeweiligen Satzung von der Friedhofsverwaltung vorher genehmigt werden.

Grabreden werden nach Brauch von Geistlichen der Religionsgemeinschaften, Vereinsvorständen, ehemaligen Kollegen, Kommunalpolitikern usw gehalten. Früher wurden sie anschließend gedruckt und verteilt. Wenn der Geistliche die Lebensumstände des Verstorbenen nicht selbst kannte, ist es erforderlich, daß ihm die Angehörigen vor der Beerdigung die nötigen Informationen geben (zB kurzer Lebenslauf des Verstorbenen). Ist streitig, ob solche Reden gehalten werden dürfen, entscheidet der Totenfürsorgeberechtigte. Auch seine Entscheidung ist beschränkt durch das Hausrecht des Friedhofsträgers und die jeweilige Friedhofssatzung.

9. Umbettung von Leichen

Der einmal beigesetzte Tote darf in seiner Ruhe nicht mehr gestört werden; die Störung der Totenruhe ist unter Strafe gestellt (§ 168 StGB). Eine Umbettung kommt deshalb nur in Frage, wenn dadurch die Totenfürsorge angemessener ausgeübt wird als bei der ersten Bestattung (BGH MDR 1978, 299). Maßgebend ist der Wille des Totenfürsorgeberechtigten (vgl S. 11). Eine Umbettung kann zB erfolgen, wenn erst nach der Bestattung Anordnungen des Verstorbenen auftauchen, die befolgt werden müssen; oder wenn die Witwe bei ihrem vorverstorbenen Mann beerdigt werden möchte und daher dessen Umbettung begehrt. Besteht unter den Angehörigen Streit darüber, müssen sie vor dem Zivilgericht gegeneinander klagen.

Zusätzlich ist für eine Umbettung die Genehmigung des Friedhofsträgers erforderlich; sie wird nach den jeweiligen Friedhofssatzungen bzw Bestattungsverordnungen nur bei „Vorliegen eines wichtigen Grundes" gestattet und ferner vom Antrag bestimmter Antragsberechtigter abhängig gemacht. Wird die Genehmigung vom Friedhofsträger (Kommune) versagt, kann der Antragsteller hiergegen beim Verwaltungsgericht klagen.

IV. Der Friedhof

1. Allgemeines

Friedhöfe sind entweder gemeindliche oder kirchliche Einrichtungen; ihre Träger können nur juristische Personen des öffentlichen Rechts sein, private Träger sind wegen des öffentlichen Interesses an der Bestattung nicht zugelassen. Der Träger wird meist Eigentümer des Friedhofsgrundstücks sein; zwingend ist das nicht. Das Friedhofsgrundstück ist eine öffentliche Sache, gleichgültig wer Eigentümer ist. Die Friedhöfe selbst sind rechtlich gesehen „nicht rechtsfähige (unselbständige) öffentliche Anstalten" (BGH NJW 1958, 59).

2. Gemeindliche Friedhöfe

Der gemeindliche (= kommunale) Friedhof ist für die Einwohner der Gemeinde bestimmt; Träger ist eine Gemeinde. Die Gemeinde regelt die Art der Benutzung durch Friedhofssatzungen, die Gebühren durch Gebührensatzungen und die Gestaltung der Grabdenkmäler durch Grabmalordnungen. Das Friedhofsrecht ist deshalb von Ort zu Ort verschieden.

Der Verstorbene hat einen Anspruch darauf, im Friedhof seiner Gemeinde bestattet zu werden. In den Großstädten gibt es oft dreißig und mehr Friedhöfe; hier regelt die Satzung, wer auf welchem Friedhof bestattet werden kann; manchmal muß der Verstorbene 30 Jahre in einem Stadtteil gelebt haben, um auf einem „begehrten" Friedhof beerdigt werden zu können. Ist der Friedhof „voll", muß gewartet werden, bis jemand ein Grab nach der Ruhefrist aufgibt.

3. Kirchliche Friedhöfe

Der kirchliche Friedhof ist eine öffentliche Einrichtung. Er ist entweder konfessionell (dann steht er nur den Mitgliedern dieser

Konfession zur Verfügung; für andere Personen muß dann ein gemeindlicher Friedhof oder jedenfalls ein Begräbnisplatz innerhalb des konfessionellen Friedhofs vorhanden sein); oder es handelt sich um einen sog. Simultan-Friedhof: dann steht er auch anderen Personen, selbst Bekenntnislosen, zur Verfügung. Träger des kirchlichen Friedhofs ist eine Religionsgemeinschaft (Körperschaft des öffentlichen Rechts, Art. 140 GG iVm Art 137 Abs. 5 WRV).

4. Private Bestattungsplätze.

Grundsätzlich besteht Friedhofszwang, ein Verstorbener muß auf einem öffentlichen gemeindlichen oder kirchlichen Friedhof beerdigt werden (vgl zB Art. 24 Bayer. Gemeindeordnung). In seltenen Sonderfällen kann die zuständige Behörde die Beisetzung außerhalb eines Friedhofs, zB im privaten Park, gestatten. Das Nähere bestimmt das Landesrecht. So kann nach Art. 12 des Bay. BestattungsG die Genehmigung zur Beisetzung außerhalb von Friedhöfen erteilt werden, wenn „es dem Herkommen entspricht" oder sonst ein wichtiger Grund dies rechtfertigt, der Bestattungsplatz den Anforderungen an einen Friedhof entspricht (Wasserhaushalt, öffentliche Gesundheit), der Erhalt des Platzes während der Ruhezeit gesichert ist und überwiegende Belange Dritter (zB von Nachbarn) nicht entgegenstehen.

V. Die Grabstätte

1. Grabstätten

Eine Grabstätte (Grabstelle) ist ein Teil des Friedhofs; sie kann ein oder mehrere Gräber umfassen, die jeweils der Aufnahme einer menschlichen Leiche dienen. Die Grabstelle steht im Eigentum des Grundstückseigentümers, in der Regel also des Friedhofsträgers. Über die Grabstellen und die in ihnen bestatteten Personen werden von der Friedhofsverwaltung Verzeichnisse geführt.

2. Arten von Gräbern

Es gibt verschiedene Arten von Gräbern: Reihengräber als Regelfall; Wahlgräber (= Sondergräber); Urnen-Reihen- und Urnen-Wahlgrabstätten; anonyme Grabstätten. Bei den Reihengrabstätten bestimmt die Friedhofsverwaltung den Ort der Bestattung; bei den Wahlgrabstätten kann man „auswählen".

3. Grabnutzungsrecht und Ruhezeit

Wer eine Grabstelle „kauft", erlangt bei einem öffentlichen oder kirchlichen Friedhof lediglich ein öffentlich-rechtliches Nutzungsrecht; Das Nutzungsrecht muß mindestens für die sog. Ruhezeit erworben werden, manchmal ist auch von vornherein ein Erwerb für längere Zeit möglich. Die Ruhezeit ist in der für jeden Friedhof bestehenden Friedhofsordnung festgelegt. Innerhalb dieser Zeit darf das Grab nicht erneut belegt werden. Die Ruhezeit richtet sich danach, ob die Bodenverhältnisse für eine Verwesung günstig sind oder nicht; sie beträgt – je nach Friedhof – zwischen 10 und 50 Jahren. Häufig sind Mindestruhezeiten von 15 bis 30 Jahren. Für Leichen in Metallsärgen oder für einbalsamierte Leichen kann eine längere Ruhezeit vorgeschrieben werden. Nach Ablauf der Zeit, für die Nutzungsgebühren entrichtet sind, fällt das Nutzungsrecht an den Friedhofsträger (Stadt, Kirche usw) zurück. Es kann dann von den Hinterbliebenen erneut erworben werden; andernfalls kann das Nutzungsrecht vom Träger an andere Personen veräußert werden.

Der im Bescheid der Friedhofsverwaltung genannte Nutzungsberechtigte kann innerhalb der Benutzungszeit bestimmen, welche Personen in der Grabstätte beerdigt werden dürfen. Eine Umschreibung auf andere Nutzungsberechtigte ist innerhalb der Zeit möglich.

Für die Nutzung ist an den Friedhofsträger eine jährliche Gebühr zu entrichten, die von Ort zu Ort verschieden ist und jeweils in der Gebührensatzung geregelt ist. Manchmal wird sie für die ganze Zeit im voraus berechnet, teils wird sie jährlich verlangt. Gräber für Kinder unter 10 Jahren kosten weniger als eine Erwachsenengrabstätte, bei Kleinkindern unter 2 Jahren wird nochmals weniger verlangt. In kleineren Orten sind die Nutzungsgebühren am niedrigsten; sie beginnen bei etwa 100 DM pro Jahr. In Großstädten wird ein Mehrfaches gefordert; dort sind sogar die Gebühren innerhalb der Stadt unterschiedlich: wer auf dem Friedhof im Zentrum eine Grabstätte will, muß oft wesentlich mehr zahlen als am Stadtrand. Wer schließlich in einer anderen Stadt beerdigt werden will, muß manchmal bei der Nutzungsgebühr einen Aufschlag gegenüber den Ortsansässigen zahlen. Bei Wahlgräbern ist die Benutzungszeit, die erworben werden muß, oft länger als bei einem Reihengrab; auch die Jahresgebühr ist oft höher und kann je nach Größe das Zehnfache eines teuren Einzelgrabs kosten (Gebühren von über 7000 DM kommen vor).

4. Grüfte und Mausoleen

Grüfte sind ausgemauerte Grabstätten (Grabgewölbe). Man findet sie zB in Kirchen. Mausoleen sind Grabgebäude. Sie müssen vom Friedhofsträger genehmigt werden (was oft nur noch ausnahmsweise geschieht) und bestimmten gesundheitlichen und baurechtlichen Bestimmungen genügen (zB stetiger Luftzug, Errichtung in Beton); die entsprechende Grabmalordnung des Friedhofsträgers enthält diesbezügliche Regelungen.

5. Urnen

Urnen werden in einem Grab, einer Urnenhalle oder einem Urnenhain beigesetzt. Wird „namenloses Verstreuen der Asche" gewünscht, kann dies auf Gemeinschaftsgrabstätten erfolgen, die zu diesem Zweck vom Friedhofsträger zur Verfügung gestellt werden (Gaedke S. 163). Auch für Aschenreste ist in der Friedhofsordnung eine Ruhezeit bestimmt.

6. Die Beerdigung des Haustiers

Tote Hunde und Katzen dürfen nicht in einer vorhandenen Friedhofsgrabstätte begraben werden. Sie müssen entweder in Tierkörperbeseitigungsanstalten gebracht werden, wo sie zusammen mit Schlachtabfällen zu Seife, Industriereiniger und Tierfutter verarbeitet werden; oder man läßt sie im Krematorium eines Tierschutzvereins verbrennen (Sammelverbrennung) und die Asche (bei Einzelverbrennung) in eine Urne geben; oder man vergräbt sie auf einem behördlich zugelassenen Platz (Tierfriedhof) oder auf *eigenem* Gelände, mindestens 50 cm mit Erde bedeckt (§ 5 TierkörperbeseitigungsG).

VI. Das Grabdenkmal

1. Erwerb des Grabdenkmals

Das Grabmal (Holzkreuz, Kreuz aus Schmiedeeisen, Steindenkmal) wird in der Regel von einem Steinmetzbetrieb erworben, der zugleich die Inschrift besorgt und sich um das Aufstellen (Genehmigung, Erdaushub, Fundament) kümmert. Bei den Friedhofsverwaltungen können aus aufgelassenen Gräbern „gebrauchte" Grabsteine erworben werden, bei denen die alte Inschrift abgeschliffen werden und eine neue Inschrift angebracht werden kann; sie kosten nur einen Bruchteil eines „neuen" Steins. Aber auch aufwendige Grabmäler mit Sandsteinmonumenten, bronzenen Jesus-Figuren und Marmor-Engeln können billig (und wenn sie unter Denkmalschutz stehen manchmal kostenlos) „gebraucht" erworben werden.

Steinmetzbetriebe senden manchmal den Angehörigen Prospekte über Grabsteine zu; das ist zulässig. Anders ist es bei Hausbesuchen: wenn ein Steinmetz unaufgefordert vor Ablauf einer Wartefrist von 4 Wochen das Trauerhaus aufsucht, um einen Grabsteinauftrag zu erlangen, ist das unzulässig und nach § 1 UWG wettbewerbswidrig (BGH BB 1967, 306). Der bei einem unerbetenen Hausbesuch abgeschlossene Kaufvertrag über einen Grabstein könnte unter Umständen wegen Sittenwidrigkeit nichtig sein (§ 138 Abs. 1 BGB). Ferner kann in einem solchen Falle ein Widerrufsrecht nach dem Gesetz über den Widerruf von Haustürgeschäften und ähnlichen Geschäften (§ 1 HausTWG) in Frage kommen. Da es jeweils auf die Frage ankommt, ob eine Aufforderung erfolgte, versuchen unseriöse Steinmetzbetriebe durch Ansprechen auf dem Friedhof oder Vermittlung von Verwandten zu einer „Einladung" zum Hausbesuch zu kommen.

Oft lassen sich die Hinterbliebenen aus Pietät zum Kauf teurer Grabsteine überreden, die ihren finanziellen Verhältnissen kaum entsprechen. Ein solcher Kaufvertrag kann nichtig sein, wenn er sittenwidrig ist (§ 138 BGB), was eine Frage des Einzelfalls ist.

2. Genehmigung und Errichtung des Grabdenkmals

Wer das Nutzungsrecht an einer Grabstelle hat, kann dort ein Grabmal errichten. Die Friedhofsträger (zB Städte) haben in der Regel Grabmalordnungen erlassen, wonach die Errichtung und jede Veränderung eines Grabmals einschließlich der Einfriedungen und Einfassungen der Genehmigung des Trägers bedarf. Die Genehmigung ist vom Inhaber der Grabstelle oder vom Steinmetz als Vertreter dieses Inhabers unter Vorlage von Zeichnungen 1 : 10 nebst genauen Angaben über Art und Bearbeitung des Werkstoffs sowie Inhalt, Form, Farbe und Anordnung der Schrift beim Friedhofsamt zu beantragen. Für die Genehmigung wird eine Gebühr nach der jeweiligen Gebührensatzung erhoben.

3. Gestaltungsauflagen

Der Friedhofsträger kann in seiner Grabmalordnung oder Satzung bestimmen, daß die Genehmigung eines Grabmals unter Auflagen baulicher, künstlerischer oder gärtnerischer Art erfolgt. Hierzu gibt es eine Flut von willkürlich erscheinenden kleinlichen Regelungen: auf dem einen Friedhof sind keine Natursteinsockel zugelassen, auf dem anderen gar keine Sockel; manchmal dürfen die Holzkreuze nur eine Breite von 8% der Länge haben, manchmal sind keine Holzkreuze oder wiederum ganz beliebige zugelassen. Teils sind ausländische Steine verboten, teils sogar heimische Steine geboten (wohl zum Schutz der örtlichen Steinmetze).

Hier stehen das fortwirkende Allgemeine Persönlichkeitsrecht des Verstorbenen (Art. 2 Abs. 1 GG) und die Rechte der Anderen, die auf demselben Friedhof beerdigt sind, im Gegensatz. Der Friedhofsträger darf im Ergebnis keine Maßstäbe aufstellen, die dem Empfinden des gebildeten Durchschnittsmenschen fremd sind (BVerwG 17, 119). Die Abdeckung von Gräbern mit Steinplatten ist deshalb in der Regel zulässig.

Falls für bestimmte Friedhöfe zusätzliche Gestaltungsbestimmungen bestehen, müssen Friedhofsabteilungen ohne besondere Gestaltungsbestimmungen geschaffen werden, bei denen nur die allgemeinen Regeln, daß das Grabmal nicht aufdringlich, unruhig, unwürdig, effektheischend oder verunstaltend sein darf, gelten (vgl BayVGH BayVBl 1980, 687; Hess. VGH NVwZ-RR 1989, 505; VGH Bad. Württ. NVwZ-RR 1990, 308).

Die Ablehnung der Genehmigung kann vor dem Verwaltungsgericht angefochten werden.

Für kirchliche Friedhöfe mit Benutzungszwang gelten die selben Regeln. Besteht allerdings die Wahl zwischen der Bestattung auf einem kirchlichen und einem kommunalen Friedhof, kann der kirchliche Träger zusätzliche Gestaltungsbestimmungen aufstellen.

Bei künstlerischer, zumindest handwerklicher Arbeit ist eine unauffällige Signatur des Künstlers am Grabdenkmal zulässig; Schilder und Firmenplaketten des Steinmetzunternehmens sind als Werbung unstatthaft (Gaedke S. 199).

4. Verkehrssicherungspflicht

Wer das Nutzungsrecht an einer Grabstelle hat, muß den Grabstein laufend auf seine Standsicherheit überwachen; in gewissen Abständen (etwa einmal im Jahr nach Beendigung der Frostperiode) muß daran gerüttelt werden, um die Festigkeit zu kontrollieren (sog. Rüttelprobe); das ist besonders bei alten, hohen oder schon schiefstehenden Grabdenkmälern wichtig.

Ebenso trifft den Friedhofsträger (Stadt, kirchliche Träger usw) die Verpflichtung, den Friedhof, seine Wege und die Grabsteine zu überwachen. Dazu gehört auch die Beobachtung der Bäume (die umstürzen können) und die Streupflicht im Winter bei Schnee und Eisglätte.

Die Haftung ist privatrechtlicher Natur; sie setzt immer Verschulden in Form von Vorsatz oder (wenigstens) leichter Fahrlässigkeit voraus. Dabei haftet der Friedhofsträger nach §§ 823, 831, 31, 89 BGB, der Nutzungsberechtigte nach §§ 823, 836, 837 BGB (BGH NJW 1971, 2308; NJW 1977, 1392). Hat der Gesetzgeber die Verkehrssicherungspflicht dem Träger als öffentlich-rechtliche Pflicht auferlegt, haftet er nach § 839 BGB, Art. 34 GG. Nutzungsberechtigter und Träger können als Gesamtschuldner haften (§ 840 BGB). Der Träger ist meist versichert; für den Nutzungsberechtigten tritt nur dann eine Versicherung ein, wenn er zB eine allgemeine Haftpflichtversicherung abgeschlossen hat.

5. Eigentum am Grabmal

Eigentümer des Grabdenkmals ist derjenige, der es durch Übereignung erworben hat, also meist der Erbe des Verstorbenen, der das Grabdenkmal gekauft hat. Durch Aufstellen auf dem Friedhof geht das Eigentum nicht auf den Friedhofsträger über (vgl § 95 Abs. 1 BGB). Während der Nutzungszeit an der Grabstätte ist das Verfügungsrecht des Eigentümers aber durch den Zweck des Grabdenkmals eingeschränkt; der Friedhofsträger kann in seiner Satzung bestimmen, daß die Entfernung seiner Genehmigung bedarf.

Nach Beendigung der Nutzungszeit ist der Nutzungsberechtigte bzw sein Erbe verpflichtet, das Grabdenkmal zu entfernen. Geschieht dies nicht, kann die Friedhofsverwaltung das Denkmal auf Kosten des Nutzungsberechtigten wegschaffen. Bei älteren Grabdenkmälern ist oft ein „Eigentümer" nicht mehr feststellbar; dann ist anzunehmen, daß der Eigentümer sein Eigentum daran aufgegeben hat und die Friedhofsverwaltung die Aneignung vorgenommen hat (§§ 959, 958 BGB). In alten Friedhofsordnungen ist manchmal bestimmt worden, daß das Eigentum am Grabdenkmal mit Ablauf der Nutzungszeit in das Eigentum des Friedhofsträgers übergeht; diese Bestimmung ist rechtlich bedenklich, weil sie gegen Art. 14 GG (Schutz des Eigentums) verstößt; interessant ist die Frage, wenn das Denkmal wertvoll ist.

Künstlerisch wertvolle Denkmäler können unter Denkmalschutz gestellt werden.

6. Pfändung des Grabmals

Es kommt vor, daß die Erben (überredet vom Steinmetzvertreter) ein teures Grabdenkmal in Auftrag geben, das sie sich nicht leisten können. Der Steinmetzbetrieb erwirkt dann ein Zahlungsurteil gegen den Auftraggeber. Ist bei diesem keine pfändbare Habe vorhanden, stellt sich die Frage, ob der Grabstein pfändbar ist. „Zur unmittelbaren Verwendung für die Bestattung bestimmte Gegenstände" sind unpfändbar (§ 811 Nr. 13 ZPO). Ob Grabsteine darunter fallen ist umstritten. Die herrschende Meinung hält den Grabstein für pfändbar, wenn es um den Werklohnanspruch des Grabsteinherstellers geht (LG Hamburg DGVZ 1990, 90; LG Weiden DGVZ 1990, 142; Christmann DGVZ 1986, 56). Steht der Stein schon auf dem Friedhof, muß der Friedhofsträger als Gewahrsamsinhaber zustimmen (§ 809 ZPO). Dagegen wird auf Pietätsbedenken hingewiesen und das Gebot, die Totenruhe zu wahren.

VII. Die Grabpflege

1. Pflicht zur Grabpflege

Der Nutzungsberechtigte eines Grabes (also nicht unbedingt
der Erbe) ist aus dem Rechtsverhältnis mit dem Friedhofsträger
verpflichtet, das Grab ständig auf seine Kosten angemessen zu
pflegen; denn das Grab muß der Würde des Friedhofs entsprechen. Die Erstbepflanzung muß meist innerhalb von 6 Monaten
ab Bestattung bzw Erwerb des Nutzungsrechts erfolgen. Ver-
welkte Blumen und Kränze sind zu entfernen. Bis zum Ablauf
der Nutzungszeit müssen sodann das Grab und die Pflanzung
ständig in Ordnung gehalten werden.

In den Friedhofssatzungen sind hierzu nähere Einzelheiten geregelt. Danach gibt es auf den Friedhöfen verschiedene Abteilungen: solche mit *besonderen Gestaltungsvorschriften;* dort sind
meist das Einpflanzen von Bäumen, großwüchsigen Sträuchern
und Hecken sowie Verwendung von Kunststoffblumen untersagt. In den Abteilungen *ohne zusätzliche Gestaltungsvorschriften* unterliegt dagegen die gärtnerische Herrichtung keinen besonderen Vorschriften, jeder kann anpflanzen was und wie er
will; die allgemeine Wahrung der Würde des Friedhofs ist aber
auch hier zu beachten. Wer also besondere Vorstellungen über
die Grabbepflanzung hat, sollte schon beim Erwerb des Grabplatzes in der Friedhofsverwaltung nachfragen, ob dort Bepflan-
zungsvorschriften bestehen.

2. Durchführung der Grabpflege

Der Nutzungsberechtigte kann das Grab selbst oder durch
Bekannte pflegen lassen oder einen beliebigen Gärtner damit beauftragen; es ist nicht zulässig, wenn die Friedhofsverwaltung
diese Erlaubnis auf bestimmte „zugelassene" Friedhofsgärtner
beschränkt (Gaedke S. 265). In manchen Orten kann der Friedhofsträger gegen Bezahlung mit der Grabpflege beauftragt werden.

Die Friedhofsgärtner bieten Dauergrabpflegeverträge an; dies bietet aber keinen besonderen Vorteil, weil genauso gut jedes Jahr eine Gärtnerei beauftragt werden kann.

Ob Personen, die nicht nutzungsberechtigt am Grab sind, ein Grab gleichwohl schmücken dürfen, ist nicht einfach zu beantworten. Kann die geschiedene erste Ehefrau des Verstorbenen das Grab schmücken, wenn die zweite Ehefrau als Nutzungsberechtigte widerspricht? Hier ist die zivilrechtliche Seite von der öffentlich-rechtlichen Seite des Problems zu unterscheiden. Da das Grabschmücken als Teil der dem Verstorbenen geschuldeten Totenfürsorge aufzufassen ist, kommt es auf den mutmaßlichen Willen des Verstorbenen an, wer das Grab schmücken darf (vgl. S. 11); die Sache ist im Streitfall vor dem Zivilgericht zu klären. Andererseits ist der Friedhof eine „Anstalt"; die Friedhofsbesucher und Nutzungsberechtigten sind Anstaltsnutzer, es besteht ein öffentlich-rechtliches Rechtsverhältnis. Wenn es zu Störungen kommt, zB zu handgreiflichen Auseinandersetzungen derer, die das Grab schmücken wollen, könnte der Friedhofsträger durch Verwaltungsakt eine Regelung treffen, die vor dem Verwaltungsgericht nachprüfbar wäre. Zum strafrechtlichen Aspekt vgl S. 17, 32.

Wird die Grabpflege vernachlässigt, kann die Friedhofsverwaltung den Verpflichteten schriftlich auffordern. Ist der Verpflichtete nicht feststellbar oder nicht erreichbar, wird manchmal lediglich ein Aufkleber am Grabstein angebracht, sich bei der Friedhofsverwaltung zu melden. Wird der Aufforderung nicht entsprochen, kann die Friedhofsverwaltung das Grab auf Kosten des Verpflichteten (§§ 677, 683 BGB) in Ordnung bringen.

3. Eigentum am Grabschmuck

Pflanzen, die zum dauerhaften Verbleib eingepflanzt werden (wie zB kleinere Büsche) werden mit dem Einpflanzen wesentlicher Bestandteil des Friedhofsgrundstücks (§ 94 BGB) und gehen damit ins Eigentum des Grundstückseigentümers über; nur vorübergehend eingepflanzte Blumen und Gewächse dagegen bleiben im Eigentum des Einpflanzenden bzw des Auftraggebers (vgl § 95 BGB).

Wer bei einer Beerdigung Blumen, Kränze und Gestecke niederlegt, bleibt Eigentümer; sein stillschweigender Wille geht dahin, das Eigentum solange zu behalten, bis dieser Grabschmuck

verwelkt ist oder von berechtigten Personen (zB der Friedhofsverwaltung) entfernt wird; dann wird das Eigentum aufgegeben.
Dritte, die solche Blumen und Kränze vorher wegnehmen, machen sich daher wegen Diebstahl strafbar.

4. Kosten der Grabpflege

Die Kosten der Erstbepflanzung gehören zu den Bestattungskosten, die vom Erben zu tragen sind (§ 1968 BGB). Die Kosten
der späteren Pflege und Erneuerung der Bepflanzung muß der
tragen, der sie veranlaßt, es sei denn, eine Grabpflege-Auflage
besteht. Bei Verwendung von Grabplatten (soweit zulässig), an-
onymen und Seebestattungen entfallen die Folgekosten ohnehin.

5. Grabpflege-Auflagen

Der Erblasser kann durch Testament (oder Erbvertrag) den
Erben oder einen Vermächtnisnehmer zu einer Leistung verpflichten (§ 1940 BGB); eine solche Auflage kann zB sein, „das
Grab zu pflegen". Kommt der Verpflichtete dem nicht nach, ist
zu unterscheiden: ist einem Vermächtnisnehmer (vgl. S. 108) die
Grabpflege auferlegt und hat er nicht ausgeschlagen, kann der
Erbe die Vollziehung der Auflage fordern (§ 2194 BGB) und gegebenenfalls vor dem Zivilgericht einklagen. Der Miterbe kann
die Vollziehung von einem anderen Miterben (dem die Pflege
auferlegt wurde) fordern. Ist der Alleinerbe mit der Grabpflege
belastet, können diejenigen die Erfüllung der Auflage fordern,
denen der Wegfall des Alleinerben unmittelbar zustatten käme
(§ 2194 BGB), also die gesetzlichen Erben, die an seine Stelle
treten würden, wenn er wegfallen würde (zB der Enkel, wenn der
Sohn Erbe ist).

6. Grabpflege und Steuern

Die Kosten für die übliche Grabpflege können mit ihren Kapitalwert (dh mit dem neunfachen Jahreswert, § 13 Abs. 2 BewG)
vom geerbten Vermögen als Nachlaßverbindlichkeit abgezogen

werden (§ 10 Abs. 5 Nr. 3 ErbStG) und verringern so geringfügig die Erbschaftssteuer. Der Jahreswert kann mit etwa 300 DM angenommen werden. Da für die Kosten der Bestattung *einschließlich* Grabpflege pauschal ohne Nachweis 10 000 DM (ab 1. 1. 1996: 20 000 DM) abgezogen werden können, spielt der Jahreswert nur eine Rolle, wenn nicht der Pauschbetrag, sondern höhere Kosten gegen Einzelnachweis abgezogen werden sollen.

VIII. Die Kosten der Bestattung

1. Welche Kosten fallen an?

a) Private Kosten

Trauerkleidung, Sarggesteck, Kränze mit Schleifen, Kosten des Leichenschmauses, Sterbebilder mit Foto; Todesanzeige in der Zeitung; Danksagung; Fotos von der Bestattung usw.

b) Unmittelbare Bestattungskosten

Formalitäten (Sterbeurkunde, Leichenschaugebühren usw); Sarg mit Ausstattung, Kissen, Decke, Einbettung; Sterbekleid bzw Totenhemd; Grabkreuz; Überführung der Leiche vom Krankenhaus zum Friedhof; Leichenfrau; Einsargung; Sargträger, Begleiter; uU Zinkeinsatz und Verlöten des Zinkeinsatzes; Kosten des Bestattungsunternehmens usw.

c) Kommunale Bestattungsgebühren

Gemäß Gebührensatzung der kommunalen Friedhofsverwaltung, zB Bestattungskosten, Gebühr für Benutzung des Leichenhauses, der Trauerhalle, der Kerzenleuchter, der Orgel; Schmuck und Heizung der Trauerhalle; Grabausgrünung; Pflanzkübel; Entfernung der Grabeinfassung; Beisetzung von Aschenurnen; Verlängerung der Beerdigungsfrist; Personalkosten; Kosten des Organisten; Auffüllen des Grabes mit Humus; Benutzung des Sektionsraumes, Heizung des Sektionsraumes; Annahme der Leiche usw.

d) Kirchliche Gebühren

Pfarramt, Aussegnung, Seelengottesdienst, Aushilfe durch auswärtige Geistliche, Mesner, Ministranten, Kirche, Organist, Chor, Glockengeläut, Kirchenschmuck, Kerzen usw.

e) Grabnutzungsgebühr

Sie ist für die Ruhezeit (meist 15–30 Jahre) im voraus zu entrichten (beim kommunalen Friedhof an die Stadt/Gemeinde, beim kirchlichen in der Regel an das Pfarramt).

f) Grabdenkmal

Gebühr für die Denkmalsgenehmigung der Friedhofsverwaltung; Kauf des Grabdenkmals mit Sockel und Einfassung, Grablampe, Inschrift, Inschrift Vergolden durch Steinmetzbetrieb. Erstellen des Fundaments und Abfuhr des Aushubmaterials durch Baufirma. Erstbepflanzung des Grabes.

2. Höhe der Kosten

Wie hoch die Gesamtkosten im Einzelfall sind, läßt sich nicht vorhersagen. Nur ein Teil der Ausgaben sind gesetzlich vorgeschrieben, wie die Verwendung von Särgen, die Bestattung auf einem Friedhof. Im übrigen hängen die Kosten vom Aufwand, dieser von der Entscheidung der Angehörigen ab: ob sie einen schlichten oder einen künstlerisch geschnitzten Sarg verwenden, ob sie die Trauergäste bewirten oder nicht, ob sie ein Holzkreuz am Grab aufstellen oder einen Stein aus schwarzem Marmor wirkt sich jeweils kostenmäßig aus.

Die kommunalen Bestattungsgebühren für eine Erdbestattung sind in kleineren Gemeinden niedriger als in großen; sie liegen zwischen 300 und 3000 DM; der Umfang der Leistungen ist aber nicht immer vergleichbar. Die Kosten für Einäscherung und Bestattung liegen zwischen 150 und 1600 DM.

Die Grabnutzungsgebühren während der Ruhezeit sind in kleineren Orten am geringsten, in Großstädten am teuersten; sie liegen für ein Reihengrab im Regelfall zwischen 100 und 1000 DM, für ein Wahlgrab zwischen 200 und 4000 DM, für ein Urnen-Reihengrab zwischen 60 und 800 DM, für ein Urnen-Wahlgrab zwischen 60 und 4500 DM, für ein anonymes Grab zwischen 100 und 1200 DM, wobei diese Beträge überschritten werden können.

Wer ein Bestattungsunternehmen mit der gesamten Bestattung beauftragt, bezahlt die Bequemlichkeit teils recht teuer. Verbraucherverbände haben aus einer Umfrage festgestellt, daß für Sarg- und Sargausstattung, Innenausstattung, Transport, Ausschmückung und Benachrichtigung von

Bestattungsunternehmen Preise zwischen 800 und 6000 DM berechnet
wurden, wofür unterschiedliche Leistungen mitursächlich sein dürften.
Es handelt sich hier um die Kosten oben b) und einen Teil von oben c).

3. Wer muß die Kosten tragen?

a) Der Erbe

Der Erbe (bei mehreren Erben: die Erbengemeinschaft) trägt
die Kosten der standesmäßigen Beerdigung des Erblassers (§ 1968
BGB). Da der Totenfürsorgeberechtigte (S. 11) nicht unbedingt
identisch mit dem Erben ist, kann es sein, daß der, der die Beerdigung besorgt, die Kosten der Beerdigung zunächst bezahlt; aus
§ 1968 BGB ergibt sich dann, daß er diese Kosten, soweit stan-
desgemäß, vom Erben ersetzt verlangen kann. Ebenso sind nur
die „standesmäßigen" Kosten als Nachlaßverbindlichkeiten vom
Erbe zwecks Errechnung der Pflichtteile abzuziehen. Standesmä-
ßig sind Beerdigungen, die dem sozialen Status des Verstorbenen
entsprechen, der Üblichkeit in den Kreisen des Verstorbenen,
dem örtlichen Brauch, den Verhältnissen, der Leistungsfähigkeit
des Nachlasses und der Erben.

Sind die Beerdigungskosten vom Erben nicht zu erlangen, hat sie der
Ehegatte (§ 1360a Abs. 4 BGB; auch bei Getrenntleben, § 1361 Abs. 4
Satz 3 BGB) bzw der Unterhaltsverpflichtete (§ 1615 Abs. 2 BGB) zu
tragen, soweit sie der Lebensstellung des Verstorbenen entsprechen (dh
der Höhe nach angemessen sind) und die Belastung des Unterhaltsverpflichteten nicht grob unbillig ist (§§ 1610, 1611 BGB). Der Unterhaltsverpflichtete kann dann den Erben in Regreß nehmen (§ 426 BGB).

b) Unfallverursacher

Im Falle der Tötung hat der Schadensersatzpflichtige dem Erben die Kosten der standesmäßigen Beerdigung zu ersetzen
(§ 844 Abs. 1 BGB; § 10 Abs. 1 Satz 2 StVG); es sind also nicht
immer die tatsächlichen Aufwendungen vom Unfallverursacher
bzw dessen Versicherung zu ersetzen (BGH 61, 238). Dazu gibt
es eine Fülle Rechtsprechung, weil die Erben manchmal dazu
neigen, auch entfernte Auslagen in Rechnung zu stellen.
Erstattungsfähig sind zB: Reisekosten des Bestattungspflichti-
gen; Grabkosten; Erstbepflanzung des Grabes (OLG München

NJW 1974, 703); Kosten der kirchlichen Feier; des Leichenmahls (OLG Hamm VersR 1972, 405), bei ländlichen Verhältnissen für Hundert und mehr Teilnehmer; Sterbeurkunden; Traueranzeigen; Danksagungen; Grabstein und dessen Aufstellung; Überführungskosten. Bei Trauerkleidung wird für Vorteilsausgleichung ein Abzug gemacht wegen des anderweitig ersparten Bekleidungsaufwands: die Höhe des Abzugs ist umstritten und richtet sich nach der Art der erworbenen Kleidungsstücke (ca 20–30% sind angemessen; denn die schwarzen Socken, der schwarze Pullover sind auch sonst verwendbar; vgl Theda DAR 1985, 10); Feuerbestattungskosten; Zinsaufwand bezüglich der Beerdigungskosten.

Andere Gerichte betrachten nicht die einzelnen Ausgaben, sondern stellen eine Gesamtschau an (OLG Hamm NJW-RR 1994, 155: In Kreisen des gutbürgerlichen Mittelstandes (Kaufleute) seien Beerdigungskosten von 15 000 DM für die 19jährige Tochter (Auszubildende) ersatzfähig).

Nicht erstattungsfähig sind: Mehrkosten eines Doppelgrabes; Verdienstausfall von Angehörigen; in der Regel Reisekosten der Angehörigen zur Beerdigung (Ausnahme: wenn sie üblicherweise vom leistungsfähigen Erben an bedürftige nahe Angehörige bezahlt werden; BGH NJW 1960, 910; str); Unterhalt und Pflege der Grabstätte (Ausnahme: Erstbepflanzung); Grabschmuck zu Gedenktagen (Todestag, Allerheiligen); Reisekosten zu Grabbesuchen; Kosten der Testamentseröffnung. Kosten des Erbscheins; Fahrtkosten zur Besichtigung der Unfallstelle; Kosten der Nebenklage im Strafverfahren gegen den Unfallverursacher.

c) Sozialhilfeträger

Die Zahl der Sozialbestattungen ist im Steigen; in München gibt es zB im Jahr rund 700. Nach § 15 BSHG sind „die erforderlichen Kosten einer Bestattung" zu übernehmen, „soweit den hierzu Verpflichteten nicht zugemutet werden kann, die Kosten zu tragen". Die im Sinne des Sozialhilferechts zur Bezahlung „Verpflichteten" sind die nächsten Angehörigen (vgl § 2 Abs. 2 und 3 FeuerbestattungsG).

Sie können die Kosten von den Erben (§ 1968 BGB) ersetzt verlangen, wenn sie nicht damit identisch sind. Wenn die Erben zahlungsunfähig sind, haften die Unterhaltsverpflichteten für die Bestattungskosten

(§ 1360a Abs. 2 BGB: Ehegatte; § 1615 Abs. 2 BGB: Eltern, Großeltern; Kinder, Enkel). Ferner kommen als Verpflichtete in Frage: Unfallverursacher (§ 844 Abs. 2 BGB; vgl oben b); Ordnungsbehörden bei unbekannten Leichen. Ist der Fiskus Erbe, kann er vom Sozialhilfeträger nicht Ersatz der Bestattungskosten verlangen (Knopp/Fichtner § 15 BSHG Rz 7).

Auf Übernahme der Bestattungskosten besteht ein *Anspruch*, wenn die Voraussetzungen (Unzumutbarkeit der Kostentragung) vorliegen, auch dann wenn der Verstorbene zu Lebzeiten keine Sozialhilfe erhalten hat. Zahlungspflichtig ist in der Regel der örtliche Träger der Sozialhilfe (= kreisfreie Städte und Landkreise), in dessen Bereich der Bestattungsort bzw der Ort der Urnenbeisetzung liegt (§ 97 Abs. 1 S. 2 BSHG); eine Ausnahme gilt beim Tod in einer Einrichtung (Heim). Probleme tauchen auf, wenn der Sterbeort und der Bestattungsort in verschiedenen Behördenbezirken liegen. Ist ein Münchner, der in München eine Grabstätte hat, bei einem Besuch in Bonn verstorben, ist somit die Stadt München zuständig; problematisch sind dann die Überführungskosten.

Unzumutbar ist für die Verpflichteten in der Regel die Kostentragung, wenn der Bestattungsaufwand aus dem Nachlaß nicht gedeckt werden kann. Dabei sind die persönlichen und wirtschaftlichen Verhältnisse zu berücksichtigen; dem reichen Enkel kann zB die Kostentragung zugemutet werden, auch wenn der Nachlaß nichts wert ist. Besteht Streit oder Unklarheit, wer die Bestattung bezahlt, muß der Sozialhilfeträger vorleisten, weil der Erbe sechs Wochen Zeit hat, um die Erbschaft auszuschlagen (womit die Zahlungspflicht aus § 1968 BGB endet), die Bestattung aber binnen weniger Tage erfolgen muß; der Sozialhilfeträger hat dann einen Ersatzanspruch gegen den Verpflichteten, wenn sich herausstellt, daß jemand zur Bezahlung verpflichtet war (Knopp/Fichtner § 15 BSHG Rz 9).

Übernommen werden nur die „erforderlichen" Kosten der Bestattung; damit sind die Kosten einer der Würde des Toten entsprechenden Bestattung gemeint, vgl § 1 Abs. 2 BSHG, also eines ortsüblichen, angemessenen Begräbnisses (VGH Mannheim FEVS 41, 279). Damit ist weniger gemeint, als die standesgemäße Beerdigung im Sinne von § 1968 BGB und auch weniger, als der Unfallverursacher nach § 844 Abs. 2 BGB zu ersetzen hat. Der Sozialhilfeträger kann nicht zwecks Kostenersparung die Überführung der Leiche an die Anatomie veranlassen; das ist nur zulässig, wenn es der Wille des Verstorbenen oder der nächsten Angehörigen ist

(Knopp/Fichtner § 15 BSHG Rz 5). Trotz Kostentragung durch den Sozialhilfeträger bleibt die Gestaltung der Bestattung Sache der Angehörigen (§ 3 Abs. 2 BSHG).

Vom Sozialhilfeträger sind demnach folgende Kosten zu übernehmen: Aufwendungen für die Leichenschau, Leichenbeförderung, Leichengebühren, Waschen, Kleiden und Einsargen der Leiche, Sargträger, Totengräber, Ankauf des Grabplatzes, Grabkreuz (gebraucht; je nach Grabfeld auch gebrauchter Stein, bei dem der frühere Name abgeschliffen wurde), Urne, Benutzung des Leichenhauses, Sarg, Grabeinfassung, Erstbepflanzung des Grabes, Verständigung der nächsten Angehörigen (Knopp/Fichtner § 15 BSHG Rz 3).

Nicht als erstattungsfähige Kosten gelten: Aufwendungen für die Überführung und endgültige Bestattung an einem anderen Ort (außer, die Überführung ist nach dem Einzelfall erforderlich, vgl OVG Münster FEVS 25, 33); Grabpflege, Leichenschmaus, Exhumierung, Stolgebühren (vgl BVerwG FEVS 6, 281); Aufwendungen für das Grabmal, Trauerkleidung der Angehörigen, Todesanzeigen, Reisekosten von Angehörigen zum Bestattungsort (Knopp/Fichtner § 15 BSHG Rz 3); die Kosten der Feuerbestattung, soweit sie die einer Erdbestattung überschreiten (§ 6 FeuerbestattungsG).

Auslandsfälle.

Beispiel: ein Türke ist in Hamburg verstorben, eine islamische Beerdigung soll in der Türkei stattfinden; die hilfsbedürftige Witwe begehrt die Flugfrachtkosten für den Sarg und Reisekosten für sich und Begleitung. In diesem Fall hat das OVG Hamburg (NJW 1992, 3118) die Übernahme der Flugkosten abgelehnt, da eine Bestattung nach islamischem Brauchtum auch in Hamburg möglich ist und die Bestattung in der Türkei mit unverhältnismäßigen Mehrkosten (§ 3 Abs. 2 S. 3 BSHG) verbunden wäre. Auch eine teilweise Übernahme der Kosten in Höhe der ortsüblichen Bestattung in Hamburg wurde versagt. Die in Hamburg angefallenen Gebühren dagegen sind erstattungsfähig.

Denkbar ist ferner, daß ein Ausländer als Hilfe zum Lebensunterhalt die Kosten für eine Reise zur Beerdigung eines nahen Angehörigen im Heimatland erhält (OVG Hamburg NJW 1992, 3119).

Lehnt der Sozialhilfeträger die Übernahme der Bestattungskosten ganz oder teilweise ab, ist gegen diesen Verwaltungsakt der Rechtsweg zum Verwaltungsgericht gegeben.

4. Beihilfe, Sterbegeld

a) öffentlicher Dienst:

Nach dem Beihilferecht des öffentlichen Dienstes besteht beim Tod des Beihilfeberechtigten sowie von bestimmten nahen Angehörigen ein Beihilfeanspruch (Einzelheiten: Beihilfsverordnungen der Länder; in Bayern zB wird nach § 12 BhV in der Regel eine Beihilfe von 1300 DM gewährt).

b) Beamte:

Ehegatte und Kinder (und uU andere Personen) von verstorbenen Beamten erhalten ein Sterbegeld in Höhe von zwei Monatsbezügen (§ 18 Abs. 1 BeamtenversorgungsG).

c) Bundesversorgungsgesetz

Beim Tod von rentenberechtigten Beschädigten wird ein Bestattungsgeld von 1340 bzw 2674 DM gewährt (§ 36 BVG), ebenso beim Tod von versorgungsberechtigten Hinterbliebenen (§ 53 BVG); 4. KOV-AnpV 1995.

d) Tarifverträge

In Tarifverträgen sind teils dem Beamtenrecht ähnliche Sterbegeld-Regelungen enthalten (zB § 41 BAT; § 47 MTB II; § 47 MTL II; § 39 BMT-G).

e) Gesetzliche Krankenversicherung

War der Verstorbene in der gesetzlichen Krankenversicherung (AOK) oder bei einer Ersatzkasse (zB DAK) versichert, bekamen die Angehörigen früher 3000 bis 6000 DM Sterbegeld. Seit dem 1. 1. 1989 gilt:
– Wer ab 1. 1. 1989 neu in die gesetzliche Krankenkasse eingetreten ist, hat keinen Anspruch auf Sterbegeld.
– Für alle am 1. 1. 1989 bereits in der gesetzlichen Krankenkasse Versicherten wird 2100 DM Sterbegeld bezahlt, für mitversicherte Familienangehörige 1050 DM (SGB V §§ 58, 59).

f) Sonderregelungen

Weitere Sterbegeldzahlungen kommen in Betracht in der gesetzlichen Unfallversicherung (Tod eines Versicherten durch Arbeitsunfall oder infolge einer Berufskrankheit, § 589 RVO), beim Tod von Seeleuten (§ 75 SeemannsG). In notariellen Hofübergabeverträgen ist oft die Verpflichtung des Übernehmers zur Tragung der standesgemäßen Beerdigung des Übergebers enthalten.

g) Private Sterbegeld-Versicherungen

Hat der Verstorbene eine private Versicherung abgeschlossen (Sterbekassen, Begräbnisvereine usw) bestehen entsprechende Ansprüche. Sterbegeldversicherungen sind in der Regel eine Form der Kapital-Lebensversicherung mit einer Versicherungssumme bis 10000 DM.

h) Bestattungs-Vorsorgevertrag

Gelegentlich hat der Verstorbene schon zu Lebzeiten mit einem Bestattungsunternehmen einen Vorsorgevertrag geschlossen, in der die Form der Bestattung, der Sarg und sonstige Einzelheiten geregelt sind. Zur Absicherung werden in solchen Fällen bestimmte Beträge auf ein Sperrkonto gelegt.

5. Steuerliche Fragen

a) Bei der Erbschaftssteuer kann der Erbe für Bestattungs-, Grabdenkmal- und Grabpflegekosten 20000 DM (bis 31. 12. 1995: 10000 DM) *ohne* Nachweis vom steuerpflichtigen Vermögensanfall absetzen (§ 10 Abs. 5 Nr. 3 ErbStG), höhere Beträge gegen Nachweis.

b) Bei der Einkommensteuer (bzw im Lohnsteuerjahresausgleich) können die Bestattungskosten teilweise von den Einkünften abgezogen werden, wenn
– es sich um außergewöhnliche Belastungen handelt (§ 33 EStG). Bei Gesamteinkünften von 50000 DM sind zB bei kinderlosen Steuerpflichtigen Belastungen bis 3000 DM zumutbar; bei Bestattungsaufwendungen von 15000 DM würden also

12 000 DM einkommensteuerfrei bleiben (so daß bei einem Steuersatz von 30% 3600 DM gespart würden).

– Eine außergewöhnliche Belastung liegt ferner *nur* vor, wenn die Beerdigungskosten *den Wert des Nachlasses übersteigen* und eine Ausschlagung der Erbschaft unzumutbar war. Bei Ausschlagung würde ohnehin das Sozialamt die Bestattung bezahlen.

– Schließlich werden nicht alle Ausgaben als Bestattungskosten im Sinne des § 33 EStG anerkannt, zB nicht: Ausgaben für Trauerkleidung (BFH BStBl 67 III 364), Bewirtung der Trauergäste (BFH BStBl 88 II 130), Reisekosten für die Teilnahme an der Beerdigung eines nahen Angehörigen (BFH BStBl 94 II 754: Flugreise in die USA), Reisekosten für die Überführung der Urne (vgl BFH BStBl 79 I 558).

– Leistungen aus einer Sterbegeldversicherung sind nur insoweit auf die zu berücksichtigenden Bestattungskosten anzurechnen, als sie anteilig auf diese entfallen (BFH BStBl 91 II 140).

– Hohe Krankheitskosten des Verstorbenen, die von den Hinterbliebenen aus dem Nachlaß bezahlt werden, können bei der letzten Einkommensteuererklärung des Erblassers (die von den Erben abgegeben wird) als außergewöhnliche Belastung des Erblassers berücksichtigt werden (BFH BStBl 62 III 31).

IX. Das Testament

Die Erbfolge richtet sich nach dem Testament bzw Erbvertrag des Erblassers; fehlt ein Testament oder ist es nicht wirksam, tritt die gesetzliche Erbfolge (S. 54 ff) ein.

Ein Testament kann zu Niederschrift eines Notars oder privatschriftlich errichtet werden (§ 2231 BGB); beide Testamentsformen stehen gleichwertig nebeneinander.

1. Unwirksame Testamente

Unwirksam ist ein Testament unter anderem in folgenden Fällen:

a) Wenn das Testament nicht vom Erblasser eigenhändig geschrieben und unterschrieben ist (§ 2247 Abs. 1 BGB).

Das schreibmaschinenschriftliche Testament ist somit nichtig, auch wenn durch Zeugenbeweis die Urheberschaft bewiesen werden kann. Die Unterschrift muß nicht zwingend Vor- und Zunamen umfassen; sie muß nicht lesbar sein. Es genügt auch eine Unterschrift in anderer Weise, wenn sie zur Feststellung der Urheberschaft und der Ernstlichkeit ausreicht (§ 2247 Abs. 3 S. 2 BGB), zB nur mit dem Vornamen, oder mit „Euer Vater"; nicht genügend sind Handzeichen oder geometrische Figuren wie Wellenlinien. Zwingend ist die räumliche Anordnung als Schrift *unter* der Erklärung (Unterschrift); die Unterzeichnung am Anfang (Oberschrift) reicht nicht aus. In den sonstigen Fällen kommt es darauf an, ob der Namenszug nach der Verkehrsanschauung den Text deckt.

Fehlt auf dem Blatt die Unterschrift, kann es in seltenen Fällen trotzdem als Testament gelten, wenn das Testament in einem verschlossenen Umschlag war und auf dem Umschlag die Unterschrift so angebracht ist, daß sie als Fortsetzung des Testaments aufzufassen ist; zB „Mein letzter Wille. Walter Z." (BayObLG NJW-RR 1986, 494; FamRZ 1988, 1211; 1992, 477).

Nur beim gemeinschaftlichen Testament von Ehegatten reicht es aus, wenn ein Ehegatte den Text schreibt und beide unterschreiben (§ 2267 BGB).

b) Wenn der Erblasser wegen krankhafter Störung der Geistestätigkeit, wegen Geistesschwäche oder wegen Bewußtseinsstörung nicht in der Lage war, die Bedeutung einer von ihm abgegebenen Willenserklärung einzusehen und nach dieser Einsicht zu handeln, ist das Testament unwirksam (§ 2229 Abs. 4 BGB). Der Erblasser muß also bei Errichtung des Testaments die Tragweite seiner Anordnung im wesentlichen erkennen und frei von Einflüssen Dritter handeln können (BayObLG FamRZ 1985, 541); er muß eine klare Vorstellung davon haben, daß er ein Testament errichtet, welchen Inhalt die darin enthaltenen letztwilligen Verfügungen haben und welche Wirkung sie auf die persönlichen und wirtschaftlichen Verhältnisse des Betroffenen ausüben (Soergel/Harder § 2229 Rz 2). Dabei lehnt die Rechtsprechung eine abgestufte Testierfähigkeit dahin, daß der Erblasser zwar einfache, aber nicht mehr komplizierte Testamente errichten könne, ab (BGH NJW 1959, 1587). Zur Gebrechlichkeitspflegschaft bzw Betreuung vgl S. 49.

c) Wenn das Testament sittenwidrig ist (§ 138 BGB). Diskutierte Fallgruppen sind Zuwendungen verheirateter oder unverheirateter Männer an eine Geliebte bzw an nichteheliche Kinder; Beeinträchtigungen der wirtschaftlichen Betätigung, der Religionsfreiheit, Freizügigkeit, der sonstigen persönlichen Lebensführung, Verstoß gegen das Gleichbehandlungsgebot, Ausnutzung der Todesnot; darunter fällt zB der nur in Romanen vorkommende Fall, daß jemand seinen Sohn als Erben einsetzt, falls dieser nach Kleckersdorf zieht, die Religion wechselt und binnen drei Jahren ein Kind zeugt.

Sittenwidrigkeit liegt nur in extremen Ausnahmefällen vor; die Anschauungen darüber haben sich erheblich gewandelt. Allein der Umstand, daß nahe Angehörige enterbt und Fremde als Erben eingesetzt wurden, macht ein Testament noch nicht sittenwidrig; die nahen Angehörigen sind durch ihr Pflichtteilsrecht ausreichend geschützt. Problematisch sind die sog. Geliebtentestamente. Wenn ein verheirateter Erblasser eine Frau zur Erbin einsetzt, mit der er sexuelle Beziehungen unterhielt, kann Sittenwidrigkeit des Testaments vorliegen, wenn die Zuwendung ausschließlich als Belohnung für den Geschlechtsverkehr erfolgte; es kommt aber auch darauf an, welche Angehörigen zurückgesetzt wurden (nahe oder ferne) und woher das vererbte Vermögen stammt, selbst erarbeitet oder von der Ehefrau stammend (vgl Palandt/Edenhofer § 1937 BGB Rz 23). Bei unverheirateten Männern ist die Einsetzung des Partners einer nichtehelichen Lebensgemeinschaft im Regelfall nicht sittenwidrig (BayObLG FamRZ 1984, 1153). Die Einsetzung nichtehelicher Kinder wird man aufgrund der gewandelten Auffassung in keinem Fall als sittenwidrig ansehen können.

d) Wenn das Testament gegen das Heimgesetz verstößt (vgl. S. 172 ff).

e) Wenn der Erblasser zur Zeit der Testamentserrichtung „Geschriebenes nicht zu lesen" vermochte, ist das Testament unwirksam (§ 2247 Abs. 4 BGB). Darunter sind auch Personen zu verstehen, die zwar Lesen gelernt haben, aber wegen altersbedingter Minderung des Augenlichts nicht mehr lesen konnten.

f) Ein früheres Testament wird durch ein späteres Testament aufgehoben, wenn es damit in Widerspruch steht (§ 2258 BGB). Mehrere Testamente können sich ergänzen, aber auch in Widerspruch zueinander stehen; dann gilt das spätere. Fehlt eine Datierung oder ist die vorhandene Datierung nicht sicher, ist jedes Beweismittel zur Feststellung des Errichtungszeitpunkts zulässig.

g) Ein Testament kann durch eine Verfügung in Testamentsform ganz oder teilweise widerrufen werden (§ 2253, 2254 BGB); es kann auch dadurch widerrufen werden, daß der (testierfähige) Erblasser in der Absicht, es aufzuheben, die Testamentsurkunde vernichtet oder entsprechend verändert hat; die Aufhebungsabsicht wird vermutet (§ 2255 BGB). Als solche Veränderungen gelten zB Durchreißen, uU Einreißen (Länge des Risses entscheidend!), Durchstreichen, Ungültigkeitsvermerke.

h) Ein Testament zugunsten eines Ehegatten wird unwirksam, wenn die Ehe vor dem Tod des Erblassers aufgelöst worden ist; ebenso, wenn zur Zeit des Todes des Erblassers die Voraussetzungen für eine Scheidung gegeben waren und der Erblasser die Scheidung beantragt hatte (§ 2077 BGB).

i) Beim gemeinschaftlichen Testament von Ehegatten:

Haben Ehegatten ein gemeinschaftliches Testament errichtet, dann können sie darin Verfügungen treffen, von denen anzunehmen ist, daß die Verfügung des einen nicht ohne die Verfügung des anderen getroffen sein würde (sog. wechselbezügliche Verfügungen, § 2270 BGB); zB wenn sich die Ehegatten gegenseitig als Erben einsetzen und bestimmen, daß nach dem Tod des letzten der nichteheliche Sohn des Ehemannes Erbe sein soll. Die Wechselbezüglichkeit hat zur Folge:

– ein Ehegatte kann zu Lebzeiten sein Testament zwar einseitig widerrufen, doch bedarf dies der notariellen Beurkundung (§§ 2271 Abs. 1, 2296 Abs. 2 S. 2 BGB); dem anderen Teil muß ferner eine Ausfertigung der Widerrufserklärung zugehen, andernfalls ist der Widerruf unwirksam. Teile des gemeinschaftlichen Testaments, die nicht im Wechselbezüglichkeitsverhältnis stehen, kann ein Ehegatte dagegen durch privatschriftliches Testament widerrufen, ohne daß der andere Ehegatte davon erfährt.

– Nach dem Tod eines Ehegatten erlischt das Widerrufsrecht des Überlebenden, soweit die wechselbezügliche Zuwendung an den Dritten geschmälert würde (§ 2271 Abs. 2 BGB). Er kann also nicht mehr anders testieren. Von dieser Bindungswirkung ist der überlebende Ehegatte befreit, wenn er das ihm Zugewendete ausschlägt, wobei er den gesetzlichen Erbteil nicht mitausschlagen muß (§§ 1948 Abs. 1, 2271 Abs. 2 BGB); wenn dem Überlebenden eine freie Verfügung im gemeinschaftlichen Testament gestattet war; wenn er einen Grund zur Pflichtteilsentziehung hätte (§§ 2271 Abs. 2, 2294, 2336 BGB).

– Nach dem Tod eines Ehegatten kann aber der Überlebende über die Nachlaßgegenstände zu Lebzeiten frei verfügen, sie verkaufen, verschenken usw; bei böswilligen Schenkungen, die in Beeinträchtigungsabsicht vorgenommen werden, ist der wechselbezüglich Bedachte durch §§ 2287, 2288 BGB geschützt (BGH 31, 16; hM).

2. Unschädliche Mängel bei einem Testament:

Die Wirksamkeit eines Testaments wird dagegen nicht beeinträchtigt:

a) Wenn Ort und Datum fehlen. Denn das Datum und der Ort der Errichtung müssen vom Erblasser nicht angegeben sein (§ 2247 Abs. 2 BGB).

Der Zeitpunkt der Errichtung kann gleichwohl bedeutsam sein, wenn beim Erblasser zu einem bestimmten Zeitpunkt Testierun-

fähigkeit eingetreten ist oder wenn mehrere einander widerspre-
chende Testamente vorliegen. Das Nachlaßgericht muß dann die
Errichtungszeit auf andere Weise feststellen, zB durch Zeugen
oder Urkunden. Lassen sich keine Feststellungen treffen, ist das
Testament als unwirksam anzusehen (§ 2247 Abs. 5 BGB); ist
also der 1993 verstorbene Erblasser ab 1990 testierunfähig gewesen und läßt sich nicht feststellen, ob das undatierte Testament
vor oder nach 1990 errichtet wurde, ist das Testament als unwirksam anzusehen.

Das Fehlen der Ortsangabe kann bedeutsam sein, wenn das
Testament möglicherweise im Ausland errichtet wurde und deutsches Recht dann darauf nicht anwendbar wäre. Allerdings ist ein
im Ausland errichtetes Testament hinsichtlich seiner Form auch
dann gültig, wenn es dem Recht des Ortes entspricht, an dem der
Erblasser das Testament errichtet hat (vgl dazu Art. 26 EGBGB
und Haager Übereinkommen vom 5. 10. 1961 über das auf die
Form letztwilliger Verfügungen anzuwendende Recht, BGBl
1965 II 1145).

Alte Testamente: Bis 3. 8. 1938 war die Angabe von Ort und Datum im
Testament zwingend vorgeschrieben, Testamente ohne diese Angaben
waren unwirksam; für Erbfälle bis 3. 8. 1938 bleibt es beim alten Recht,
auch wenn sie erst heute zur Abwicklung kommen (§ 51 TestamentsG).
Für Erbfälle ab 4. 8. 1938 dagegen gilt das neue Recht, auch wenn es sich
um Testamente vor 1938 handelt.

b) Wenn der Verfasser bei Errichtung des Testaments unter Betreuung stand

Personen, die ihre Angelegenheiten nicht besorgen können, erhalten (seit 1. 1. 1992) uU einen Betreuer (§ 1896 BGB); in bestimmten Fällen kann ferner vom Vormundschaftsgericht ein
Einwilligungsvorbehalt angeordnet werden (§ 1903 BGB). Bis
31. 12. 1991 hieß das entsprechende Rechtsinstitut Gebrechlichkeitspflegschaft (§ 1910 BGB alte Fassung). Die entsprechenden
gerichtlichen Anordnungen beeinträchtigen nicht kraft Gesetzes
die Testierfähigkeit (BayObLG FamRZ 1988, 1099); das heißt: es
kommt auf den Einzelfall an, ob der Verfasser des Testaments
testierfähig war oder nicht.

c) Wenn das Testament unauffindbar ist

Das notarielle Testament befindet sich meist in amtlicher Verwahrung des Nachlaßgerichts; zumindest ist es im Archiv des Notars verwahrt. Anders verhält es sich mit dem privatschriftlichen Testament.

Der Erbe weiß manchmal genau, daß der Verstorbene ein privatschriftliches Testament errichtet hat, findet es aber in den Unterlagen des Verstorbenen nicht. Wenn der Verstorbene das Testament in der Absicht, es zu widerrufen, vernichtet hat, ist das Testament gegenstandslos (§ 2255 BGB); eine Vermutung, daß ein nicht mehr auffindbares Testament vom Erblasser in Widerrufsabsicht vernichtet wurde, gibt es aber nicht (BayObLG FamRZ 1989, 1234). Deshalb kann die Erbfolge auch aufgrund eines nicht mehr auffindbaren Original-Testaments eintreten; die formgerechte Errichtung (vom Erblasser handschriftlich ge- und unterschrieben) sowie der Inhalt (genauer Wortlaut) müssen aber dann auf andere Weise genau nachgewiesen werden (§ 2356 Abs. 1 Satz 2 BGB), zB durch eine Abschrift, Photokopie (OLG Köln NJW-RR 1993, 970), Zeugenaussagen.

d) Wenn es DDR-Recht entspricht

Bei DDR-Testamenten, die vor dem 3. 10. 1990 errichtet wurden, kommt es auf früheres DDR-Recht, also auf das DDR-Zivilgesetzbuch an, auch wenn der Erblasser nach dem 3. 10. 1990 gestorben ist (Art. 235 § 2 EGBGB). Das DDR-ZGB (§§ 270 ff) enthält einige Unterschiede zum BGB-Testamentsrecht, zB beim gemeinschaftlichen Testament von Ehegatten.

3. Beweisfragen

Das Nachlaßgericht muß die Gültigkeit des Testaments von Amts wegen ermitteln, wenn ein Erbscheinsantrag gestellt wird (§ 2358 BGB; § 12 FGG). Die Frage der materiellen Beweislast spielt nur eine Rolle, wenn der Sachverhalt nicht aufklärbar ist. Grundsatz ist: wer aus einer Verfügung ein Erbrecht für sich herleitet, trägt die Beweislast für den erbrechtlichen Charakter der Erklärung (BayObLGZ 1962, 303).

a) Beruft sich jemand auf ein Testament, das ihn als Erben einsetzt und ist die Echtheit und Eigenhändigkeit umstritten, werden Zeugen vernommen, Vergleichsschriften angefordert und das Gutachten eines Schriftsachverständigen erholt. Ist die Echtheit und Eigenhändigkeit nicht aufklärbar, kann keine testamentarische Erbfolge eintreten (BayObLG FamRZ 1985, 837).

b) Wird von den Angehörigen die Testierfähigkeit des Verstorbenen (§ 2229 Abs. 3 BGB) bezweifelt, werden vom Nachlaßgericht Personen als Zeugen vernommen, die um die fragliche Zeit mit dem Erblasser Umgang hatten, wie Nachbarn, Bekannte, Verwandte, Hausarzt, Briefträger; sie sollen sich zu den konkreten auffälligen Verhaltensweisen äußern. Zweckmäßig ist, wenn der Sachverständige bei der Zeugenvernehmung anwesend ist, damit die richtigen Fragen gestellt werden. Die möglichen testamentarischen und gesetzlichen Erben haben ebenfalls ein Recht auf Anwesenheit und können Fragen stellen. Dann wird vom Gericht ein Gutachten eines Sachverständigen (Psychiater) erholt, der aus den von den Zeugen geäußerten Tatsachen Schlüsse zieht (über psychiatrische Gesichtspunkte zur Beurteilung der Testierfähigkeit vgl Wetterling/Neubauer/Neubauer ZEV 1995, 46). Das Gericht muß das Gutachten überprüfen; die Erbbeteiligten können verlangen, daß der Sachverständige sein Gutachten mündlich erläutert. Das Gericht ist an das Gutachten nicht gebunden, sondern kann aufgrund eingehender Beweiswürdigung davon abweichen (BayObLG Rpfleger 1985, 239). In der Regel wird das Gericht in Zweifelsfällen ein weiteres Gutachten (Obergutachten) erholen. Wenn der Erblasser unter Betreuung stand, wird die Beweisaufnahme erleichtert, weil die vormundschaftsgerichtlichen Betreuungsakten beigezogen werden können: dort ist die persönliche Anhörung und der Eindruck des Richters vom Betreuten (§ 68 FGG) protokolliert, außerdem ist in den Akten ein Sachverständigengutachten über die Betreuungsbedürftigkeit des Betroffenen (§ 68b FGG), das Rückschlüsse auf die Testierfähigkeit erlaubt; überdies ist jede Betreuung nach spätestens 5 Jahren zu überprüfen. Ist der Sachverhalt letztlich nicht aufklärbar, wird der Erblasser als testierfähig angesehen (BayObLG FamRZ 1989, 1346).

c) Ist Testierunfähigkeit erwiesen und behauptet der Begünstigte, der Erblasser habe in einem lichten Moment das Testament errichtet, muß er das lichte Intervall beweisen (BayObLG FamRZ 1985, 739).

d) Beurkundet ein Notar ein Testament, vermerkt er meist in der Urkunde, daß er den Erblasser für testierfähig hält (§§ 11 Abs. 1, 28 BeurkG); dies beweist aber die Testierfähigkeit nicht abschließend, sie kann trotzdem angezweifelt werden, es wird dann der Notar als Zeuge vernommen und das Gutachten eines Sachverständigen erholt.

e) Ist nicht aufklärbar, ob der Erblasser bei Testamentserrichtung noch lesen konnte, ist davon auszugehen, daß er lesen konnte (OLG Neustadt FamRZ 1961, 541).

4. Auslegung eines Testaments

Testamente sind häufig unklar und mißverständlich formuliert. Sie bedürfen daher der Auslegung; dabei ist der wirkliche Wille des Erblassers zu erforschen und nicht am buchstäblichen Sinne des Ausdrucks zu haften (§ 133 BGB).

a) Vorliegen einer Erbeinsetzung

Wenn der Erblasser etwas „vermacht", dann kann er laienhaft „vererben" meinen oder „vermachen" im Rechtssinne. Unabhängig vom Wortlaut gilt die Auslegungsregel, daß Erbeinsetzung vorliegt, wenn der Erblasser sein Vermögen oder einen Bruchteil seines Vermögens dem Bedachten zugewendet hat (§ 2087 Abs. 1 BGB), ein Vermächtnis dagegen, wenn dem Bedachten Einzelgegenstände zugewendet wurden (§ 2087 Abs. 2 BGB). Wenn aber die Einzelgegenstände Hauptwerte des Nachlasses darstellen und ein Einrücken in die wirtschaftliche Position des Erblassers gewollt war, liegt Erbeinsetzung vor. Die in der Praxis häufige Erbeinsetzung nach Vermögensgruppen („A soll die Grundstücke, B die Wertpapiere erhalten") ist in der Regel eine Erbeinsetzung nach Vermögensbruchteilen mit einer Teilungsanordnung (BGH LM § 2084 Nr. 12); sind im Beispiel die Grundstücke 500 000 DM wert, die Wertpapiere 250 000 DM, liegt wohl eine Erbeinsetzung ⅔ zu ⅓ vor.

b) Auslegungsregeln

Das Gesetz enthält eine Reihe von Auslegungsregeln, wenn der Erblasser allgemein „seine gesetzlichen Erben" (§ 2066 BGB), seine „Verwandten" (§ 2067 BGB), seine „Kinder" (§ 2068 BGB), seine „Abkömmlinge" (§ 2069 BGB), die Abkömmlinge eines anderen (§ 2070 BGB), bestimmte Personengruppen wie die Angestellten (§ 2071 BGB) oder die „Armen" (§ 2072 BGB) bedacht hat.

c) Verschiedene Auslegungsmöglichkeiten

Ist der Inhalt einer letztwilligen Verfügung (Testament, Erbvertrag) mehrdeutig, muß sie ausgelegt werden. Zur Auslegung können nicht nur Tatsachen berücksichtigt werden, die sich ausdrücklich aus dem Testament ergeben, sondern auch die äußeren Umstände vor oder nach der Testamentserrichtung. Nach der neueren Rechtsprechung ist eine Auslegung von Testamenten selbst dann möglich, wenn der Wortlaut „klar und eindeutig" ist (BGH 86, 41). Es ist der wirkliche Wille im Zeitpunkt der Testamentserrichtung zu ermitteln.

Dann ist zu prüfen, ob das Auslegungsergebnis eine Stütze im Testamentstext findet. Eine Auslegung muß stets einen wenn auch notfalls sehr entfernten Anhaltspunkt im Testament finden (sog. Andeutungstheorie, BGH 86, 47); denn andernfalls wäre letztlich ein formloses Testament möglich. Bedeutsam ist dies in den Fällen, in denen der Erblasser seine Wünsche und Vorstellungen mündlich geäußert hat; wenn sie nicht wenigstens versteckt im Testament enthalten sind, können sie bei der Auslegung nicht berücksichtigt werden.

Liegt Mehrdeutigkeit vor und würde eine Auslegung zur Unwirksamkeit führen, eine andere nicht, so ist im Zweifel diejenige Auslegung vorzuziehen, bei welcher die Verfügung Erfolg haben kann (§ 2084 BGB).

d) Ergänzende Auslegung

Weist das Testament Lücken auf, weil der Erblasser Regelungen unterlassen oder die weitere Entwicklung nicht berücksichtigt hat, ist zu ermitteln, wie der Erblasser testiert hätte, wenn er die Regelungsbedürftigkeit oder die weitere Entwicklung der

Verhältnisse erkannt hätte (BGH 22, 360); der hypothetische Erblasserwille ist aufzuklären. Hat zB der Erblasser seine Schwester zur Erbin eingesetzt und ist diese vor ihm verstorben, fragt sich, ob die Abkömmlinge der Schwester an ihre Stelle treten; eine ausdrückliche Einsetzung als Ersatzerben (§ 2096 BGB) fehlt; es kann aber ein hypothetischer Wille des Erblassers bestehen, die Abkömmlinge nahestehender Personen ersatzweise zu bedenken (BGH NJW 1973, 240; BayObLG NJW-RR 1992, 73). Die ergänzende Auslegung spielt ferner bei manchen DDR-Testamenten eine Rolle, in denen im Vertrauen auf den Fortbestand der politischen Verhältnisse von der Wertlosigkeit von Grundstücken ausgegangen wurde (vgl Grunewald NJW 1991, 1209). In allen diesen Fällen gilt die Andeutungstheorie (S. 51, 53).

5. Anfechtung eines Testaments

Die Auslegung geht der Anfechtung vor. Zur Anfechtung eines Testaments ist derjenige berechtigt, dem der Wegfall des Testaments unmittelbar zustatten kommen würde (§ 2080 BGB), also zB der gesetzliche Erbe, wenn eine fremde Person als Erbe eingesetzt wurde. Die Anfechtung erfolgt, indem der Anfechtende dem örtlich zuständigen Nachlaßgericht die Anfechtungserklärung übermittelt oder sie dort zu Protokoll gibt (§ 2081 BGB). Das Gericht nimmt die Erklärung ohne nähere Überprüfung zu den Akten; erst wenn ein Erbscheinsverfahren eingeleitet wird, wird vom Nachlaßgericht geprüft, ob die Anfechtung durchgreift. Das setzt voraus:

a) Wahrung der Anfechtungsfrist: ein Jahr ab Erlangen der Kenntnis vom Anfechtungsgrund (§ 2082 BGB);

b) Vorliegen eines Anfechtungsgrundes:

– Wenn der Erblasser widerrechtlich durch Drohung zum Testament bestimmt worden ist (§ 2078 Abs. 2 BGB);

– Wenn der Erblasser zu der Verfügung durch die irrige Annahme eines (vergangenen) Umstandes bestimmt worden ist (§ 2078 Abs. 2 BGB), zB ein Erbe sei verheiratet;

– Wenn der Erblasser sich eine Vorstellung gemacht hat oder sie für ihn selbstverständlich war und er durch die irrige Erwartung des Eintritts oder Nichteintritts eines (zukünftigen) Umstandes zum Testament bestimmt worden ist (§ 2078 Abs. 2

BGB), wenn also letztlich Umstände nicht bedacht wurden, ein sog. Motivirrtum vorliegt;

zB die Annahme, ein Erbe werde eine Ausbildung erfolgreich abschließen, Erwartung harmonischer Ehe (BayObLG FamRZ 1990, 323); Ausbleiben von Streit mit dem Bedachten oder Annahme, ein Streit mit dem enterbten Abkömmling werde nicht beigelegt (BGH FamRZ 1983, 898; OLG Köln FamRZ 1990, 1038); Annahme guter finanzieller Verhältnisse eines Erben (RGZ 172, 85); Zugehörigkeit des Erben zu einer religiösen Sekte und damit Gefährdung der Erbschaft (OLG München NJW 1983, 2577).

Inwieweit bei Testamenten vor 1990 Vorstellungen über die politischen Entwicklungen in der DDR darunter fallen ist umstritten; § 374 ZGB ist zu beachten (vgl Grunewald NJW 1991, 1208; Wasmuth DNotZ 1992, 3).

– Wenn sich der Erblasser über die Bedeutung der Erklärung geirrt hat, sich verschrieben hat, überhaupt kein Testament errichten wollte (§ 2078 Abs. 1 BGB);
– Wenn ein Pflichtteilsberechtigter, dessen Vorhandensein dem Erblasser unbekannt war oder der erst nach Testamentserrichtung geboren (oder pflichtteilsberechtigt) wurde, übergangen wurde (§ 2079 BGB).

c) Ursächlichkeit: der Irrtum des Erblasser muß ursächlich (zumindest mitursächlich) für die Abfassung des Testaments gewesen sein. Wenn seit der Abfassung des Testaments einige Zeit verstrichen ist, kann das zweifelhaft sein, weil der Erblasser ja sein Testament hätte ändern können.

d) Beweis: der Beweis für den Anfechtungsgrund ist vom Anfechtenden zu führen. Beim Motivirrtum werden strenge Anforderungen gestellt.

e) Folge der erfolgreichen Anfechtung ist, daß der vom Irrtum betroffene Teil des Testaments unwirksam ist (§ 142 Abs. 1 BGB). Dann gelten entweder frühere Testamente oder bisher unwirksame spätere Verfügungen; andernfalls tritt gesetzliche Erbfolge ein.

X. Das gesetzliche Erbrecht des Ehegatten

Ist weder ein Testament noch ein Erbvertrag vorhanden, tritt die gesetzliche Erbfolge ein. Sie richtet sich nach dem Güterstand, in dem die Eheleute lebten.

Für DDR-Erbfälle bis 2. 10. 1990 gilt das bisherige Recht fort, also §§ 362 ff ZGB: Ehegatte und Kinder erben zu *gleichen* Teilen, der Ehegatte mindestens ¼ (§ 365 ZGB).

1. Gütertrennung:

Die Eheleute lebten in Gütertrennung, wenn sie dies durch einen notariellen Vertrag vereinbart haben (§ 1414 BGB).

Ist kein Testament vorhanden erbt der überlebende Ehegatte kraft Gesetzes (§ 1931 Abs. 1 Satz 1 BGB):

– neben Verwandten erster Ordnung (zB Kindern): ¼.

Sind aber nur *ein* oder *zwei* Kinder vorhanden, erbt die Witwe soviel wie ein Kind, bei einem Kind also Witwe ½, Kind ½; bei zwei Kindern: Witwe und Kinder je ⅓ (§ 1931 Abs. 4 BGB). Ab 3 Kindern gilt wieder die Grundregel, die Witwe bekommt ¼ (die 3 Kinder ebenfalls je ¼). Bei 4 Kindern: Witwe ¼, jedes Kind ³⁄₁₆. Dasselbe gilt natürlich auch bei einem Witwer.

– Neben Verwandten der zweiten Ordnung (Eltern des Erblassers und deren Abkömmlinge, zB Geschwister des Erblassers) oder Großeltern: ½.

– wenn weder Verwandte der 1. oder 2. Ordnung noch Großeltern vorhanden sind: ¹⁄₁.

2. Zugewinngemeinschaft

In Zugewinngemeinschaft leben fast alle Ehepaare. Wer bei einem Notar keinen anderen Güterstand vereinbart hat, für den besteht der gesetzliche Güterstand der Zugewinngemeinschaft (§ 1363 BGB).

a) Wenn der überlebende Ehegatte kraft Gesetzes erbt (zB weil kein Testament vorhanden ist), dann erhält er:

– neben Verwandten erster Ordnung (dh Kindern): ½; die Kinder bekommen die restliche Hälfte (§§ 1931 Abs. 1, 1371 Abs. 1 BGB);

Beispiel: Der Erblasser hinterläßt die Witwe und drei Kinder. Die Witwe erbt ½, die drei Kinder je ⅙.

– neben Verwandten zweiter Ordnung oder Großeltern: ¼ (Besonderheiten, wenn mit Großeltern Großeltern-Abkömmlinge zusammentreffen, § 1931 Abs. 1 Satz 2 BGB).

Beispiel: Der Erblasser hinterläßt die Witwe, seine Schwester und seine Mutter. Die Witwe erbt ¾, Mutter und Schwester je ⅛.

Der Zuschlag von ¼ gegenüber der gesetzlichen Erbfolge bei Gütertrennung soll den Zugewinn pauschal ausgleichen. Dieser Zuschlag wird vom Gesetz auch gewährt, wenn die Eheleute während der Ehe keinen Zugewinn erzielt haben (§ 1371 Abs. 1 BGB).

Macht der erzielte Zugewinn mehr als dieses ¼ aus, kann sich der überlebende Ehegatte damit zufrieden geben; er kann aber auch die Erbschaft (nicht auch den Pflichtteil oder Zugewinn!) ausschlagen und dann Zugewinnausgleich und „kleinen" Pflichtteil (berechnet aus dem nicht um ¼ erhöhten Erbteil, also neben Kindern nur ⅛) von den Erben verlangen. Es ist eine Frage des Einzelfalls, was für den Ehegatten wirtschaftlich günstiger ist.

Der Zugewinnausgleich wird nach folgender Formel errechnet: Endvermögen jedes Ehegatten minus Anfangsvermögen = Zugewinn jedes Ehegatten (§ 1373 BGB); übersteigt der Zugewinn eines Ehegatten den Zugewinn des anderen, steht die Hälfte des Überschusses dem anderen Ehegatten als Ausgleichsforderung zu (§ 1378 BGB).

Beispiel zum Zugewinn: Anfangsvermögen der Frau 10 000 DM, Endvermögen 22 000 DM; Zugewinn also 12 000 DM.

Anfangsvermögen des Mannes 10 000 DM, Endvermögen (Todestag) 100 000 DM, Zugewinn also 90 000 DM.

Differenz der Zugewinne 78 000 DM (90 000 – 12 000); die Hälfte, also 39 000 DM stehen der Frau als Zugewinnausgleich zu.

Dabei wird unterstellt, daß der Vermögenszuwachs nicht auf Erbschaft oder Schenkung beruhte (§ 1374 Abs. 2 BGB). Ferner ist zu beachten, daß inflationäre Wertsteigerungen des Anfangsvermögens nicht zu berücksichtigen sind (BGH 61, 385), der Wert des Anfangsvermögen war deshalb mit Hilfe des Lebenshaltungskostenindex hochzurechnen.

Beispiel I zur Ausschlagung:

M lebte im obigen Fall in Zugewinngemeinschaft und verstarb ohne Testament; gesetzliche Erben sind die Witwe und zwei Kinder. Nachlaß 100 000 DM.

– Nimmt die Witwe die Erbschaft an, erhält sie ½ (= 50 000 DM).

– Schlägt sie aus, erhält sie ⅛ des Nachlasses (der aber um den Zugewinnausgleich als Nachlaßschuld zu kürzen ist, also 100 000 – 39 000 DM = 61 000 DM; davon ⅛ = 7625 DM) sowie den Zugewinnausgleich (im Beispiel 39 000 DM). Insgesamt erhält die Witwe bei Ausschlagung also 46 625 DM. Die Ausschlagung lohnt sich im Beispiel somit nicht.

Beispiel II zur Ausschlagung:

Wie im Beispiel I, aber gesetzliche Erben sind die Witwe und die Eltern des Ehemannes.

– Nimmt die Witwe die Erbschaft an, erhält sie ¾ (= 75 000 DM).

– Schlägt sie aus, erhält sie ¼ des Nachlasses (100 000 DM – 39 000 DM = 61 000 DM), somit 15 250 DM sowie den Zugewinnausgleich von 39 000 DM, also insgesamt 54 250. Auch hier lohnt sich die Ausschlagung nicht.

b) Wenn dem überlebenden Ehegatten durch Testament weniger zugewandt wurde, als dem großen Pflichtteil entspricht (also weniger als ¼ bzw ⅜, oben a), kann er als Pflichtteil von den Erben eine entsprechende Aufstockung verlangen (§ 2305 BGB).

Beispiel: M lebte in Zugewinngemeinschaft und verstarb; nach dem Testament soll die Witwe 10 000 DM bekommen, die beiden Kinder je 45 000 DM. Der Nachlaß ist 100 000 DM wert. Hier hat die Witwe weniger als ¼ (25 000 DM) erhalten; sie kann wählen:

– sie kann die Erbschaft annehmen und als Pflichtteil von den beiden Kindern weitere 15 000 DM verlangen.

– Sie kann auch ausschlagen und erhält dann ⅛ vom Nachlaß (gekürzt um den Zugewinnausgleichsanspruch) plus Zugewinnausgleich je nach Einzelfall; vgl Beispiel oben a).

c) Wenn der überlebende Ehegatte nicht Erbe geworden ist (zB wegen Erbverzicht, Ausschlagung, Enterbung) und ihm auch kein Vermächtnis zusteht (weil im Testament kein Vermächtnis angeordnet wurde), dann kann der überlebende Ehegatte den (kleinen) Pflichtteil und den Ausgleich des tatsächlichen Zugewinns während der Ehe verlangen (§§ 1931, 1371 Abs. 2 BGB).

Der Pflichtteil beträgt in diesem Fall:
– neben Verwandten erster Ordnung (dh Kindern): ⅛ (§§ 1931 Abs. 1, 2303 BGB);
– neben Verwandten zweiter Ordnung und Großeltern: ¼.

3. Gütergemeinschaft:

Die Eheleute leben in Gütergemeinschaft, wenn sie dies notariell vereinbart haben (§ 1415 BGB); Gütergemeinschaft ist selten und kommt zB bei Landwirtsehepaaren vor. Das Vermögen des Mannes und der Frau werden dabei gemeinschaftliches Vermögen (Gesamtgut; zu unterscheiden vom Sondergut und Vorbehaltsgut von Mann und Frau).

Der Hälfteanteil des verstorbenen Ehegatten am Gesamtgut sowie sein Sonder- und Vorbehaltsgut gehören zum Nachlaß; der verstorbene Ehegatte wird nach den allgemeinen Vorschriften beerbt (§ 1482 BGB). Er erhält also:
– neben Verwandten erster Ordnung (zB Kindern): ¼. Die Regelung des § 1931 Abs. 4 gilt nur bei Gütertrennung, nicht bei Gütergemeinschaft.
– neben Verwandten zweiter Ordnung: ½.

Leben bei kinderloser Ehe Geschwister des verstorbenen Erblassers, erbt die Witwe also ½. Oft ist aber mit dem Gütergemeinschaftsvertrag zugleich ein Erbvertrag verbunden, wonach der überlebende Ehegatte Alleinerbe ist.

4. Haushaltsgegenstände, Hochzeitsgeschenke

Ist der überlebende Ehegatte gesetzlicher Erbe (also nicht bei testamentarischer Erbfolge, BGH NJW 1979, 546), dann hat er (bei jedem Güterstand) zusätzlich zum Erbteil folgenden (gesetzlicher Vermächtnis-)Anspruch gegen die Erben (§ 1932 BGB, sog. Voraus);
– neben Verwandten der zweiten Ordnung (zB Eltern, Geschwi-

stern des Erblassers) oder Großeltern: Haushaltsgegenstände, Hochzeitsgeschenke;
- neben Verwandten der ersten Ordnung (zB Kindern): dieselben Gegenstände, aber nur soweit er sie zur Führung eines angemessenen Haushalts benötigt.

Was gehört zu den Haushaltsgegenständen?
- Einrichtungsgegenstände, technische Haushaltsgeräte, Ziergegenstände wie Gemälde (soweit nicht als Geldanlage aufzufassen);
- nicht: Schmuck, Grundstückszubehör, Sammlungen;
- streitig ist, ob der Pkw dazu gehört (vgl OLG Hamm NJW-RR 1990, 1031: nur unter besonderen Umständen Haushaltsgegenstand).

Hochzeitsgeschenke können vom Schenker ausdrücklich oder durch schlüssige Handlung nur einem Ehegatten geschenkt werden; dann fallen sie ganz unter den Voraus. Meist sind sie beiden Ehegatten zu Miteigentum geschenkt: dann geht der Voraus-Anspruch auf Verschaffung der anderen Hälfte des Miteigentums.

5. Unterhaltsanspruch

Der geschiedene Ehegatte hat uU einen Unterhaltsanspruch gegen seinen Ehepartner (§§ 1570ff BGB). Mit dem Tod des Verpflichteten geht die Unterhaltspflicht auf den Erben als Nachlaßverbindlichkeit über (§ 1586b BGB). Die Einschränkung des § 1581 BGB (Unterhalt nur nach Billigkeit, wenn sonst der angemessene eigene Bedarf des Verpflichteten gefährdet würde) entfällt mit dem Tod des Verpflichteten. Der Erbe haftet aber der Höhe nach beschränkt: nämlich nicht über den Betrag hinaus, der dem Pflichtteil entspricht, welcher dem Berechtigten zustände, wenn die Ehe nicht geschieden worden wäre; dabei ist der gewöhnliche (kleine) Pflichtteil maßgebend, nicht der erhöhte bei Zugewinngemeinschaft (§ 1586b Abs. 2 BGB).

Beispiel: die Eltern lebten in Zugewinngemeinschaft, die Ehe ist geschieden, der Mann ist unterhaltspflichtig, stirbt (ohne Testament). Nachlaßwert: 240000 DM. Gesetzliche Erben sind zwei eheliche Kinder. Gesetzlicher Erbteil der Witwe nach § 1931 BGB ¼, (kleiner) Pflichtteil also ⅛. Die Kinder müssen an die Mutter Unterhalt bis zur Höhe von 30000 DM zahlen.

6. Versorgungsausgleich

Mit dem Tod des Berechtigten erlischt der Ausgleichsanspruch (§§ 1587 c Abs. 2, 1587 k, m BGB). Mit dem Tod des Verpflichteten erlischt der Ausgleichsanspruch nicht; er ist gegen die Erben geltend zu machen (§ 1587 c Abs. 4 BGB). Wegen der Besonderheiten bei Scheidungen bis 31. 12. 1991 und ab 1. 1.1992 im Gebiet der ehemaligen DDR vgl Art. 234 § 6 EGBGB und Überleitungsrecht (abgedruckt bei Palandt/Diederichsen EGBGB Art 234 § 6 Anhang III).

7. Scheidungsverfahren

Das Erbrecht des überlebenden Ehegatten ist ausgeschlossen, wenn (1) der verstorbene Ehegatte noch vor seinem Tod die Scheidung beantragt hatte (gerichtliche Zustellung des Antrags an den Gegner ist erforderlich, BGH NJW 1990, 2382) und ein Scheidungsgrund (§§ 1565–1568 BGB) gegeben war; oder (2) wenn der überlebende Ehegatte die Scheidung beantragt hatte und der Verstorbene zugestimmt hatte (§ 1566 Abs. 1 BGB); oder wenn (3) der Erblasser die Eheaufhebungsklage erhoben hatte (§ 1933 BGB).

Folge ist, daß das gesetzliche Erbrecht und das Pflichtteilsrecht entfallen; Zugewinnausgleichsanspruch und Unterhaltsanspruch bleiben aber bestehen.

Beispiel: der Ehemann M will sich scheiden lassen und beauftragt am 1. 3. einen Anwalt, der am 10. 3. den Scheidungsantrag beim Familiengericht einreicht. Am 12. 3. stirbt M. Am 13. 3. wird der Scheidungsantrag der Frau zugestellt. Dann war die Zustellung nach dem Tod, sie erhält noch Voraus und Erbteil. Wäre der Antrag ihr am 11. 3. zugestellt worden, wäre das Erbrecht der Witwe ausgeschlossen.

Hat dagegen der überlebende Ehegatte allein die Scheidung beantragt und ist es dazu wegen des Todes des Antragsgegners nicht mehr gekommen, bleibt das gesetzliche Erbrecht des Ehegatten erhalten. Ein Ehegatte, dessen Partner die Scheidung eingeleitet hat, kann diesen zwar durch Testament „enterben"; den Pflichtteil kann er ihm aber nicht entziehen, außer es liegen die

Voraussetzungen des § 2335 BGB vor oder er hat der Scheidung zugestimmt.

8. Nichteheliche Lebensgemeinschaften

Der Partner einer nichtehelichen Lebensgemeinschaft hat kein gesetzliches Erb- oder Pflichtteilsrecht. Durch Testament, Erbvertrag oder sonstige Regelungen (zB Vertrag zugunsten Dritter) können ihm aber Vermögenswerte zufließen.

XI. Das gesetzliche Erbrecht von ehelichen Kindern

1. Grundlagen

Gesetzliche Erben der ersten Ordnung sind die Abkömmlinge; mehrere Kinder erben zu gleichen Teilen (§ 1924 BGB). Ein lebender Abkömmling schließt die durch ihn mit dem Erblasser verwandten Abkömmlinge aus; hinterläßt der Erblasser also zwei Kinder, die ihrerseits je zwei Kinder haben, dann fällt die Erbschaft an die beiden Kinder zu je 1/2, die vier Enkel erben vorerst nichts vom Großvater. Ist dagegen von den beiden Kindern eines vorverstorben, treten dessen Kinder in den Stamm ein: das überlebende Kind erbt 1/2, die beiden Kinder des anderen verstorbenen Kindes (die Enkel) erben je 1/4.

Dieselbe Stellung wie ein eheliches Kind hat das nichteheliche Kind, dessen Eltern geheiratet haben (§§ 1719, 1722 BGB) und das Kind, das für ehelich erklärt wurde (§§ 1736, 1740f BGB). Das nur einbenannte nichteheliche Kind (§ 1618 BGB) dagegen wird nicht eheliches Kind, es erlangt durch die Einbenennung keine bessere erbrechtliche Stellung. Adoptivkinder: vgl. S. 63.

Ist bei DDR-Fällen der Erblasser bis 2. 10. 1990 verstorben, richtet sich die Erbfolge nach dem DDR-Recht (§§ 362ff ZGB): Ehegatte und Kinder erben zu gleichen Teilen, der Ehegatte mindestens ¼.

2. Anrechnung von Vorempfängen

Was die Abkömmlinge (Kinder, Enkel; nicht: Ehegatte) zu Lebzeiten des Erblassers von diesem erhalten haben, muß uU berücksichtigt werden (§ 2050 BGB):
- Ausstattungen (zB Zahlungen zur Erlangung einer selbständigen Lebensstellung, Aussteuer der Tochter, § 1624 BGB) immer, es sei denn der Erblasser hatte bei der Zuwendung etwas anderes angeordnet;
- Zuschüsse, die als Einkünfte verwendet werden sollten (§ 2050 Abs. 2 BGB), Aufwendungen für die Vorbildung zu einem Be-

ruf (zB Kosten des Studiums); beide insoweit als sie das den Vermögensverhältnissen des Erblasser entsprechende Maß überstiegen haben;
– andere Zuwendungen unter Lebenden (zB Schenkungen) nur, wenn der Erblasser vor oder bei der Zuwendung die Ausgleichung anordnete (§ 2050 Abs. 3 BGB).

Jeder Miterbe ist verpflichtet, den übrigen Miterben Auskunft über solche ausgleichungspflichtige Zuwendungen zu erteilen (§ 2057 BGB).

Berechnungsbeispiel: V hinterläßt drei Kinder; Nachlaß 90 000 DM. A hat 10 000 DM auszugleichen, B 20 000 DM, C nichts. Fiktiver Nachlaß: 90 000 DM + 10 000 + 20 000 = 120 000; geteilt durch 3 abzüglich Vorempfang ergibt: für A: 40 000 – 10 000 = 30 000 DM; für B: 40 000 – 20 000 = 20 000 DM; für C 40 000 DM. Dabei sind die Zuwendungen mit dem Wert bei Zuwendung anzusetzen und dann entsprechend dem Kaufkraftschwund auf den Erbfallzeitpunkt hochzurechnen. Vgl § 2055 BGB und BGHZ 96, 180.

3. Mitarbeit eines Kindes

Ein Kind, das durch (unentgeltliche) Mitarbeit im Haushalt, Beruf oder Geschäft des Erblassers während längerer Zeit, durch erhebliche Geldleistungen oder in anderer Weise in besonderem Maße dazu beigetragen hat, daß das Vermögen des Erblassers erhalten oder vermehrt wurde, kann bei der Auseinandersetzung eine Ausgleichung nach Billigkeitsgrundsätzen unter den Abkömmlingen verlangen (§ 2057 a Abs. 1 S. 1, Abs. 2, 3 BGB).

„Längere" Mitarbeit liegt in der Regel vor, wenn es sich um mehrere Jahre handelt. „Erhebliche Geldleistungen" sind solche, die man sich üblicherweise notiert. Die Höhe des Betrages entspricht nicht der Summe des Geldwertes der geleisteten Mitarbeit usw; das Gesetz stellt auf Billigkeit ab, es kommt also auch auf den Wert des Nachlasses an.

Berechnungsbeispiel (nach Soergel/Wolf § 2057 a Rz 18): ges. Erben sind die Witwe (1/2) und zwei Kinder (je 1/4); Nachlaß 100 000 DM; Ausgleichsbetrag für das Kind K 20 000 DM. Die Witwe erhält 50 000 DM (1/2); vom Rest sind die 20 000 DM abzuziehen, hiervon erhält das eine Kind die Hälfte (15 000 DM), so daß das mitarbeitende Kind K 15 000 DM + 20 000 DM = 35 000 DM bekommt.

4. Pflegetätigkeit eines Kindes

§ 2057a Abs. 1 S. 2 BGB bestimmt ausdrücklich, daß die oben beschriebene Ausgleichspflicht nicht nur für mitarbeitende Abkömmlinge gilt, sondern auch für solche, die unter Verzicht auf berufliches Einkommen den Erblasser während längerer Zeit gepflegt haben.

5. Adoptivkinder

a) Das ab 1. 1. 1977 nach dem Recht der Bundesrepublik Deutschland adoptierte minderjährige Kind erlangt durch die Adoption die erbrechtliche Stellung eines ehelichen Kindes des Annehmenden (§ 1754 BGB). Das Kind beerbt also den Annehmenden und seine Verwandten wie ein eheliches Kind und wird andererseits ebenso von diesen beerbt. Aus dem bisherigen Familienverband ist das Kind ausgeschieden (§ 1755 BGB). Besonderheiten gelten aber, wenn die Annehmenden mit dem Kind bereits verwandt sind (Stiefkind-, Halbwaisen- und Verwandtenadoption, §§ 1755 Abs. 2, 1756 BGB).

b) Der ab 1. 1. 1977 adoptierte Volljährige wird zwar eheliches Kind des Annehmenden (§§ 1767 Abs. 2, 1754 BGB); auf die Verwandten des Annehmenden erstreckt sich die Wirkung aber nicht, auch der Ehegatte des Annehmenden wird nicht mit dem Angenommenen verwandt (§ 1770 BGB).

c) Adoptionen bis 31. 12. 1976 erfolgten nach altem Recht. Die erbrechtliche Lage bestimmt sich nach dem Übergangsrecht (Palandt/Edenhofer § 1924 Rz 21):

– Erblasser starb bis 31. 12. 1976; altes Recht gilt, uU kein Erbrecht;

– Erblasser starb ab 1. 1. 1977: (1) war der Adoptierte am 1. 1. 1977 bereits volljährig, gilt grundsätzlich das Recht der Volljährigen-Adoption (oben b); (2) War der Adoptierte am 1. 1. 1977 minderjährig (noch nicht 18 Jahre), gilt grundsätzlich neues Adoptionsrecht, wenn nicht bis 31. 12. 1977 anderweitige Erklärungen vor dem AG Berlin-Schöneberg abgegeben wurden.

XII. Das gesetzliche Erbrecht von nichtehelichen Kindern

1. Erbrecht nach der Mutter

Im Verhältnis zur Mutter gilt: das nichteheliche Kind und seine Mutter beerben sich gegenseitig wie Mutter – eheliches Kind.

Beispiel: Die Mutter stirbt (ohne Testament). Sie hinterläßt den Ehemann, ein eheliches und ein nichteheliches Kind. Erben sind der Mann zu 1/2 und die beiden Kinder zu je 1/4 in Erbengemeinschaft.

2. Erbrecht nach dem Vater

Im Verhältnis zum Vater muß zunächst die Vaterschaft durch Anerkennung oder Gerichtsurteil festgestellt sein (vgl. § 1600a S. 2 BGB). Ist der Vater bereits gestorben, kann die Vaterschaft auf Antrag des Kindes durch Beschluß des Vormundschaftsgerichts noch „nachträglich" festgestellt werden (§ 1600n Abs. 2 BGB), was zB auch Voraussetzung für die Gewährung von Waisenrente ist. Sodann ist zu unterscheiden:

a) Falls der Vater bis 30. 6. 1970 gestorben ist:
   Es gilt das frühere Recht, das nichteheliche Kind galt als nicht verwandt und hat den Vater nicht kraft Gesetzes beerbt (Art. 12 § 10 Abs. 1 des NichtehelG); auch der Vater hat das Kind nicht kraft Gesetzes beerbt.

b) Falls das nichteheliche Kind vor dem 1. 7. 1949 geboren ist:
   es gilt ebenfalls das frühere Recht: keine Erbfolge kraft Gesetzes (Art. 12 § 10 Abs. 2 NichtehelG).

c) Falls der Vater ab 1. 7. 1970 gestorben ist und das Kind ab dem 1. 7. 1949 geboren ist:
   – Wenn neben dem nichtehelichen Kind weder eheliche Abkömmlinge noch ein Ehegatte vorhanden sind: das nichteheliche Kind (und seine Abkömmlinge) beerbt seinen Vater (und väterliche Verwandte) wie ein eheliches Kind.

Beispiel: V war nie verheiratet; er stirbt (ohne Testament) und hinterläßt zwei nichteheliche Kinder von verschiedenen Müttern: die beiden nichtehelichen Kinder erben je 1/2.

– Wenn neben dem nichtehelichen Kind eheliche Abkömmlinge und/oder der Ehegatte vorhanden sind: dem nichtehelichen Kind (und seinen Abkömmlingen) steht beim Tod des Vaters (oder väterlicher Verwandter) anstelle des gesetzlichen Erbteils ein Erbersatzanspruch gegen den Erben in Höhe des Wertes des Erbteils zu (§ 1934a Abs. 1 BGB). Dies ist ein Geldanspruch; dadurch soll verhindert werden, daß sich das ne Kind mit ehelichen Kindern usw in einer Erbengemeinschaft befindet.

Beispiele: V war verheiratet; er stirbt (ohne Testament). (1) Er hinterläßt ein eheliches und ein nichteheliches Kind. Das eheliche Kind beerbt den Vater voll und allein; das nichteheliche Kind hat gegen das eheliche Kind einen Geldanspruch in Höhe des Wertes der halben Erbschaft. (2) Er hinterläßt die Ehefrau, ein eheliches und ein nichteheliches Kind. Frau und eheliches Kind sind Miterben zu 1/2; dem nichtehelichen Kind steht ein Erbersatzanspruch in Höhe von 1/4 zu.

Der Erbersatzanspruch:
Der Anspruch verjährt in drei Jahren ab Kenntnis des Berechtigten vom Erbfall und vom Anspruch (§ 1934a Abs. 2 BGB), also in der Regel ab dem Todesfall. Ist der Vater zB am 2. 1. 1990 verstorben, muß die Klage des Kindes gegen die Erben auf Zahlung spätestens am 2. 1. 1993 beim Amts- oder Landgericht (je nach Betragshöhe) eingereicht sein (§ 270 Abs. 3 ZPO), es genügt nicht, wenn nur innerhalb der Frist gemahnt wird.

Der Anspruch ist gegen alle Erben geltend zu machen, im Verhältnis zum ne Kind haften alle als Gesamtschuldner. Im Innenverhältnis freilich muß das eheliche Kind die Last allein tragen (§§ 1934b Abs. 2, 2320 BGB), weil es ja, wäre das andere Kind ebenfalls ehelich, auch weniger geerbt hätte, während der Erbteil der Witwe grundsätzlich feststeht.

Beispiel: V hinterläßt die Ehefrau, ein eheliches und ein nichteheliches Kind. Erbersatzanspruch 1/4 (vgl Beispiel (2) oben). Das nichteheliche Kind kann die Witwe und das eheliche Kind auf Zahlung verklagen. Vollstreckt dann das nichteheliche Kind bei der Witwe, kann diese den vollen Betrag vom ehelichen Kind ersetzt verlangen. Wirtschaftlich gesehen bekommen also im Endergebnis die Witwe 1/2, das eheliche und das nichteheliche Kind jeweils 1/4.

Das nichteheliche Kind kann zwischen seinem 21. und seinem 27. Lebensjahr vom Vater vorzeitigen Erbausgleich verlangen (§ 1934 d BGB). Ist dies geschehen, so sind beim Tod des Vaters (sowie väterlicher Verwandter) das Kind und dessen Abkömmlinge nicht gesetzliche Erben, auch nicht erbersatz- oder pflichtteilsberechtigt, alle erbrechtlichen Beziehungen aufgrund nichtehelicher Verwandtschaft auch beim Tod des Kindes entfallen (§ 1934 e BGB).

Bei der Hoferbfolge gelten Besonderheiten (§§ 5 S. 2, 12 X HöfeO).

3. Erbfälle mit DDR-Bezug

Ist der Erblasser (Vater/Mutter) bis zum 2. 10. 1990 gestorben, richtet sich die Erbfolge nach dem bisherigen DDR-Erbrecht, also nach dem ZGB (Art. 235 § 1 Abs. 1 EGBGB). Danach waren eheliche und nichteheliche Kinder gleichgestellt; einen bloßen Erbersatzanspruch gab es nicht.

Ist der Erblasser seit dem 3. 10. 1990 verstorben, gilt für nichteheliche Kinder eine Sonderregelung (Art. 235 § 1 Abs. 2 EGBGB):

- für alle bis einschließlich 2. 10. 1990 (in Ost- oder Westdeutschland) geborenen ne Kinder von „Ostdeutschen" bleibt es bei der früheren Gleichstellung ehelicher und nichtehelicher Kinder; es gilt insoweit BGB (aber nicht die §§ 1934 a–e BGB, sondern §§ 1924 ff BGB). Sinn der Regelung ist der Bestandsschutz. Deshalb gilt die Regelung in allen Fällen, in denen der Vater am 2. 10. 1990 (zur Zeit der Wiedervereinigung) seinen „gewöhnlichen Aufenthalt" in den DDR-Ländern hatte (hM; Palandt/Edenhofer EG 235 § 1 Rz 2) und der Vater dem Erbrecht der ehemaligen DDR unterstand;

- für alle ab 3. 10. 1990 geborenen ne Kinder gelten die Regelungen der §§ 1934 a–e BGB.

XIII. Das gesetzliche Erbrecht von Eltern und deren Verwandten

1. Beim Tod von ehelichen Kindern

Die Eltern und deren Abkömmlinge sind gesetzliche Erben der zweiten Ordnung des Kindes (§ 1925 Abs. 1 BGB). Lebten zur Zeit des Erbfalls die Eltern, erben sie allein und zu gleichen Teilen. Lebt zur Zeit des Erbfalls nur noch ein Elternteil, so erbt er 1/2; an die Stelle des Verstorbenen treten dessen Abkömmlinge (= Geschwister des Verstorbenen). Sind Abkömmlinge (Kinder, Enkel usw) des verstorbenen Elternteils nicht vorhanden, erbt der überlebende Elternteil allein. War das „Kind" kinderlos verheiratet, erben bei dessen Tod der Ehegatte (Güterstand der Zugewinngemeinschaft unterstellt) 3/4, die Eltern das restliche 1/4 (§§ 1931, 1371 BGB). War das „Kind" verheiratet und hat Ehegatten und Kind hinterlassen, erben die Eltern des „Kindes" nichts mehr.

DDR-Erbfälle bis 2. 10. 1990 richten sich nach bisherigem DDR-Recht (§§ 362 ff ZGB), Art. 235 § 1 EGBGB.

2. Beim Tod nichtehelicher Kinder

Beim Tod eines nichtehelichen Kindes (unverheiratet, ohne Abkömmlinge) steht dem Vater und seinen Abkömmlingen neben der Mutter und ihren ehelichen Abkömmlingen an der Stelle des gesetzlichen Erbteils (1/2) ein Erbersatzanspruch zu (§ 1934a Abs. 2 BGB); andernfalls erben der Vater und seine Abkömmlinge wie bei ehelichen Kindern.

Beispiele: das ne Kind stirbt. (1) Vater und Mutter überleben. Die Mutter erbt allein und voll, der Vater hat einen Erbersatzanspruch im Wert von 1/2 (so daß die Mutter im Endergebnis wertmäßig nur 1/2 behält). (2) Die Mutter ist ebenfalls schon gestorben. Der Vater und zwei eheliche Kinder der Mutter überleben. Die Kinder erben je 1/2, der Vater hat einen Erbersatzanspruch von 1/2 gegen die Kinder (so daß sie im Endergebnis wertmäßig nur je 1/4 bekommen).

3. Beim Tod von Adoptivkindern

a) Das ab 1. 1. 1977 adoptierte minderjährige Kind erlangt durch die Adoption die erbrechtliche Stellung eines ehelichen Kindes des Annehmenden (§ 1754 BGB). Das Kind wird also wie ein eheliches Kind von seinen Eltern beerbt. Aus dem bisherigen Familienverband ist das Kind ausgeschieden (§ 1755 BGB). Besonderheiten gelten aber, wenn die Annehmenden mit dem Kind bereits verwandt sind (Stiefkind-, Halbwaisen- und Verwandtenadoption, §§ 1755 Abs. 2, 1756 BGB).

b) Der ab 1. 1. 1977 adoptierte Volljährige wird zwar eheliches Kind des Annehmenden (§§ 1767 Abs. 2, 1754 BGB); auf die Verwandten des Annehmenden erstreckt sich die Wirkung aber nicht, auch der Ehegatte des Annehmenden wird nicht mit dem Angenommenen verwandt (§ 1770 BGB).

c) Adoptionen bis 31. 12. 1976 erfolgten nach altem Recht; vgl. S. 63.

4. Erbfälle mit DDR-Bezug

Ist das ne Kind (Erblasser) bis zum 2. 10. 1990 gestorben, richtet sich die Erbfolge nach dem bisherigen DDR-Erbrecht, also nach dem am 1. 1. 1976 in Kraft getretenen ZGB (Art. 235 § 1 Abs. 1 EGBGB). Danach waren nichteheliche Kinder den ehelichen Kindern im Verhältnis zum Vater und väterlichen Verwandten auch als Erblasser gleichgestellt, einen Ersatzanspruch des Vaters gibt es nicht.

Ist der Erblasser seit dem 3. 10. 1990 verstorben, gilt für nichteheliche Kinder eine Sonderregelung (Art. 235 § 1 Abs. 2 EGBGB):

– für alle bis einschließlich 2. 10. 1990 (in Ost- oder Westdeutschland) geborenen nichtehelichen Kinder von „Ostdeutschen" bleibt es bei der früheren DDR-Gleichstellung ehelicher und nichtehelicher Kinder; vgl. S. 66.

– für alle ab 3. 10. 1990 geborenen nichtehelichen Kinder gelten, auch wenn sie Erblasser sind, die Regelungen der §§ 1922 ff, 1934 a–e BGB.

XIV. Erbfolge in der Landwirtschaft

1. Rechtsgrundlagen

Für die Land- und Forstwirtschaft gilt ein kompliziertes Sondererbrecht; angestrebt wird jeweils, daß die Besitzung nicht durch Erbgang zur Aufteilung kommt. Im einzelnen kommt es darauf an, wo die Besitzung liegt:

a) Bauernhöfe in den Ländern Hamburg, Niedersachsen, Nordrhein-Westfalen und Schleswig-Holstein:
   - bei land- oder forstwirtschaftlichen Besitzungen im Sinne des § 1 HöfeO (zB Wirtschaftswert im Sinne der steuerlichen Bewertungsvorschriften von mindestens 20000 DM sowie Existenz einer zu ihrer Bewirtschaftung geeigneten Hofstelle, oder wenn der Hofvermerk im Grundbuch eingetragen ist), ist die Höfeordnung von 1976 anzuwenden, nicht das BGB;
   - wenn die Besitzung kein Hof im Sinne der HöfeO ist (oder kein Hoferbe vorhanden ist, § 10 HöfeO; oder der Hofvermerk im Grundbuch gelöscht ist, § 1 Abs. 4 HöfeO), ist das BGB-Erbrecht anzuwenden; das Zuweisungsverfahren nach dem Grundstücksverkehrsgesetz (§§ 13 ff GrdstVG) kommt zum Zuge.

b) Bauernhöfe in Gebieten, in denen Landesanerbengesetze gelten, nämlich in Baden-Württemberg in den Regierungsbezirken Freiburg, Stuttgart, Karlsruhe und Tübingen, sowie in den Ländern Bremen, Hessen und Rheinland-Pfalz:
   - bei Besitzungen im Sinne des jeweiligen Landesrechts gelten die verschiedenen Landes-Anerbengesetze (Badisches Gesetz, die geschlossenen Hofgüter betreffend, von 1898/1970; Württembergisches Gesetz über das Anerbenrecht von 1930/ 1970; Bremisches Höfegesetz von 1899/1971; Hessische Landgüterordnung von 1947/1970; Rheinland-Pfälzisches Landesgesetz über die Höfeordnung von 1967/1981);
   - auf Betriebe, die nicht Höfe im Sinne dieses Landesrechts sind (zB mangels Eintragung in die Höferolle), ist das BGBErbrecht und das Zuweisungsverfahren nach dem Grundstücksverkehrsgesetz anzuwenden.

c) Bauernhöfe im übrigen Deutschland, also insbesondere in Bayern, Saarland, Westberlin, in den neuen Bundesländern (ehem. DDR): auf alle Betriebe ist das BGB, insbesondere das dort enthaltene Landgutrecht (§§ 2049, 2312 BGB), sowie das Grundstücksverkehrsgesetz anzuwenden, nicht Höferecht.

Die Fortgeltung früherer Anerbenrechte in Teilen der ehemaligen DDR (Landgüterordnung für die Provinz Brandenburg; für die Provinz Schlesien; Mecklenburg-Strelitzsches Gesetz über das Anerbenrecht) ist zweifelhaft und wegen des EGZGB eher zu verneinen (Lange/Wulff/Lüdtke-Handjery, Höfeordnung, 9. Aufl. 1991, S. 590).

2. Erbfolge nach Höferecht

a) Kommt die HöfeO zur Anwendung (oben 1 a) und hat der Erblasser den Hofnachfolger nicht bestimmt, fällt der Hof als Teil der Erbschaft kraft Gesetzes nur *einem* der Erben (dem Hoferben) zu (§ 4 HöfeO); die Testierfreiheit des Erblassers ist insoweit eingeschränkt (§ 16 HöfeO). Wenn der Erblassers keine andere Bestimmung trifft, sind Hoferben zunächst die Kinder und deren Abkömmlinge, in zweiter Linie der Ehegatte (§ 5 HöfeO). Unter mehreren Kindern ist als Hoferbe in erster Linie das Kind berufen, dem vom Erblasser die Bewirtschaftung des Hofes im Zeitpunkt des Erbfalls auf Dauer übertragen war; in zweiter Linie das Kind, welches „wirtschaftsfähig" ist; zahlreiche Einzelheiten regelt dazu § 6 HöfeO.

Abfindung der Miterben

Miterben, die nicht Hoferben geworden sind, steht gegen den Hoferben ein Anspruch auf Abfindung in Geld zu; er bemißt sich nach dem „Hofwert". Dieser Hofwert ist nicht der Verkehrswert, sondern das 1,5-fache des zuletzt festgesetzten steuerlichen Einheitswertes, wobei besondere Umstände des Einzelfalls durch Zuschlag zu berücksichtigen sind (§ 12 Abs. 1, 2 HöfeO); eine Stundung ist möglich (§ 12 Abs. 5 HöfeO).

Da der 1,5-fache Einheitswert viel geringer ist als der Verkehrswert, meist sogar noch erheblich geringer als der Ertragswert, ist die Regelung verfassungsrechtlich bedenklich (vgl Wöhrmann/Stöcker § 12 Rz 19); insbesondere bei forstwirtschaftlichen Gütern kann der Verkehrswert uU das Hundertfache des Einheitswertes betragen; der weichende Miterbe bekommt hier praktisch nur ein Trinkgeld.

Veräußert der Hoferbe den Hof innerhalb von 20 Jahren nach dem Erbfall, können die gewichenen Miterben eine Ergänzung der seinerzeitigen Abfindung verlangen (§ 13 Abs. 1 HöfeO); dasselbe gilt, wenn der Hoferbe auf andere Weise erhebliche Gewinne erzielt (§ 13 Abs. 4 HöfeO). Die Ergänzungsansprüche verjähren mit Ablauf des dritten Jahres nach dem Zeitpunkt, in dem der Berechtigte Kenntnis vom Vorgang erlangt, spätestens in 30 Jahren vom Erbfall an (§ 13 Abs. 9 HöfeO). Der Hoferbe hat die ehemaligen Miterben von derartigen Verwertungen zu verständigen und ihnen Auskünfte (zB über den Erlös) zu erteilen (§ 13 Abs. 10 HöfeO).

b) Die landesrechtlichen Anerbenrechte (oben 1 b) weichen von den Regelungen der HöfeO in vielen Einzelheiten ab.

c) Verfahrensfragen. Für die Entscheidung von Streitigkeiten sind die Landwirtschaftsgerichte (dh bestimmte Abteilungen der Amtsgerichte, besetzt mit einem Berufsrichter und zwei landwirtschaftlichen Beisitzern) zuständig; zweite Instanz ist das OLG (nicht das LG); dritte Instanz ist der BGH. Das Verfahren richtet sich nach dem Gesetz über das gerichtliche Verfahren in Landwirtschaftssachen (LwVG). Weitere Verfahrensfragen regelt die Verfahrensordnung für Höfesachen. Das Landwirtschaftsgericht entscheidet auch über die Frage, wer Hoferbe geworden ist und stellt den Erbschein aus (§ 18 HöfeO).

3. Bauernhof und sonstiges Vermögen

Der Hof vererbt sich in den Ländern, in denen die HöfeO gilt, nach dem Höferecht; das übrige (hoffreie) Vermögen dagegen nach dem BGB (sog. höferechtliche Nachlaßspaltung). Beim Landwirt, der aus Landverkauf ein großes Aktienvermögen angesammelt hat, werden also die weichenden Miterben bezüglich des Hofes mit geringen Zahlungen (auf der Basis des 1,5-fachen Einheitswerts) abgefunden, bezüglich des Aktiendepots werden sie Miterben oder erlangen Pflichtteilsrechte aus dem Verkehrswert (= Kurswert) der Wertpapiere.

Erbschein: zulässig ist die Erteilung eines allgemeinen Erbscheins über beide Vermögensmassen, in dem der Hoferbe geson-

dert aufgeführt wird. Möglich ist aber auch ein gesonderter Erbschein nur über die Hoffolge (sog. Hoffolgezeugnis) sowie ein
Erbschein allein über das hoffreie Vermögen (§ 18 HöfeO).

Zuständig für die Erteilung dieser Erbscheine ist jeweils das
Landwirtschaftsgericht; wenn zum Nachlaß ein Hof im Sinne der
HöfeO gehört, ist das Landwirtschaftsgericht (und nicht das
Nachlaßgericht) für die Erteilung des Erbscheins über das hoffreie
Vermögen zuständig, selbst dann, wenn das hoffreie Vermögen
erheblich wertvoller ist als der Hof (BGH NJW 1988, 2739; BGH
ZEV 1995, 34; Wöhrmann/Stöcker § 18 Rz 38).

4. Landwirtschaftserbrecht des BGB

Hier kommt es darauf an, ob der Erblasser bei einer Mehrheit
von Erben durch Testament oder Erbvertrag angeordnet hat, daß
einer der Erben das Recht haben soll, das zum Nachlaß gehörige
Landgut zu übernehmen.

a) Liegt eine solche Anordnung vor, kann der Erbe die Miterben und Pflichtteilsberechtigten aus einem Nachlaßwert abfinden, der geringer ist als der Verkehrswert, nämlich aus dem
Ertragswert. Auf diese Weise wird dem Erben zwar die Be-
triebsfortführung erleichtert, die anderen werden aber finanziell
benachteiligt.

Mehrere Vorschriften regeln das: nach § 2049 BGB ist das Landgut bei
der Auseinandersetzung zwischen Miterben nur mit dem Ertragswert anzusetzen; nach § 2312 BGB ist für die Berechnung des Pflichtteils nur
vom Ertragswert auszugehen; nach § 1934b Abs. 1 S. 3 BGB gilt nur der
Ertragswert, wenn der Erbersatzanspruch nichtehelicher Kinder berechnet werden soll; auch bei Errechnung des Zugewinnausgleichs des Ehegatten ist das Anfangs- und Endvermögen nur aus dem Ertragswert zu
berechnen (§ 1376 Abs. 4 BGB).

Voraussetzung ist bei allen diesen Bestimmungen, daß ein
„Landgut" zum Nachlaß gehört; das ist eine zum selbständigen
Betrieb der Land- oder Forstwirtschaft geeignete und bestimmte
Wirtschaftseinheit, die mit den erforderlichen Wohn- und Wirt-
schaftsgebäuden versehen ist. Die Größe nach § 1 HöfeO muß
zwar nicht erreicht sein, auch nebenberufliche Führung kann aus-
reichen (BGH NJW 1987, 951); andererseits ist nicht jeder kleine
Bauernhof ein Landgut in diesem Sinne.

Notwendig ist, daß der Gesetzeszweck, nämlich die Erhaltung eines landwirtschaftlichen Betriebes in der Hand einer vom Gesetz begünstigten Person, im Einzelfall erreicht werden wird. Das ist nicht der Fall, wo ein Landgut nicht als geschlossene Einheit fortgeführt wird und nicht mehr lebensfähig ist, oder wo ein Betrieb zwar noch bewirtschaftet wird, aber abzusehen ist, daß er binnen kurzem nicht mehr als solcher wird gehalten werden können (BGH NJW-RR 1992, 66).

Darüber hinaus können §§ 2049, 2312 BGB nicht mehr eingreifen, wo es sich um Grundstücke handelt, die praktisch *baureif* sind und die aus dem Landgut ohne Gefahr für dessen dauernde Lebensfähigkeit herausgelöst werden können. In Fällen dieser Art liegt die Veräußerung nicht selten schon aus Gründen der Wirtschaftlichkeit ohnehin nahe; dementsprechend erscheint ein dauernder Verbleib der betreffenden Grundstücke beim Hof hier im allgemeinen nicht gewährleistet. Den Erben gleichwohl auch insoweit mit Hilfe der Ertragswertrechnung zu „privilegieren", ginge über den Schutzzweck des Gesetzes hinaus. Dieser ist nicht auf den Erhalt der bisherigen Größe des Landgutes, sondern nur auf die Abwehr von Gefahren für dessen dauernde Leistungsfähigkeit gerichtet (BGH NJW 1987, 1260).

Dasselbe gilt aber auch für solche Grundstücke, die neben den Äckern liegen, *Kiesvorkommen* haben und bereits an ein Kieswerk angrenzen. Lassen sich derart auskiesungsreife und benötigte Grundstücke beim Erbfall ohne Gefahr für die dauernde Lebensfähigkeit des Landgutes aus diesem herauslösen, dann müssen auch diese für die Pflichtteilsberechnung mit ihrem Verkehrswert und nicht mit ihrem Ertragswert angesetzt werden. Das gilt unabhängig davon, ob der Erbe verkaufen will oder nicht, oder ob er damit auch nur vorerst zuwarten will (BGH NJW-RR 1992, 66).

Der Ertragswert ergibt sich durch Vervielfachung des jährlichen Reinertrags (§ 2049 Abs. 2 BGB); der Ertrag ist konkret anhand der betriebswirtschaftlichen Jahresabschlüsse etwa der letzten 10 Jahre zu ermitteln. Der Kapitalisierungsfaktor ist in den einzelnen Bundesländern verschieden (vgl Art. 137 EGBGB; zB Bayern: Art. 68 BayAGBGB); er liegt meist zwischen dem 18- und 25-fachen.

Beispiel: E hat in Bayern einen landwirtschaftlichen Betrieb mit einem Jahresreinertrag von 30 000 DM hinterlassen; er hat drei Söhne. Der Verkehrswert des Betriebes beträgt 2,4 Millionen DM. Der Übernehmer kann seine Brüder aus einem Nachlaßwert von 540 000 DM (18 × 30 000) abfinden, muß also jedem nur 90 000 DM (Pflichtteil 1/6) auszahlen. Bei einem Gewerbebetrieb oder bei Baugrundstücken gilt diese Privilegierung nicht, hier wären die Pflichtteile aus 2,4 Millionen zu berechnen und würden jeweils 400 000 DM ausmachen.

b) Tritt gesetzliche Erbfolge ein oder fehlt im Testament eine Übernahmeanordnung des Erblassers, geht die landwirtschaftliche Besitzung nach allgemeinem BGB-Recht auf die Erbengemeinschaft über. Die Erben können sich auseinandersetzen, eventuelle Abfindungen sind aus dem Verkehrswert zu entrichten. Ein Miterbe dieser durch gesetzliche Erbfolge entstandenen Erbengemeinschaft kann aber auch die gerichtliche Zuweisung der Grundstücke, aus denen der landwirtschaftliche Betrieb besteht, *an sich allein* nach § 13 GrdstVG beantragen. Das Gericht kann die Zuweisung aussprechen, wenn der Betrieb mit einer zur Bewirtschaftung geeigneten Hofstelle versehen ist und seine Erträge ohne Rücksicht auf privatrechtliche Belastungen (Schuldzinsen) im wesentlichen zum Unterhalt einer bäuerlichen Familie ausreichen (§ 14 GrdstVG). Von den mehreren Miterben ist der Betrieb dem zuzuweisen, dem er nach dem wirklichen oder mutmaßlichen Willen des Erblassers zugedacht war (§ 15 GrdstVG).

Ausgleichszahlung
Wird der Betrieb einem Miterben zugewiesen, steht den übrigen Miterben an Stelle ihres Erbteils ein Anspruch auf Zahlung eines Geldbetrages zu, der dem Wert ihres Anteils an dem zugewiesenen Betrieb entspricht. Dabei ist vom *geringen Ertragswert* des Betriebs auszugehen (oben a), § 16 GrdstVG. Das BVerfG (FamRZ 1995, 405) hält dies nicht für verfassungswidrig. Die Zahlung kann gestundet werden. Zieht der Erwerber binnen 15 Jahren nach dem Erwerb des Betriebs durch Veräußerung oder auf sonstige Weise erhebliche Gewinne (zB der Großstadtbauer verkauft einige Wiesen als Bauplatz), können die Miterben Ausgleich verlangen (vgl § 17 Abs. 1 GrdstVG), der Anspruch verjährt zwei Jahre nach dem Schluß des Jahres, in dem der Berechtigte Kenntnis erlangt, auf jeden Fall aber fünf Jahre nach dem Schluß des Jahres, in dem der Anspruch entstand (§ 17 Abs. 2 GrdstVG); der weichende Miterbe muß die Wirtschaft des Hofbetreibers also rund 20 Jahre im Auge behalten.

XV. Erbfolge bei Personenhandelsgesellschaften

1. Einzelhandelsgeschäft

Ein Einzelhandelsgeschäft kann von einer Erbengemeinschaft zeitlich unbegrenzt fortgeführt werden (BGHZ 17, 302); die Miterben sind ins Handelsregister einzutragen (§ 31 Abs. 1 HGB). Aus der Erbengemeinschaft wird erst dann eine OHG, wenn die Miterben einen entsprechenden Gesellschaftsvertrag schließen und die Unternehmensgüter auf die OHG übertragen (BGH 92, 263). Zur Fortführung eines von Minderjährigen ererbten Geschäfts durch die Eltern (als gesetzliche Vertreter) ist nach § 1822 Nr. 3 BGB zwar keine vormundschaftsgerichtliche Genehmigung erforderlich; der Minderjährige darf aber jedenfalls nicht dadurch über den Umfang des geerbten Vermögens hinaus Schulden erlangen und überschuldet in die Volljährigkeit treten (BVerfG NJW 1986, 1859; BGH NJW-RR 1987, 450). Zur handelsrechtlichen Erbenhaftung vgl. S. 91.

2. BGB-Gesellschaft

Die BGB-Gesellschaft wird durch den Tod des Gesellschafters aufgelöst, wenn im Gesellschaftsvertrag nichts anderes vereinbart ist (§ 727 BGB). Die schwebenden Geschäfte werden abgewickelt, die Erben werden Mitglieder dieser Liquidationsgesellschaft. Schließlich folgt die Auseinandersetzung.

3. OHG, KG

Die hier auftretenden Fragen sind teils umstritten. Probleme ergeben sich vor allem, wenn der Gesellschaftsvertrag und das Testament nicht sinnvoll ineinandergreifen. Je nach dem Inhalt des Gesellschaftsvertrages sind verschiedene Fälle zu unterscheiden (vgl Schaub ZEV 1994, 71):

a) Auflösung der Gesellschaft

Die OHG wird durch den Tod eines Gesellschafters aufgelöst, wenn im Gesellschaftsvertrag nichts anderes vereinbart ist (§ 131 Nr. 4 HGB). Es kommt zur Abwicklung. Ebenso ist es beim Tod eines KG-Komplementärs, also eines persönlich haftenden Gesellschafters (§ 161 Abs. 2, 131 Nr. 4 HGB). Der Tod eines KG-Kommanditisten hat dagegen nicht die Auflösung der KG zur Folge (§ 177 HGB); der KG-Anteil zerfällt in soviele Beteiligungen als Erben vorhanden sind.

b) Fortsetzung durch die restlichen Gesellschafter

Wenn es im Gesellschaftsvertrag vereinbart ist, wird die Gesellschaft durch den Tod eines Gesellschafters nicht aufgelöst, sondern durch die restlichen Gesellschafter fortgeführt (§§ 138, 177 HGB). Die Erbengemeinschaft nach dem Verstorbenen hat einen Abfindungsanspruch (§ 738 BGB), der sich aus dem wirklichen Wert der Beteiligung unter Berücksichtigung der stillen Reserven und des „good will" errechnet. Ist im Gesellschaftsvertrag eine Abfindung ausgeschlossen oder eine geringere Abfindung (zB der Buchwert) vereinbart, kann eine beim Pflichtteil zu berücksichtigende Schenkung vorliegen (BGH NJW 1981, 1956); keine Schenkung liegt vor, wenn *alle* Gesellschafter bei gleichen Risiken die Fortführung ohne Abfindung vereinbart haben, weil hier wie bei einer Lotterie jeder eine Chance hat (BGH 22, 194).

c) Eintrittsklausel

Hier ist im Gesellschaftsvertrag vereinbart, daß zwar die Gesellschaft zwischen den restlichen Gesellschaftern fortgesetzt wird, ein Dritter (ein Erbe oder ein Fremder) aber einen Anspruch auf Aufnahme in die Gesellschaft hat (sog. Eintrittsrecht); dies stellt einen Vertrag zugunsten Dritter dar. Die Erben erlangen einen Abfindungsanspruch gegen die Gesellschaft (§ 738 Abs. 1 S. 2 BGB), soweit nichts anderes vereinbart oder geregelt ist.

d) Einfache erbrechtliche Nachfolgeklausel

Wenn im Gesellschaftsvertrag bestimmt ist, daß beim Tod eines Gesellschafters die Gesellschaft mit dessen Erben fortgesetzt wird (vgl § 139 HGB), ist der Anteil vererblich gemacht. Bei Miterben wird nicht die Erbengemeinschaft als solche, sondern jeder Miterbe mit einem seiner Erbquote entsprechenden Anteil Gesellschafter (Sonderrechtsnachfolge; BGH 98, 50); es erfolgt ein Anteilssplit. Im Gesellschaftsvertrag kann vereinbart sein, daß die Miterben ihre Mitgliedschaftsrechte durch einen gemeinsamen Vertreter ausüben lassen müssen (sog. Vertreterklausel). Für das Einrücken von Kindern ist keine vormundschaftsgerichtliche Genehmigung nach § 1822 Nr. 3 BGB erforderlich (BGH NJW 1971, 1268).

Infolge der Nachfolgeklausel rückt der Erbe in die Stellung als persönlich haftender Gesellschafter einer OHG oder KG ein; oft kann oder will er die damit verbundenen Pflichten nicht auf sich nehmen und das Haftungsrisiko nicht tragen. Das Gesetz (§ 139 HGB) räumt ihm deshalb ein Wahlrecht ein; das Wahlrecht ist innerhalb von drei Monaten seit Erlangen der Kenntnis vom Erbfall auszuüben (§ 139 Abs. 3 HGB); jeder Miterbe kann das Wahlrecht anders ausüben (BGH NJW 1971, 1268):

– Er kann sein Verbleiben in der Gesellschaft davon abhängig machen, daß ihm die Stellung eines nur mit einer Einlage haftenden Gesellschafters (Kommanditisten) eingeräumt wird. Über diesen Antrag entscheiden die übrigen Gesellschafter, einen Anspruch auf Umwandlung hat er nur, wenn dies im Gesellschaftsvertrag verankert ist. Stimmen sie zu, wird der Erbe Kommanditist.

– Stimmen die übrigen Gesellschafter nicht zu, kann er wieder wählen; er kann als persönlich haftender Gesellschafter in der OHG/KG bleiben; oder er erklärt innerhalb der Dreimonatsfrist sein Ausscheiden aus der Gesellschaft (§ 139 Abs. 2 HGB).

e) Qualifizierte erbrechtliche Nachfolgeklausel

Hier werden nach dem Gesellschaftsvertrag nur *ein* Miterbe (zB der älteste Sohn) oder ein Teil der Miterben (zB die Töchter) Gesellschafter. Der im Gesellschaftsvertrag begünstigte Erbe erwirbt den Anteil unmittelbar im Ganzen, auch dann, wenn er nur Erbe zu einem Bruchteil geworden ist; hat der Erblasser aller-

dings dem Sohn nur ein Geldvermächtnis zugewendet und als
Erbin seine Witwe bestimmt, können weder der Sohn noch die
Witwe Gesellschafter werden. Mehrere begünstigte Personen erwerben ihre entsprechenden Anteile im Wege der Einzelnachfol-
ge. Diejenigen Miterben, die nicht Gesellschafter werden, haben
keinen Abfindungsanspruch, wenn im Gesellschaftsvertrag nichts
anderes vereinbart ist. Unter den Erben kann aber zB eine Ausgleichung nach § 2050 ff BGB (vgl S. 61) in Frage kommen.

XVI. Erbfolge bei Sozialleistungen

1. Vererbung von Ansprüchen auf Rente/Sozialleistungen

Hatte der Verstorbene bei seinem Tod fällige Ansprüche auf *laufende* Sozialleistungen in Geld (zB auf Rente), dann werden diese Ansprüche nicht wie sonstige Geldforderungen auf die gesetzlichen oder testamentarischen Erben vererbt, sondern es tritt eine Sonderrechtsnachfolge ein. Nach § 56 Abs. 1 SGB I stehen die Ansprüche nämlich nacheinander zu:
– dem Ehegatten (nicht dem geschiedenen),
– den Kindern (auch Stiefkindern, Enkeln, Pflegekindern, Geschwistern des Berechtigten),
– den Eltern (auch Großeltern, Stiefeltern, Pflegeeltern),
– dem Haushaltsführer,
wenn diese mit dem Berechtigten zur Zeit seines Todes in einem gemeinsamen Haushalt gelebt haben oder von ihm wesentlich unterhalten worden sind. Mehreren Personen einer Gruppe stehen die Ansprüche zu gleichen Teilen zu (zwei Kindern also je ½). Die vorherige Gruppe schließt die nachfolgende aus (ist also eine Witwe mit Kindern vorhanden, ist die Witwe allein bezugsberechtigt). Sonderrechtsnachfolge heißt, daß der Geldbetrag den in § 56 SGB I Genannten auch dann zusteht, wenn sie nicht Erben werden.

Der Sonderrechtsnachfolger haftet andererseits bis zur Höhe der empfangenen Geldbeträge für die Verbindlichkeiten des Verstorbenen gegenüber dem Leistungsträger, zB für Beitragsrückstände und Erstattungsansprüche (§ 57 SGB I).

Ansprüche auf *einmalige* Geldleistungen (zB auf Kostenersatz für selbstbezahlte Krankenbehandlung) dagegen werden nach BGB vererbt (§ 58 SGB I). Ansprüche auf Dienst- und Sachleistungen werden nicht vererbt, sondern erlöschen mit dem Tod des Berechtigten (§ 59 S. 1 SGB I).

Ansprüche auf Geldleistungen müssen im Zeitpunkt des Todes des Berechtigten entweder festgestellt sein oder es muß zumindest ein Verwaltungsverfahren über sie anhängig sein, damit sie übergehen können; andernfalls erlöschen sie (§ 59 S. 2 SGB I).

Ein Verwaltungsverfahren hat begonnen, wenn zu Lebzeiten der Leistungsträger von Amts wegen in der Sache tätig geworden ist oder ein notwendiger Antrag (zB auf Rente) gestellt wurde; die Rechtsnachfolger können den Antrag nicht nachholen.

2. Rückzahlung von Sozialhilfe

a) Kostenersatz durch den Erben

Ein Hilfsbedürftiger kann uU Sozialhilfe auch beziehen, obwohl er ein gewisses Vermögen, zB ein kleineres Hausgrundstück besitzt; es ist aber nicht gerechtfertigt, daß den Erben der Bezug auf Kosten der Allgemeinheit zuwächst. Das BSHG enthält entsprechende Regelungen.

Der Erbe des Sozialhilfeempfängers (oder seines Ehegatten, falls dieser vor dem Hilfeempfänger stirbt) ist zum Ersatz der Kosten der Sozialhilfe verpflichtet. Die Ersatzpflicht besteht nur für die Kosten der Sozialhilfe, die innerhalb von 10 Jahren vor dem Erbfall aufgewendet worden sind und die das Zweifache des Grundbetrages nach § 81 Abs. 1 BSHG übersteigen. Die Ersatzpflicht der Erben des Ehegatten besteht nicht für die Kosten der Sozialhilfe, die während des Getrenntlebens der Ehegatten gewährt worden ist. Ist der Hilfeempfänger der Erbe seines Ehegatten, so ist er zum Ersatz der Kosten nach Satz 1 nicht verpflichtet (§ 92 c Abs. 1 BSHG). Der Grundbetrag nach § 81 Abs. 1 BSHG betrug ab 1. 7. 1995 in den alten Bundesländern 1506 DM.

Der Erbe haftet nur mit dem Nachlaß (§ 92 c Abs. 2 Satz 2 BSHG), also nicht mit dem Eigenvermögen. Das ist als wertmäßige Haftungsbeschränkung zu verstehen. Mehrere Erben haften an sich als Gesamtschuldner; wenn bei einem Erben aber die Einschränkungen nach § 92 c Abs. 3 Nr. 2, oder 3 BSHG vorliegen (unten b), haftet er nicht; in diesem Fall haften die anderen Miterben nur mit ihrer Erbquote (Knopp/Fichtner § 92 c BSHG Rz 6).

Beispiel: die Ehefrau des E ist in einem Altenheim untergebracht; für die Heimkosten erhielt sie bis zu ihrem Tod von der Stadt S insgesamt 80 000 DM Sozialhilfe. Die Frau besaß einen Miteigentumsanteil am Haus, der von E geerbt wurde. Hier haftet E mit diesem Anteil abzüglich des Freibetrags. Überträgt E allerdings den geerbten Anteil sofort gegen

Wohnrecht und Pflegezusage an seinen Sohn, kann es sein, daß vor Abschluß des Verwaltungsverfahrens über die Ersatzpflicht der Witwer keinen Aktivnachlaß aus dem Nachlaß mehr hat und dann die Ersatzpflicht entfällt (BVerwG NJW 1993, 1089).

b) Kein Kostenersatz durch den Erben

Der Anspruch auf Kostenersatz wird vom Sozialhilfeträger nicht geltend gemacht in den Fällen des § 92 c Abs. 3 BSHG:

- soweit der Wert des Nachlasses unter dem zweifachen Grundbetrag liegt; der Grundbetrag betrug ab 1. 7. 1995 in den alten Bundesländern in der Regel 1506 DM (§§ 81 Abs. 1, 82 BSHG);
- soweit der Wert des Nachlasses unter 30 000 DM liegt, wenn der Erbe der Ehegatte des Hilfeempfängers oder mit diesem (in gerader oder Seitenlinie) verwandt ist und nicht nur vorübergehend bis zum Tode des Hilfeempfängers mit diesem in häuslicher Gemeinschaft gelebt und ihn gepflegt hat (dieselbe Wohnung muß nicht benutzt worden sein; kurze Pflege vor dem Tod genügt nicht);
- soweit die Inanspruchnahme des Erben nach den Besonderheiten des Einzelfalles eine besondere Härte bedeuten würde. Darunter kann zB lange Pflege durch eine nicht verwandte Person fallen.

Der Anspruch auf Kostenersatz erlischt 3 Jahre nach dem Tod des Hilfeempfängers oder seines Ehegatten (§ 92 c Abs. 4 BSHG). Das Erlöschen wird von Amts wegen festgestellt, eine Einrede des Erben ist nicht erforderlich. Die BGB-Vorschriften über Hemmung und Unterbrechung der Verjährung (§§ 202 ff BGB) gelten entsprechend.

c) Eintritt in die Kostenersatzpflicht des Hilfeempfängers

Wer seine Hilfsbedürftigkeit vorsätzlich oder grobfahrlässig herbeiführt, ist, wenn kein Härtefall vorliegt, zum Ersatz der Kosten der (rechtmäßig gewährten) Sozialhilfe verpflichtet (§ 92 a Abs. 1 BSHG). Der Anspruch auf Kostenersatz erlischt in 3 Jahren vom Ablauf des Jahres an, in dem die Sozialhilfe gewährt wurde. Die BGB-Bestimmungen über Hemmung bzw Unterbrechung der Verjährung (§§ 202 ff BGB) gelten entsprechend (§ 92 a Abs. 3 BSHG).

Stirbt der Sozialhilfeempfänger, geht diese zu Lebzeiten ent-
standene Ersatzpflicht auf den Erben über; sie muß zu Lebzeiten
vom Sozialhilfeträger noch nicht geltend gemacht worden sein.
Der Erbe haftet nur mit dem Nachlaß (§ 92a Abs. 2 BSHG); der
Erbe kann sich weder auf Schongrenzen noch für seine Person auf
die Härtebestimmung berufen.

d) Rückforderung zu Unrecht bezogener Sozialhilfe

Eine unter Verletzung materiellen Rechts gewährte Sozialhilfe
wird durch Rücknahme des Bewilligungsbescheids und Rückfor-
derung zurückverlangt (§ 50 Abs. 1 SGB-X). Darunter fallen zB
versehentliche Weiterzahlungen von Sozialleistungen wie Wohngeld an die Erben (§ 50 Abs. 1, 2 SGB-X; BVerwG NJW 1990,
2482).

XVII. Annahme und Ausschlagung der Erbschaft

1. Annahme der Erbschaft

Mit dem Tod des Erblassers geht dessen Vermögen (auch die Schulden) automatisch auf den Erben über (§§ 1922, 1942 BGB); der Erbe kann sich nun über den Nachlaß informieren und überlegen, ob er die Erbschaft ausschlägt, damit er nicht für die Schulden des Erblassers haftet. Der Erbe kann die Erbschaft nicht mehr ausschlagen, wenn er sie angenommen hat oder wenn die Ausschlagungsfrist abgelaufen ist (§ 1943 BGB). Die Annahme erfolgt ausdrücklich oder schlüssig, zB durch Schreiben an das Gericht, durch Stellen des Erbscheinsantrags oder Erklärung gegenüber Miterben, Gläubigern; eine besondere Form, zB Erklärung gegenüber dem Nachlaßgericht oder notarielle Beglaubigung, ist nicht vorgeschrieben. Es ist deshalb unklug, voreilig die Annahme zu erklären.

Die Annahme kann angefochten werden. Die Frist beträgt 6 Wochen und läuft ab Kenntnis vom Anfechtungsgrund (§ 1954 BGB). Die Anfechtung erfolgt durch Erklärung gegenüber dem örtlich zuständigen Nachlaßgericht; die Anfechtungserklärung ist beim Nachlaßgericht (oder bei einem Notar) zu Protokoll zu geben (§ 1955 BGB), ein gewöhnlicher Brief ans Gericht oder ein Anwaltsschriftsatz genügt also nicht. Die Anfechtung der Annahme gilt als Ausschlagung. Wirksam ist die Anfechtung aber nur, wenn ein Anfechtungsgrund vorliegt; in Frage kommen §§ 119, 120, 123 BGB.

Anfechtungsgrund ist zB: ein beachtlicher Irrtum über Eigenschaften der Erbschaft, zB irrige Annahme, der Nachlaß sei nicht überschuldet (BayObLG FamRZ 1983, 834); Irrtum über die Erbquote (OLG Hamm NJW 1966, 1080). Nicht genügt zB ein Irrtum über die Höhe der Erbschaftsteuer.

Anfechtungsberechtigt ist der Erbe. Seine Fehlvorstellung muß für die Annahme der Erbschaft *ursächlich* gewesen sein.

2. Ausschlagung der Erbschaft

Will der Erbe die Erbschaft ausschlagen, ist zu beachten:

a) Ausschlagungsfrist: 6 Wochen (§ 1944 BGB); die Frist beginnt bei gesetzlicher Erbfolge mit Kenntniserlangung vom Erbfall, bei testamentarischer ab Eröffnung des Testaments durch das Nachlaßgericht (§§ 1944 Abs. 2, 2260 BGB). Zur Versäumung vgl unten f.

b) Form: die Ausschlagung erfolgt, indem der Ausschlagende die Ausschlagung zu Niederschrift des örtlich zuständigen Nachlaßgerichts erklärt (beim Gericht wird darüber ein Protokoll errichtet); die Erklärung kann auch bei einem Notar abgegeben werden, ist notariell zu beglaubigen und ebenfalls beim Nachlaßgericht innerhalb der Frist einzureichen (§ 1945 BGB).

Nicht genügt also ein gewöhnlicher Brief an das Nachlaßgericht.

Örtlich zuständig ist das Nachlaßgericht (Baden-Württemberg: Notar, LFGG §§ 1, 38), das für einen Erbschein zuständig wäre (§§ 72, 73 FGG), wo also der Verstorbene seinen letzten Wohnsitz hatte. Abgabe bei einem unzuständigen Nachlaßgericht kann genügen, wenn das Gericht die Erklärung entgegennimmt und jedenfalls nicht ablehnt oder zurückreicht (streitig).

c) Inhalt: die Ausschlagung kann nicht unter einer Bedingung (§ 1947 BGB) oder bezüglich eines Teils (§ 1950 BGB) erfolgen, zB Ausschlagung nur des Geschäfts oder nur falls Überschuldung vorliegt. Ein gesetzlicher Erbe, der auch durch Testament/Erbvertrag berufen ist, kann aber die Berufung aus Testament ausschlagen und die aus Gesetz annehmen (§§ 1948, 1949 Abs. 2 BGB); der als Alleinerbe im Testament eingesetzte Sohn kann zB auf diese Weise testamentarische Auflagen und Beschränkungen abstreifen.

d) Folge der Ausschlagung: Wird die Erbschaft ausgeschlagen, gilt der Anfall als nicht erfolgt; die Erbschaft wird so verteilt, wie wenn der Ausschlagende nicht vorhanden wäre (vgl § 1953 BGB).

e) Anfechtung der Ausschlagung: Die Ausschlagung der Erbschaft ist anfechtbar; die Anfechtung kann nur innerhalb von 6 Wochen ab Kenntnis vom Anfechtungsgrund erfolgen (§ 1954 BGB); sie muß zu Niederschrift des zuständigen Nachlaßgerichts erfolgen (§ 1955 BGB). Erforderlich ist ein Anfechtungsgrund;

nach § 119 BGB kommt insbesondere ein beachtlicher Irrtum über Eigenschaften in Frage, zB die irrige Annahme der Überschuldung der Erbschaft. Kein Anfechtungsgrund dagegen liegt vor, wenn eine Ausschlagung erfolgte, weil einem in der DDR gelegenen Grundstück kein realisierbarer Wert beigemessen wurde und sich dies dann durch die Wiedervereinigung als unzutreffend erwies (KG Rpfleger 1992, 158; OLG Frankfurt Rpfleger 1991, 368; Grunewald NJW 1991, 1208).

f) Versäumung der Sechswochenfrist: Die Versäumung der Ausschlagungsfrist ist anfechtbar (§ 1956 BGB). Wenn dem Anfechtenden die Kenntnis gefehlt hat, durch Fristablauf sein Anfechtungsrecht zu verlieren, kann ein ausreichender Inhalts- oder Erklärungsirrtum vorliegen (Ebenroth ErbR Rz 344).

Die Ausschlagungsfrist beträgt 6 Monate, wenn sich der Erbe bei dem Beginn der Frist im Ausland aufhält (§ 1944 Abs. 3 BGB). Diesen Auslandsaufenthalt muß ein Erbe, der sich auf diese längere Frist beruft, darlegen und beweisen.

XVIII. Informationsrechte der Erben und sonstiger Beteiligter

1. Benachrichtigung durch das Nachlaßgericht

Das Nachlaßgericht hat die Beteiligten, welche bei der Eröffnung des Testaments nicht zugegen gewesen sind, von dem sie betreffenden Inhalt des Testaments in Kenntnis zu setzen (§ 2262 BGB).

Wer Beteiligter ist, hat das Gericht durch Auslegung des Testaments zu klären. Beteiligte sind zB: Erben, Ersatzerben, Nacherben, der Testamentsvollstrecker; die mit einem Vermächtnis bedachten Personen; die von Auflagen Begünstigten; pflichtteilsberechtigte gesetzliche Erben; nichteheliche Verwandte.

Die Benachrichtigungsmöglichkeit hängt natürlich davon ab, daß die Anschrift dem Gericht bekannt ist; ein Teil der Anschriften ergibt sich aus dem Fragebogen, den das Nachlaßgericht den bekannten Beteiligten zusendet. Im übrigen hat das Gericht insoweit eine Amtsermittlungspflicht (§ 12 FGG), freilich nur in einem vertretbaren Umfang.

Die Benachrichtigung erfolgt durch Übersendung einer Testamentskopie. Wenn es für die Interessen des Beteiligten genügt, wird ihm nur ein Teil des Testaments mitgeteilt; zB geht es einen Vermächtnisnehmer nichts an, welche weiteren Personen Vermächtnisse erhalten haben.

2. Einsicht in ein Testament

Wer ein rechtliches Interesse glaubhaft macht, ist berechtigt, ein eröffnetes (gültiges oder ungültiges) Testament einzusehen sowie eine Abschrift des Testaments zu fordern (§ 2264 BGB). Auf den sonstigen Inhalt der Nachlaßakte bezieht sich § 2264 BGB nicht. Ein rechtliches Interesse liegt vor, wenn Rechte des Einsehenden vom Inhalt des Testaments abhängen, zB bei den oben 1) genannten Personen, Nachlaßgläubigern, Gläubigern des Erben, Betreuer; der Einsehende muß seine Interessen darlegen und notfalls eidesstattlich versichern.

Nach weiteren Vorschriften haben Einsichtsrechte andere Behörden (Amtshilfe), das Finanzamt nach §§ 111 ff, 395 AO.

Hat der Einsehende nur ein rechtliches Interesse an einzelnen Passagen des Testaments, zB ein Vermächtnisempfänger, darf er nur diese Teile einsehen. Die Herausgabe des Testaments, etwa zwecks chemischer Untersuchungen zum Nachweis einer Fälschung, kann nicht verlangt werden; hier bleibt nur ein Erbscheineinziehungs- oder ein Strafverfahren.

3. Einsicht in die Nachlaßakten

Nach § 34 FGG kann die Einsicht in die vollständigen Nachlaßakten (einschließlich eröffneter Erbverträge, der Eröffnungsprotokolle und des sonstigen Inhalts) jedem insoweit gestattet werden, als er „ein berechtigtes Interesse glaubhaft" macht; auch Erbscheinsabschriften können solchen Personen ausgehändigt bzw übersandt werden. Einsicht in das Grundbuch kann vornehmen, wer ein berechtigtes Interesse darlegt (§ 12 GBO). Wird der Fiskus (Land) als Erbe festgestellt, hat jeder, der ein berechtigtes Interesse hat (sich zB für den Erben hält), ein Recht, die Akten gebührenfrei einzusehen (§ 78 FGG). Ebenso hat jeder bei berechtigtem Interesse Einsicht in einen Erbschein (§ 78 FGG), zB ein Geschäftspartner, Vermieter, Mieter, Gläubiger. Personen mit rechtlichem Interesse daran können die Erteilung einer Ausfertigung des Erbscheins begehren (§ 85 FGG).

4. Sonstige Auskunftsrechte

Im Erbrecht sind zahlreiche Auskunftspflichten geregelt, zB:
- Der Erbschaftsbesitzer ist gegenüber dem Erben auskunftspflichtig über den Bestand der Erbschaft und über den Verbleib der Erbschaftsgegenstände (§ 2027 BGB); ein Bestandsverzeichnis kann verlangt werden (§§ 2018, 260 BGB).
- Wer sich zur Zeit des Erbfalls mit dem Erblasser in häuslicher Gemeinschaft befunden hat (zB Familienangehörige, Lebensgefährte, Hausgehilfin, Pflegepersonal, Besucher aus der letzten Zeit), ist verpflichtet, dem Erben auf Verlangen Auskunft darüber zu erteilen, welche erbschaftlichen Geschäfte er ge-

führt hat und was ihm über den Verbleib der Erbschaftsgegenstände bekannt ist (§ 2028 Abs. 1 BGB); gegebenenfalls ist die Richtigkeit der Auskunft eidesstattlich zu versichern (§ 2028 Abs. 2 BGB). Die Vorlage eines Verzeichnisses kann nicht verlangt werden.

– Der Pflichtteilsberechtigte hat gegenüber dem Erben Auskunftsansprüche über den Bestand des Nachlasses (§ 2314 BGB; vgl. S. 99) und gegenüber einem in den letzten 10 Jahren vor dem Erbfall Beschenkten über den Umfang der Schenkung (BGH NJW 1973, 1876).

– Jeder Miterbe muß einem anderen Miterben Auskunft darüber geben, was er zu Lebzeiten vom Erblasser erhalten hat, *wenn* es möglicherweise ausgleichungspflichtig wäre (§ 2057 BGB); derselbe Anspruch steht dem pflichtteilsberechtigten Abkömmling (§ 2316 Abs. 1 BGB) und dem Erbersatzberechtigten (§ 1934 b Abs. 3 BGB) zu.

– Der Nachlaßverwalter oder Nachlaßpfleger hat den Nachlaßgläubigern über den Bestand des Nachlasses Auskunft zu erteilen (§ 2012 BGB).

– Wird ein amtliches Nachlaßverzeichnis erstellt, muß der Erbe dies durch Erteilung von Auskünften fördern (vgl § 2003 BGB).

– Ist Nachlaßverwaltung angeordnet oder der Nachlaßkonkurs eröffnet, muß der Erbe den Nachlaßgläubigern Auskunft erteilen, ein Verzeichnis aufstellen, Rechenschaft ablegen (vgl § 1978 BGB).

– Der Vorerbe muß dem Nacherben Rechenschaft ablegen (§ 2130 Abs. 2 BGB).

XIX. Erbenhaftung im Überblick

1. Grundsätze

a) Haftung für die Verbindlichkeiten des Erblassers

Der Erbe haftet für die Schulden des Erblassers sowohl mit seinem Eigenvermögen wie mit dem geerbten Vermögen (§ 1967 BGB), bei einer Erbengemeinschaft haftet jeder Erbe im Verhältnis zum Gläubiger voll (gesamtschuldnerische Haftung), im Innenverhältnis zu den anderen Miterben aber nur mit seiner Erbquote. Die Haftung tritt nicht ein, wenn die Erbschaft wirksam ausgeschlagen wurde (S. 84).

b) Information des Erben

Einen Überblick über das geerbte Vermögen erhält der Erbe durch die Erstellung eines Nachlaßverzeichnisses und durch ein Gläubigeraufgebot (§§ 1970–1974 BGB). Das Aufgebotsverfahren richtet sich nach §§ 989–1001, 946–959 ZPO; der Erbe muß beim Amtsgericht (unter Vorlage eines Verzeichnisses der ihm bekannten Nachlaßgläubiger) ein Aufgebot beantragen; das Gericht bestimmt eine Frist von sechs Monaten, innerhalb der sich die Nachlaßgläubiger melden müssen. Das Aufgebot wird öffentlich bekannt gemacht (Aushang, Bundesanzeiger, Tageszeitung). Ergeht ein Ausschlußurteil, kann der Erbe die Befriedigung von ausgeschlossenen Nachlaßgläubigern (dh solchen, die sich nicht gemeldet haben) verweigern, wenn der Nachlaß erschöpft ist (§ 1973 BGB).

Macht ein Nachlaßgläubiger seine Forderung erst später als fünf Jahre nach dem Erbfall gegenüber dem Erben (dem die Forderung bis dahin unbekannt war) geltend, dann haftet der Erbe diesem Gläubiger wie einem im Aufgebotsverfahren ausgeschlossenen Gläubiger (sog. Verschweigung).

c) Überlegungsfristen für den Erben

Vor Annahme der Erbschaft kann ein Anspruch gegen den Erben nicht gerichtlich geltend gemacht werden (§ 1958 BGB); nach Annahme kann er die Bezahlung einer Nachlaßverbindlichkeit bis zum Ablauf von drei Monaten nach der Annahme verweigern (§ 2014 BGB).

d) Haftungsbeschränkung

Die Haftung des Erben für die Nachlaßverbindlichkeiten beschränkt sich auf das geerbte Vermögen, wenn vom Amtsgericht
– eine Nachlaßverwaltung (S. 92) angeordnet wird (bei einem nicht überschuldeten, nicht dürftigen, aber unübersichtlichen Nachlaß); oder
– der Nachlaßkonkurs (S. 94) eröffnet wird (bei einem überschuldeten Nachlaß, wobei Mittel für das Konkursverfahren vorhanden sein müssen); oder
– ein Nachlaßvergleichsverfahren (§ 113 VerglO) eröffnet wird (bei einem überschuldeten Nachlaß, wobei die Gläubiger eine Quote von mindestens 35% erhalten sollen), oder wenn vom Erben
– die Einrede der Dürftigkeit des Nachlasses erhoben wird: wenn nicht einmal so viel Vermögen im Nachlaß ist, daß die Kosten des Nachlaßkonkurses oder der Nachlaßverwaltung bezahlt werden können, kann der Erbe die Befriedigung der Nachlaßgläubiger insoweit verweigern, als der Nachlaß nicht ausreicht; er muß den Gläubiger dann den Nachlaß zwecks Befriedigung herausgeben (§ 1990 BGB); auf ein amtliches Nachlaßabsonderungsverfahren wird hier verzichtet. Der Erbe muß die Dürftigkeit beweisen, zB durch Vorlage eines Nachlaßverzeichnisses.

e) Verlust des Beschränkungsrechts

Der Erbe verliert das Recht, die Haftung auf das geerbte Vermögen zu beschränken, wenn er die vom Nachlaßgericht gesetzte Frist zur Errichtung des Inventars (Nachlaßverzeichnis) versäumt (§ 1994 Abs. 1 S. 2 BGB) oder das Inventar absichtlich erheblich unvollständig erstellt (§ 2005 Abs. 1 S. 1 BGB) oder die eidesstattliche Versicherung der Richtigkeit des Inventars verweigert (§ 2006 BGB).

2. Geschäftsschulden aus einem Handelsgeschäft

Wird ein zu einem Nachlaß gehörendes Handelsgeschäft eines Einzelkaufmanns vom Erben unter der bisherigen Firma (ohne oder mit Nachfolgezusatz, zB L. Harslem Erben) fortgeführt, dann haftet der Erbe für die früheren Geschäftsverbindlichkeiten unbeschränkt (§§ 27 Abs. 1, 25 Abs. 1 HGB); die Haftungsbeschränkungen nach dem BGB nützen nicht. Der unbeschränkten Haftung nach dem HGB kann der Erbe entgehen, wenn er die Fortführung des Geschäfts innerhalb von drei Monaten ab Kenntnis vom Erbfall aufgibt (§ 27 Abs. 2 HGB), eine bloße Firmenänderung nach einigen Wochen genügt nicht. Ob eine Eintragung der Haftungsbeschränkung im Handelsregister ausreicht (vgl. § 25 Abs. 2 HGB), ist umstritten (vgl. Reuter, Zeitschr. f. Handelsrecht 1971, 524) und sollte daher nicht riskiert werden. Führt der Erbe das Handelsgeschäft unter einer neuen Firma fort, haftet er für die früheren Geschäftsverbindlichkeiten nach dem BGB, also beschränkbar.

XX. Nachlaßverwaltung und Nachlaßkonkurs

1. Nachlaßverwaltung

a) Zweck

Beim unübersichtlichen, aber nicht dürftigen und voraussichtlich nicht überschuldeten Nachlaß geht der Erbe das Risiko ein, für die Schulden des Erblassers haften zu müssen. Dies kann er verhindern, wenn eine Nachlaßverwaltung angeordnet wird (§ 1975 BGB).

b) Antrag

Die Anordnung erfolgt auf Antrag; antragsberechtigt sind u. a. der Erbe und Nachlaßgläubiger (§ 1981 BGB). Der Erbe kann den Antrag nicht mehr stellen, wenn er die Haftungsbeschränkungsmöglichkeit dadurch verloren hat, daß er das vom Nachlaßgericht verlangte amtliche Inventar nicht oder absichtlich unrichtig errichtet hat (§§ 2013 Abs. 1, 1994 Abs. 1 Satz 2, 2005 Abs. 1 BGB). Eine zeitliche Grenze für den Antrag des Erben gibt es im übrigen nicht. Miterben können den Antrag nur gemeinschaftlich stellen; die Anordnung ist ausgeschlossen, wenn der Nachlaß geteilt ist (§ 2032 BGB).

c) Durchführung der Nachlaßverwaltung

Das Amtsgericht (Nachlaßgericht) ordnet Nachlaßverwaltung an, wenn genügend Vermögen vorhanden ist, um die Kosten der Verwaltung (Gerichtskosten, Kosten der Verwaltung, Honorar des Nachlaßverwalters) zu decken (§ 1982 BGB). Es bestellt einen Nachlaßverwalter (meist einen Rechtsanwalt); damit geht die Verwaltungs- und Verfügungsbefugnis über den Nachlaß vom Erben auf den Nachlaßverwalter über, das Eigentum am Nachlaß aber bleibt beim Erben (§ 1985 BGB). Der Nachlaßverwalter verlangt daher den Nachlaß vom Erben heraus. Die Anordnung der Nachlaßverwaltung wird er ins Grundbuch eintragen lassen. Er versilbert den Nachlaß und begleicht die Nachlaßverbindlichkeiten. Da einzelne Gläubiger erst bezahlt werden können, wenn anzunehmen ist, daß der Nachlaß zur Befriedigung aller Gläubiger ausreicht (§§ 1985 Abs. 2 Satz 2, 1979 BGB), wird der Nachlaßverwalter die Gläubiger durch öffentliches Aufgebot zur Anmeldung ihrer Forderungen auffordern (§§ 1970 ff BGB; 989 ff ZPO).

Der Erbe haftet für seine Verwaltungstätigkeit in der Zeitspanne zwischen Erbschaftsannahme und Anordnung der Nachlaßverwaltung wie ein Beauftragter (§§ 1978, 662 ff BGB): gezogene Nutzungen (zB Mieteinnahmen) hat er herauszugeben; andererseits erhält er Aufwendungen (wie zB Zahlungen an Nachlaßgläubiger aus seinem Eigenvermögen) ersetzt (§§ 1978 Abs. 3, 670 BGB).

d) Ende der Nachlaßverwaltung

aa) Zeigt sich während der Verwaltung, daß keine (für die Kosten der Nachlaßverwaltung) ausreichende Masse vorhanden ist, wird das Nachlaßgericht die Nachlaßverwaltung aufheben (§ 1988 Abs. 2 BGB); nun kann der Erbe die Befriedigung der Nachlaßgläubiger aus seinem Eigenvermögen verweigern, muß ihnen allerdings den Nachlaß zwecks Befriedigung herausgeben (§ 1990 Abs. 1 BGB).

bb) Ergibt sich, daß der Nachlaß zwar überschuldet, aber nicht dürftig ist (also mindestens die Kosten des Konkursverfahrens vorhanden sind), wird der Nachlaßverwalter die Eröffnung des Nachlaßkonkurses beantragen (§ 217 KO).

In Frage kommt auch, daß mit den Gläubigern ein außergerichtlicher Vergleich ausgehandelt wird, wonach sie sich mit einem Bruchteil ihrer Forderung zufriedengeben; damit bekommen sie oft mehr als im Konkurs, weil die Kosten des Konkursverfahrens entfallen.
Bei einer höheren Quote kommt ein Nachlaßvergleich in Betracht.

cc) Wird die Nachlaßverwaltung ordnungsgemäß abgewickelt, erstellt der Verwalter eine Schlußrechnung (§§ 1915, 1890 BGB) und gibt das Restvermögen an den Erben heraus (Vgl. § 1986 Abs. 1 BGB). Die Nachlaßverwaltung wird vom Gericht aufgehoben (§ 1919 BGB).

e) Vergütung

Der Verwalter hat gegen die Erben einen Anspruch auf eine „angemessene" Vergütung (§ 1987 BGB). Eine gesetzliche Tabelle über die Höhe gibt es nicht; die Höhe wird vom Nachlaßgericht festgesetzt (§ 1836 BGB). Es kommt auf die Höhe des Aktivnachlasses, die Zahl der Gläubiger, die Schwierigkeit und Dauer des Verfahrens an. Man kann bei kleineren Nachlässen von etwa 3–5%, bei größeren von 1–2% des Aktivnachlasses ausgehen (BayObLG FamRZ 1991, 861; Palandt/Edenhofer § 1987 Rz 1).

2. Nachlaßkonkurs

a) Konkursantrag

Befürchtet der Erbe (oder der Nachlaßverwalter, Nachlaßpfleger, Testamentsvollstrecker, Nachlaßgläubiger), daß der Nachlaß überschuldet ist, kann er bei dem Amtsgericht, in dessen Bezirk der Erblasser seinen Wohnsitz hatte, die Eröffnung des Nachlaßkonkurses beantragen (§§ 214, 215, 217 KO; § 13 ZPO). Für den Erben besteht keine Frist. Bei einer Erbengemeinschaft kann der Antrag noch nach Teilung des Nachlasses gestellt werden (§ 216 Abs. 2 KO). Stellt nur ein Teil der Miterben den Konkursantrag, ist der Antrag zuzulassen, wenn die Überschuldung glaubhaft gemacht wird (§ 217 Abs. 2 KO).

b) Ablehnung der Eröffnung

Ist im Nachlaß nicht einmal soviel Geld vorhanden, daß das Konkursgericht und der Konkursverwalter bezahlt werden können (mindestens 1–2000 DM), wird die Eröffnung des Nachlaßkonkurses vom Konkursgericht durch Beschluß „mangels Masse" abgelehnt (§ 107 KO). Der Erbe kann sich nun den Nachlaßgläubigern gegenüber auf die Dürftigkeit des Nachlasses berufen. Er muß nur noch den (dürftigen) Nachlaß an die Nachlaßgläubiger zu ihrer Befriedigung herausgeben (§ 1990 Abs. 1 BGB).

c) Eröffnung des Nachlaßkonkurses

Liegt Überschuldung vor und ist genügend Geld für die Verfahrenskosten vorhanden, wird der Konkurs eröffnet (§§ 215, 107 KO) und ein Konkursverwalter (meist ein Rechtsanwalt) bestellt. Überschuldung ist gegeben, wenn die Passiva die Aktiva überwiegen; dabei bleiben aber Verbindlichkeiten aus Vermächtnissen und Auflagen außer Betracht (§ 1980 Abs. 1 Satz 3 BGB), ein Nachlaß, der nur wegen der hohen Vermächtnisse überschuldet erscheint, gilt nicht als überschuldet.

Die Haftung des Erben für die Nachlaßverbindlichkeiten beschränkt sich mit Konkurseröffnung auf den Nachlaß (§ 1975 BGB). Der Konkursverwalter versilbert die Masse; die Gläubiger werden zunächst in der Reihenfolge der §§ 61 Nr. 1–6 KO befriedigt, erst dann kommen Pflichtteilsforderungen (§ 226 Abs. 2 Nr. 4 KO), Vermächtnisse und Auflagen (§ 226 Abs. 2 Nr. 5 KO), Erbersatzansprüche (§ 226 Abs. 2 Nr. 6 KO).

XXI. Der Pflichtteil

1. Wer ist pflichtteilsberechtigt?

Abkömmlinge (Kinder, Enkel), Eltern und Ehegatten, die durch Testament oder Erbvertrag von der Erbfolge ausgeschlossen sind, können vom Erben den Pflichtteil verlangen (§ 2303 BGB). Zu den Abkömmlingen zählen auch ehelich erklärte (§§ 1719, 1736 BGB), adoptierte (§ 1754 BGB) und nichteheliche Kinder.

Entferntere Abkömmlinge und die Eltern des Erblassers sind insoweit nicht pflichtteilsberechtigt, als ein Abkömmling, der sie im Falle der gesetzlichen Erbfolge ausschließen würde, den Pflichtteil verlangen kann oder das ihm Hinterlassene annimmt (§ 2309 BGB). Verlangt also der Sohn den Pflichtteil, kann ihn der Sohn des Sohns (Enkel) nicht verlangen; denn sonst würde ein Stamm zwei Pflichtteile erhalten.

Sonderfälle:

a) Der Erblasser hat einem Erben im Testament „den Pflichtteil" zugewendet. Dann kann das (je nach Gesamtsituation, Auslegung) eine Erbeinsetzung in Höhe des halben gesetzlichen Erbteils sein, oder ein Vermächtnis in dieser Höhe; im Zweifel gilt es als Enterbung (§ 2304 BGB), es besteht der Pflichtteilsanspruch; das ist vor allem wegen der kurzen Verjährung des Pflichtteilsanspruchs wichtig.

b) Der Erblasser hat einem Erben einen Erbteil hinterlassen, der geringer als der Pflichtteil ist: dann kann der Berechtigte von den Miterben den Wert des zum Pflichtteil fehlenden Teil als Pflichtteil verlangen (§ 2305 BGB).

c) Ein Pflichtteilsberechtigter ist zwar als Erbe eingesetzt worden, aber durch Einsetzung eines Testamentsvollstreckers, Nacherben, Teilungsanordnung, ein Vermächtnis oder Auflagen beschwert, so daß er wertmäßig weniger als den Pflichtteil erhalten hat; hier ist zu unterscheiden:

– Ist der hinterlassene Erbteil gleich groß oder kleiner als der Pflichtteil, fallen diese Belastungen unmittelbar weg (§ 2306 Abs. 1 S. 1 BGB), sind daher in einen Erbschein nicht aufzunehmen. Zusätzlich kann ein Pflichtteilsrestanspruch bestehen (oben b; BGH FamRZ 1990, 398).

– Ist der hinterlassene Erbteil größer als der Pflichtteil, kann der Erbe entweder die belastete Erbschaft annehmen oder sie ausschlagen und dann den Pflichtteil verlangen (§ 2306 Abs. 1 S. 2 BGB).

Beispiel: Der Unternehmer U hat seinem versponnenen Sohn S 1/3 des Betriebs testamentarisch zugewendet, aber Rechtsanwalt R als Testamentsvollstrecker (Dauervollstreckung) eingesetzt. Dann kann S die Erbschaft ausschlagen und den Pflichtteil von (zB) 1/4 verlangen. Er erlangt dann zwar weniger Vermögen (1/4 statt 1/3), kann aber das Geld verprassen und sich so der „Bevormundung" durch den Testamentsvollstrecker entwinden. Dem Betrieb entzieht er dadurch Barmittel und bringt ihn uU in Bedrängnis.

d) Bei DDR-Erbfällen vom 1. 1. 1976 bis 2. 10. 1990 gilt nicht das BGB, sondern § 396 des DDR-ZGB. Danach war der Ehegatte immer pflichtteilsberechtigt, Kinder, Enkel, Eltern dagegen nur, wenn sie im Zeitpunkt des Erbfalls gegenüber dem Erblasser unterhaltsberechtigt waren. Der Anspruch betrug 2/3 des gesetzlichen Erbteils und verjährte in zwei Jahren nach Kenntnis von Erbfall und Testament, spätestens 10 Jahre nach dem Erbfall.

2. Nicht pflichtteilsberechtigte Verwandte

Nicht pflichtteilsberechtigt sind sonstige Verwandte, insbesondere Geschwister, Neffen/Nichten, Onkel/Tanten, Großeltern.

Kein Pflichtteilsanspruch besteht, wenn der Berechtigte

– wirksam (dh in notarieller Urkunde) auf den Pflichtteil verzichtet hat (§ 2346 BGB); oder

– die Erbschaft ausgeschlagen hat (Ausnahme bei Ehegatten S. 55);

– pflichtteilsunwürdig ist (§ 2345 Abs. 2 BGB), zB bei dem, der den Erblasser vorsätzlich und widerrechtlich getötet hat.

– Wenn der Erblasser den Pflichtteil wirksam (§§ 2333–2336 BGB) entzogen hat; das ist nur in Extremfällen möglich, so bei schweren körperlichen Mißhandlungen, falls sie zugleich eine schwere Pietätsverletzung darstellen; oder bei ehrlosem unsittlichen Lebenswandel.

– Wenn der Berechtigte als nichteheliches Kind den vorzeitigen Erbausgleich erhalten hat (§ 1934 e BGB).

Ist nach dem Erbfall der Pflichtteilsanspruch entstanden, kann der Berechtigte darauf formlos verzichten (Erlaß, § 397 BGB). Sagt der Berechtigte zum Erben zB bei der Beerdigung, er wolle aus der Erbschaft nichts haben, kann dies einen solchen Erlaß darstellen. Schriftform ist jedenfalls nicht erforderlich; freilich muß im Prozeß der Erbe diesen Erlaß beweisen können, zB durch Zeugen, die das Gespräch mitgehört haben.

3. Pflichtteilsquote

Der Pflichtteilsanspruch ist auf Zahlung einer Geldsumme in Höhe des Wertes der Hälfte des gesetzlichen Erbteils gerichtet; der Pflichtteilsberechtigte wird also nicht etwa Miterbe in dieser Höhe.

Beispiele:
- Der verwitwete Vater hat drei Kinder; er setzt einen Sohn testamentarisch als Erben ein. Der gesetzliche Erbteil je Kind würde 1/3 betragen. Die beiden „enterbten" Kinder haben also einen Pflichtteil von je 1/6 des Nachlaßwertes.
- Eltern leben in Zugewinngemeinschaft; zwei Kinder sind vorhanden. Der Vater setzt die Mutter als Alleinerbin ein. Gesetzlicher Erbteil der Witwe 1/2 (§§ 1931, 1371 BGB), der Kinder je 1/4. Pflichtteil der Kinder somit je 1/8.
- Eltern leben in Zugewinngemeinschaft; zwei Kinder sind vorhanden. Der Vater setzt die beiden Kinder als Alleinerben ein. Dann kann die Witwe den Ausgleich des Zugewinns verlangen sowie 1/8 als Pflichtteil (§ 1371 II BGB), vgl. S. 55.

4. Höhe des Anspruchs

Für die Bewertung des Nachlasses kommt es auf den Verkehrswert zur Zeit des Erbfalls an (§ 2311 BGB). Bei Grundstücken ist also auf den Verkaufswert abzustellen, nicht auf den steuerlichen Einheitswert; bei Aktien und Anleihen auf den Kurswert, nicht auf den Nennwert; bei Handelsunternehmen auf den Ertrags- und Substanzwert (unter Berücksichtigung des „good will"), nicht auf den Buchwert. Schulden sind abzuziehen; dazu gehören auch die Beerdigungskosten.

Der Pflichtteilsberechtigte wird meist den genauen Umfang des Nachlasses und dessen Wert nicht kennen; deshalb gibt ihm das Gesetz entsprechende Rechte:

a) Nachlaßverzeichnis

Der Pflichtteilsberechtigte (der nicht Erbe geworden ist) kann vom Erben Auskunft über den Bestand des Nachlasses verlangen (§ 2314 Abs. 1 S. 1 BGB). Er hat also alle Faktoren vorzutragen, die für die Berechnung des Pflichtteilsanspruchs von Bedeutung sind:
- Bestandsverzeichnis (Verzeichnis der Vermögensgegenstände und der Schulden);
- Verzeichnis der früheren Zuwendungen des Erblassers, die evtl. ausgleichungspflichtig sind (§ 2316 BGB), BGH NJW 1961, 602.
- Verzeichnis der Schenkungen des Erblassers aus den letzten 10 Jahren vor dem Erbfall, die für eine Pflichtteilsergänzung in Betracht kommen (§ 2325 BGB), BGH NJW 1984, 487.
- Gehört ein Unternehmen zum Nachlaß: Vorlage von Bilanzen, Gewinn- und Verlustrechnungen.

Der Berechtigte kann sich mit einem privat vom Erben erstellten Verzeichnis begnügen, er kann verlangen, selbst (oder durch einen Vertreter) bei der Aufnahme anwesend zu sein oder das Verzeichnis durch einen Notar aufnehmen zu lassen. Der Erbe muß das Verzeichnis nicht unbedingt unterschreiben (Soergel/Dieckmann § 2314 BGB Rz 20). Bei offenbarer Unrichtigkeit des Verzeichnisses besteht ein Anspruch auf Ergänzung (BGH 89, 140; 92, 69; str.).

b) Versicherung der Richtigkeit

Besteht Grund zur Annahme, das Verzeichnis sei nicht mit der erforderlichen Sorgfalt aufgestellt worden, kann der Berechtigte verlangen, daß der Erbe die Richtigkeit eidesstattlich versichert (§ 260 Abs. 2 BGB); eine solche Ausnahme ist zB gerechtfertigt, wenn das Verzeichnis lückenhaft oder sonst unrichtig ist. Ist der Erbe zu dieser Versicherung freiwillig bereit, hat er sie in einem Termin vor dem Amtsgericht (Rechtspfleger) abzugeben (§§ 163, 79 FGG; der Verpflichtete kann sich an das Amtsgericht seines Wohnsitzes oder Aufenthaltsorts wenden (§ 261 Abs. 2 BGB).

Für die Amtshandlung verlangt das Amtsgericht eine Gebühr
(§ 124 KostO), die sich nach dem Wert der verzeichneten Gegenstände richtet.

c) Ermittlung des Wertes des Nachlasses

Der Pflichtteilsberechtigte kann vom Erben verlangen, daß der
Wert der Nachlaßgegenstände ermittelt wird (§ 2314 Abs. 1 S. 2
BGB). Bei Guthaben sind deshalb Kontoauszüge vorzulegen, bei
Wertpapierdepots die Depotaufstellung der Bank. Bei Grundstücken kann der Pflichtteilsberechtigte verlangen, daß der Erbe
(vgl OLG Karlsruhe MDR 1990, 341) einen Sachverständigen mit
einem Wertgutachten beauftragt. Dieses Gutachten bindet allerdings das Gericht bei einem späteren Prozeß nicht.

Wenn der Pflichtteilsberechtigte mit dem Gutachten nicht einverstanden ist, weil er das Grundstück für wertvoller hält, oder
wenn er vermutet, daß der Erbe einen voreingenommenen Gutachter (zB einen Bekannten) beauftragt hat, kann er (ohne Ein-
schalten eines Anwalts, § 486 Abs. 4 ZPO) beim Gericht (idR
Landgericht) schon vor einem Prozeß ein selbständiges Beweis-
verfahren beantragen (§ 485 Abs. 2 ZPO); das Gericht beauftragt
dann einen Sachverständigen, der ein Gutachten erstellt, das als
Verhandlungsgrundlage mit dem Erben dienen kann. Kommt
keine außergerichtliche Einigung zustande, kann das im Beweis-
verfahren erstellte Gutachten vom Gericht im späteren Prozeß
verwertet werden (§ 493 ZPO).

Eine solche Wertermittlung durch Gutachten kann auch bei
sonstigen Nachlaßgegenständen (zB Handelsgeschäft, Antiquitä-
ten) verlangt werden. Eine Wertermittlung kann ferner bezüglich
der Zuwendungen, die auszugleichen sind (§ 2316 BGB) und der
Schenkungen, die dem Nachlaß hinzuzurechnen sind (§ 2325
BGB), gefordert werden (BGH NJW 1984, 487).

d) Nachlaßwert in Sonderfällen

Wertbestimmungen des Erblassers (zB im Testament) sind un-
beachtlich (§ 2311 Abs. 2 S. 2 BGB); sie können uU als Teilungsanordnungen oder Vorausvermächtnisse zu deuten sein.

Bei land- und forstwirtschaftlichen Gütern (nicht jeder
Bauernhof fällt darunter!) ist uU nur der Ertragswert anzusetzen
(§ 2312 BGB), der nach Landesrecht bestimmt wird und nur das

18–25fache des Jahresreinertrages beträgt, also wesentlich weniger als der Verkehrswert (vgl. S. 72).

Untersteht das Landgut der Höfeordnung, gelten weitere Sonderregelungen (vgl. S. 70).

e) Kosten

Die Kosten der Inventarisierung und der Bewertung hat der Nachlaß zu tragen (§ 2314 Abs. 2 BGB), sie schmälern also den Wert des Pflichtteils. Darunter fallen zB die Gebühren des Sachverständigen (bei Bewertung eines Hauses mehrere tausend DM), die Reise- und Unterkunftskosten des Pflichtteilsberechtigten, wenn er bei der Bestandsaufnahme anwesend sein will. Wird das Vermögensverzeichnis durch einen Notar aufgenommen, erhält der Notar dafür bei einem Zeitaufwand bis zu zwei Stunden eine halbe Gebühr nach der Kostenordnung (§ 52 KostO; vgl Tabelle S. 120); dabei richtet sich die Gebühr nach dem Wert des verzeichneten Grundstücks (zB: bei einem Wert von 1 Million DM beträgt die Notargebühr 805 DM + Mehrwertsteuer, Auslagen usw). Die Kosten der Abnahme der eidesstattlichen Versicherung dagegen hat der Antragsteller zu tragen (§ 261 Abs. 3 BGB).

5. Prozessuale Fragen

Ist der Erbe nicht bereit, das Verzeichnis zu erstellen, die Richtigkeit zu versichern, Wertangaben zu machen und zu zahlen, muß er (vor dem Amts- oder Landgericht, je nach Streitwert) verklagt werden. Der Berechtigte kann die einzelnen Ansprüche gesondert einklagen. Klüger ist es, wenn er alle Ansprüche gestaffelt in Form einer sog. Stufenklage (§ 254 ZPO) einklagt, denn durch diese Klage wird die Verjährung unterbrochen; außerdem führt sie zum Verzug bezüglich des Zahlungsanspruchs (BGHZ 80, 269), sodaß die Verzugszinsen spätestens jetzt zu laufen beginnen. Bei der Stufenklage wird auf Auskunft, eidesstattliche Versicherung und Zahlung des nur quotenmäßig bestimmten Pflichtteils (zB: „den sich aus der Auskunft ergebenden Pflichtteil in Höhe von 1/4 des Nachlasses zu zahlen") geklagt; sobald die Auskunft erteilt ist, beziffert der Kläger den Zahlungsanspruch.

Die Kosten des Prozesses muß der Verlierer tragen, bei Teilverlust werden die Kosten quotenmäßig geteilt, §§ 91, 92 ZPO (wer 100000 DM einklagt, aber nur 75000 DM vom Gericht zugesprochen erhält, muß 1/4 der Prozeßkosten selbst tragen, der Beklagte 3/4).

Gutachten

Das Hauptproblem vieler Pflichtteilsklagen ist die Bewertung von Grundbesitz. Da weder das vom Erben vorgelegte noch das vom Pflichtteilsberechtigten privat erholte Gutachten das Gericht binden, das Gericht sich vielmehr nach dem von ihm selbst eingeholten Gutachten richtet, kann das Kostenrisiko eines Teilverlustes des Prozesses nur verringert werden, wenn der Kläger eine Teilklage erhebt (also nur einen Teil des vorgestellten Betrages einklagt); sie unterbricht aber die Verjährung nur bezüglich des eingeklagten Teils; auch kann der Beklagte dann den nicht eingeklagten Teil durch eine negative Feststellungsklage in den Prozeß hineinziehen.

Noch besser ist es, wenn der Wert des Grundstücks vor dem Prozeß im Rahmen eines selbständigen Beweisverfahrens durch einen gerichtlich bestellten Gutachter ermittelt wird (vgl. S. 100); die Kosten sind Teil der Kosten des späteren Hauptprozesses.

6. Vollstreckung

Wird der Erbe zur Auskunft verurteilt und weigert er sich, wird er durch Zwangsgeld und/oder Zwangshaft dazu gezwungen (§ 888 ZPO).

Ist der Erbe zur Abgabe der eidesstattlichen Versicherung verurteilt, hat er sie vor dem Amtsgericht Abt. Vollstreckungsgericht (Rechtspfleger) seines Wohnsitzes oder Aufenthaltsortes abzugeben (§ 889 Abs. 1 ZPO). Weigert er sich oder erscheint er nicht, wird gegen ihn vom Amtsgericht (Richter) auf Antrag des Pflichtteilsberechtigten ein Zwangsgeld (bis 50000 DM) verhängt und beigetrieben; das Geld erhält die Staatskasse, nicht der Pflichtteilsberechtigte. Bleibt der Erbe trotz des Zwangsgeldes widerspenstig, wird Zwangshaft (bis zu sechs Monaten) angeordnet (§§ 889 Abs. 2, 888, 913 ZPO). Ist der Erbe durch den Gerichtsvollzieher verhaftet und in die Justizvollzugsanstalt eingeliefert, kann er die Haft jederzeit dadurch beenden, daß er die eidesstattliche Versicherung abgibt (§ 902 ZPO).

7. Anrechnung von früheren Zuwendungen

Wenn der Erblasser dem Pflichtteilsberechtigten zu Lebzeiten etwas zugewendet hat (Geldgeschenke, Übereignung von Grundstücken, Zahlung von Rechnungen usw), dann muß sich das der Berechtigte nur dann auf den Pflichtteil anrechnen lassen, wenn die Zuwendung seinerzeit *mit der Bestimmung* erfolgte, daß sie auf den Pflichtteil anzurechnen sei (§ 2315 BGB). Der Erblasser muß die Anrechnungsbestimmung einseitig ausdrücklich (zB in der notariellen Übergabeurkunde) oder stillschweigend, vor oder bei der Zuwendung, treffen. Eine *nachträglich einseitig* (zB im Testament) erfolgte Bestimmung ist unwirksam.

Problematisch sind die *stillschweigenden Anrechnungsbestimmungen*. Hatte der Vater der Tochter beim Hausbau 50 000 DM auf ihr Konto überwiesen und ist weder auf dem Überweisungsträger noch sonst im Schriftwechsel die Anrechnung auf den Pflichtteil ausdrücklich angeordnet, wird die pflichtteilsberechtigte Tochter eine Anrechnung verneinen, der Erbe eine stillschweigende Anrechnungsbestimmung behaupten. Wirksam ist die Bestimmung, die ihrer Rechtsnatur nach eine einseitige empfangbedürftige Willenserklärung ist, wenn sie dem Pflichtteilsberechtigten *bewußt* geworden ist (BayObLGZ 1959, 81). Die Beweislast trifft im Prozeß den Erben; möglicherweise spricht bei größeren Zuwendungen der Beweis des ersten Anscheins dafür, daß sie auf den Pflichtteil anzurechnen sind (Soergel/Dieckmann § 2315 BGB Rz. 6). Im übrigen heißt Anrechnung auf den Erbteil nicht immer auch Anrechnung auf den Pflichtteil; dies ist eine Auslegungsfrage.

Berechnungsbeispiel: Witwer V hinterläßt drei Kinder; der Nachlaß ist 80 000 DM wert. Erben werden zwei Kinder, das dritte Kind D erbt nichts, hat aber rechnerisch 10 000 DM (damaliger Barbetrag 8000 DM) Vorempfang. Pflichtteil des D: (80 000 + 10 000) : 6 – 10 000 = 5000 DM. Der Vorempfang war dabei wegen des Kaufkraftschwundes mit Hilfe des Lebenshaltungskostenindex hochzurechnen (BGHZ 66, 77). Für diese Hochrechnung gilt die Formel: Zuwendung mal Lebenshaltungskostenindex beim Erbfall geteilt durch Index bei Zuwendung = rechnerischer Zuwendungswert (zB 8000 × 1,4 : 1,12 = 10 000).

Hätte D die 10 000 DM ohne Anrechnungsbestimmung geschenkt erhalten, beträgt sein Pflichtteil 13 333 DM (1/6 von 80 000).

8. Ausgleichung unter Abkömmlingen

Der Pflichtteil eines Abkömmlings bestimmt sich, wenn mehrere Abkömmlinge vorhanden sind und unter ihnen bei gesetzlicher Erbfolge eine Zuwendung des Erblassers auszugleichen wäre (vgl. S. 61), nach dem gesetzlichen Erbteil unter Berücksichtigung der Ausgleichspflichten (§ 2316 Abs. 1 BGB).

Berechnungsbeispiel: Der verwitwete V hinterläßt drei Kinder; der Nachlaß ist 60000 DM wert. V hat seine Haushälterin F als Alleinerbin eingesetzt. Einen Sohn hatte er 10000 DM für ein Auto geschenkt, den beiden Töchtern je 20000 DM als Aussteuer. Der gesetzliche Erbteil würde je 1/3 betragen, der Pflichtteil also je 1/6. Die Schenkung des Autos ist mangels Anrechnungsbestimmung nicht ausgleichungspflichtig (§ 2050 Abs. 3 BGB), die Aussteuern sind in der Regel ausgleichungspflichtig (§ 2050 Abs. 1 BGB). Also ist zu rechnen: (60000 + 20000 + 20000) : 3 = 33333. Sohn: 33333 : 2 = 16666 DM als Pflichtteil; bei den Töchtern jeweils: (33333 – 20000) : 2 = 6666 DM als Pflichtteil. Summe der Pflichtteile also ca 30000 DM.

9. Berücksichtigung von Schenkungen an Dritte

a) Grundgedanke

Der Erblasser versucht manchmal, den Pflichtteilsanspruch dadurch zu schmälern, daß er Teile seines Vermögens zu Lebzeiten an Dritte überträgt; auf diese Weise ist beim Tod nur ein geringer Nachlaß vorhanden, der Pflichtteil entsprechend mäßig. Hier hilft dem Pflichtteilsberechtigten § 2325 BGB. Hat der Erblasser einen Dritten eine Schenkung gemacht, so kann der Pflichtteilsberechtigte als Ergänzung des Pflichtteils den Betrag verlangen, um den sich der Pflichtteil erhöht, wenn der verschenkte Gegenstand dem Nachlaß hinzugerechnet wird.

Beispiel: E hat kurz vor seinem Tod auf das Konto seiner Frau 400000 DM übertragen. Der Sohn (Pflichtteilsquote 1/4) hat einen Ergänzungsanspruch in Höhe von 100000 DM.

b) Was gilt als Schenkung?

Die üblichen kleineren Anstandsgeschenke zu Geburtstag, Hochzeit, Weihnachten usw sowie Schenkungen des Erblassers, durch die „einer sittlichen Pflicht entsprochen wird", zählen nicht als Schenkungen in diesem Sinn (§ 2330 BGB). Wann eine Schenkung sittlich geboten ist (Pflichtschenkung), ist eine Wertungsfrage; einesteils mögen Geschenke an Dritte sittlich geboten sein, andererseits sind die Interessen armer naher Angehöriger zu berücksichtigen. Die Pflichtschenkungen dürfen einen großen Wert haben; zB ist die Alterssicherung für den Partner einer nichtehelichen Lebensgemeinschaft als Pflichtschenkung gewürdigt worden (BGH NJW 1983, 674); Schenkungen für langjährige Pflegeleistungen können je nach Einzelfall auch darunter fallen (BGH NJW 1986, 1926). Sind solche Schenkungen allerdings übermäßig, ist der Mehrbetrag ausgleichungspflichtig.

Bei gemischten Schenkungen (zB der Bauplatz im Wert von 100 000 DM wird an den Sohn für 20 000 DM veräußert) gilt der unentgeltliche Teil (im Beispiel: 80 000 DM) als Schenkung.

c) Wert der Schenkung

Die geschenkte Sache ist mit dem Wert zur Zeit des Erbfalls anzusetzen; war der Wert zur Zeit der Schenkung geringer, zählt der geringere Wert (§ 2325 Abs. 2 BGB). Dieser niedrigere Wert ist aber um den Kaufkraftschwund auf den Wert beim Erbfall hochzurechnen (BGH NJW 1983, 1485).

Beispiel: E hat seiner Frau 1984 einen Acker geschenkt (damaliger Wert 10 000 DM); beim Tod des E (1991) ist aus dem Acker Bauland geworden (Wert 80 000 DM). Die Pflichtteilsergänzung erfolgt an sich aus dem Wert 10 000 DM; dieser Wert ist wegen des Kaufkraftschwundes aber zu berichtigen: 10 000 mal Lebenshaltungskostenindex beim Tod des Erblassers 1991 (= 109) geteilt durch Index bei Schenkung 1984 (= 98) ergibt 11 122 DM. Bei einem Pflichtteil von 1/4 beläuft sich der Ergänzungsanspruch des Sohnes auf ca. 2780 DM.

d) Zeitliche Grenzen

Eine Schenkung bleibt unberücksichtigt, wenn zur Zeit des Erbfalls zehn Jahre seit der Schenkung verstrichen sind (§ 2325 Abs. 3 BGB). Hat der Erblasser 1980 eine Schenkung gemacht

und stirbt er 1989, haben die Pflichtteilsberechtigten Anteil; stirbt
er 1991, sind die Pflichtteilsberechtigten geschmälert.

Bei Schenkungen an Ehegatten ist die Frist länger, sie beginnt
nicht vor Auflösung der Ehe; endet die Ehe durch Tod, sind also
auch Schenkungen ergänzungspflichtig, die 50 Jahre und mehr
zurückliegen.

Als Schenkungszeitpunkt gilt bei Grundstücksschenkungen die
Umschreibung im Grundbuch (BGH NJW 1988, 821), nicht etwa
der Tag des notariellen Vertrages. Im übrigen kommt es auf den
Zeitpunkt der wirtschaftlichen Ausgliederung aus dem Vermögen
des Erblassers an (BGH 98, 226), auf den Eintritt eines wirtschaftlichen Opfers beim Erblasser. Rechtliche Konstruktionen
mit Bedingungen, Rückübertragungsansprüchen, Nießbrauchs-
vorbehalten usw müssen deshalb im Einzelfall anhand dieser Kri-
terien genau untersucht werden.

e) Verpflichtete Personen

Der Ergänzungsanspruch richtet sich (als Nachlaßverbindlichkeit) zunächst gegen den Erben. Der Erbe kann (wenn er selbst
pflichtteilsberechtigt ist) die Ergänzung verweigern, wenn ihm
andernfalls sein eigener Pflichtteil nebst Pflichtteilsergänzung
nicht verbleiben würde (§ 2328 BGB).

Beispiel: Der Sohn ist Alleinerbe, Erbschaft 200 000 DM. Pflichtteil der
enterbten Tochter 1/4. Eine Schenkung an einen Dritten vor dem Erbfall
belief sich auf 400 000 DM. Hier muß der S nur den Pflichtteil
(50 000 DM) auszahlen, die Pflichtteilsergänzung (um 100 000 DM) kann
er verweigern. Die Tochter muß sich insoweit an den Dritten halten.

Der Erbe kann die Haftung auf das geerbte Vermögen beschränken und so sein Eigenvermögen schützen; das ist sinnvoll,
wenn der ihm verbliebene Nachlaß weniger wert ist als der
Pflichtteilsergänzungsanspruch beträgt.

Ist der Erbe zur Pflichtteilsergänzung nicht verpflichtet, kann
der Pflichtteilsberechtigte vom Beschenkten die „Herausgabe des
Geschenks" zur Befriedigung wegen des fehlenden Betrages
fordern (§ 2329 BGB). Das heißt: bei einem Geldgeschenk kann
Geldzahlung verlangt werden, bei sonstigen Geschenken (zB einem Grundstück) die Duldung der Zwangsvollstreckung in das
Grundstück bis zur Höhe des Fehlbetrages. Ist das Geschenk
beim Dritten nicht mehr vorhanden (weil er es zB verkauft und

den Erlös verschwendet hat), entfällt ein Anspruch des Pflichtteilsberechtigten gegen den Dritten (§ 818 Abs. 3 BGB).

f) Auskunft

Der Aufkunftsanspruch des Pflichtteilsberechtigten gegen den
Erben erstreckt sich auch auf Schenkungen innerhalb der Zehn-
jahresfrist. Freilich kann der Erbe nur Auskunft über etwas geben, was er weiß.

10. Zinsen

Bei Pflichtteilsklagen werden oft hohe Beträge gefordert, der
Prozeß dauert längere Zeit, bis zur Vollstreckung vergeht wieder
Zeit. Deshalb sind die Zinsen wichtig. Sie können gefordert wer-
den ab dem Zeitpunkt des Verzugs; Verzug tritt ein, wenn der
Verpflichtete auf eine Mahnung des Pflichtteilsberechtigten, wobei in der Praxis eine Frist gesetzt wird, nicht zahlt (§ 284 BGB).
Wenn der Berechtigte selbst Bankschulden hat, kann er den Zinssatz verlangen, den er selbst an die Bank entrichten muß. Hat der
Berechtigte keine Schulden, kann er bei höheren Beträgen nicht
nur 4% Zinsen fordern, wie es unrichtig oft geschieht (vgl. § 288
BGB). Es besteht vielmehr nach der Lebenserfahrung die Vermutung, daß Beträge ab etwa 5000 DM nicht zuhause im Spar-
strumpf verwahrt werden, sondern zinsbringend in festverzinsli-
chen Wertpapieren, Festgeldern usw angelegt werden, so daß der
verlorene Anlagezins (der über 4% liegt) verlangt werden kann
(Palandt/Heinrichs § 288 Rz 6; BGH NJW 1981, 1732).

11. Verjährung des Pflichtteilsanspruchs

Der Pflichtteilsanspruch und der Pflichtteilsergänzungsanspruch verjähren in drei Jahren (§ 2332 Abs. 1 BGB). Die Frist
beginnt mit Kenntnis des Pflichtteilsberechtigten vom Eintritt des
Erbfalls und von der ihn beeinträchtigenden Verfügung, also dem
nachteiligen Testament und bei einer benachteiligenden Schenkung hiervon (spätestens 30 Jahre ab dem Erbfall).

Beispiele: E ist am 1. 1. 1991 gestorben, der Sohn S erfährt am selben Tag vom Tod, am 20. 2. davon, daß E seine Tochter als Alleinerbin eingesetzt hat. Dann beginnt die Verjährung mit dem 20. 2. 1991 und endet am 20. 2. 1994. – Hat E kein Testament errichtet, aber kurz vor seinem Tod sein Vermögen an die Tochter übertragen und erfährt dies der S am 1. 3., beginnt die Verjährung erst mit dem 1. 3.

Der Pflichtteilsergänzungsanspruch gegen den Beschenkten (§ 2329 BGB) verjährt ebenfalls in drei Jahren; die Frist beginnt aber schon eher, nämlich mit dem Erbfall (§ 2332 Abs. 2 BGB).

Die Verjährung wird unterbrochen, wenn der Verpflichtete eine Teilzahlung leistet oder sonst anerkennt (§ 208 BGB); möglich ist auch ein Verzicht auf die Verjährungseinrede. Andernfalls muß spätestens am letzten Tag der Frist die Klage oder der Mahnantrag bei Gericht eingereicht sein und alsbald zugestellt werden (§ 209 BGB; § 270 Abs. 3 ZPO). Der übliche Schriftwechsel, auch Mahnungen mit Einschreibebrief usw, unterbrechen die Verjährung nicht.

12. Stundung des Pflichtteilsanspruchs

Der pflichtteilsberechtigte Erbe kann beim Nachlaßgericht die Stundung des Pflichtteilsanspruchs verlangen, wenn die sofortige Erfüllung für ihn eine ungewöhnliche Härte darstellen würde (§ 2331 a BGB); das Verfahren ist geregelt in §§ 53 a, 83 a FGG; 1382 BGB.

XXII. Vermächtnis, Auflage, Teilungsanordnung

1. Das Vermächtnis

Der Erblasser kann im Testament oder Erbvertrag ein Vermächtnis anordnen. Der Begünstigte erlangt mit dem Erbfall aber noch nicht automatisch Eigentum an der ihm zugewendeten Sache; vielmehr wird der Erbe Eigentümer des ganzen Nachlasses, der durch ein Vermächtnis Begünstigte erlangt nur einen Anspruch gegen den Erben, muß es also vom Erben verlangen (§ 2174 BGB). Wird ein Grundstück „vermacht", ist deshalb noch die Auflassung beim Notar und die Eintragung im Grundbuch notwendig; das „vererbte" Grundstück dagegen geht ins Eigentum des Erben über, das Grundbuch wird nur noch berichtigt (das macht bei den Kosten einen wesentlichen Unterschied aus). Ein Vermächtnis wird im Erbschein nicht erwähnt. Der Begünstigte unterliegt der Erbschaftsteuer wie wenn er geerbt hätte; der belastete Erbe muß natürlich für Gegenstände, die einer anderen Person vermacht wurden, keine ErbSt zahlen. Auch dem Erben kann zusätzlich ein Vermächtnis gegeben werden (Vorausvermächtnis, § 2150 BGB).

a) Abgrenzung Erbe/Vermächtnis

Ob jemand als Erbe oder als Vermächtnisnehmer eingesetzt ist, ist oft schwer zu erkennen. Bei Zuwendung des Vermögens oder eines Bruchteils davon soll im Zweifel Erbeinsetzung vorliegen, bei Zuwendung von Einzelgegenständen nur ein Vermächtnis (§ 2087 BGB). Die meisten Erblasser halten diese Begriffe aber nicht genau auseinander; die Zuwendung eines Hauses kann deshalb sowohl als Erbeinsetzung gedacht sein wie als Vermächtnis. Die Rechtsprechung (BayObLG 1965, 460) stellt darauf ab, ob der Erblasser durch eine bestimmte Person seine wirtschaftliche Stellung ganz oder teilweise fortgesetzt wissen wollte, ob er dem Bedachten eine möglichst starke Stellung einräumen wollte, ihm den Gegenstand unmittelbar aus dem Nachlaß zukommen lassen wollte, von ihm den Nachlaß und die Schulden reguliert wissen wollte (diese Punkte sprechen für eine Erbeinsetzung); sollte dagegen der Bedachte nur einen Anspruch gegen den/die Erben erhalten und mit der Nachlaßangelegenheit weiter nicht befaßt sein, spricht dies für ein Vermächtnis.

b) Verstorbener Vermächtnisnehmer

Erlebt der Vermächtnisnehmer den Erbfall nicht mehr, ist das Vermächtnis unwirksam (§ 2160 BGB). Anders ist es, wenn Ersatzpersonen bestimmt sind (§ 2190 BGB); eine stillschweigende Bestimmung von Ersatzpersonen liegt vor, wenn der Erblasser im Testament einen Abkömmling bedacht hat und dieser nach der Errichtung des Testaments wegfällt: dann nämlich ist im Zweifel anzunehmen, daß dessen Abkömmlinge insoweit bedacht sind, als sie bei der gesetzlichen Erbfolge an dessen Stelle treten würden (§ 2069 BGB).

Beispiel: E hat in seinem Testament den Sohn A als Erben eingesetzt und dem Sohn B als Vermächtnis 100 000 DM zugewandt. B stirbt und hinterläßt zwei Kinder; dann stirbt E. Hier sind im Zweifel die beiden Kinder des B mit einem Vermächtnis von je 50 000 DM bedacht.

c) Vermächtnis fehlender Gegenstände

Das Vermächtnis eines Gegenstandes, der zur Zeit des Erbfalls nicht zur Erbschaft gehört, ist unwirksam (§ 2169 BGB). Es kann aber sein, daß der Erblasser wollte, daß der Erbe diese Sache beschafft und dann dem Begünstigten als Vermächtnis gibt (§ 2170 BGB); ist das auf zumutbare Weise nicht möglich, ist vom Beschwerten nur Wertersatz zu leisten (§ 2170 Abs. 2 BGB). Wenn der Gegenstand deshalb nicht im Nachlaß war, weil er zB gestohlen worden oder verbrannt ist, gilt im Zweifel der Wertersatzanspruch gegen einen Dritten (zB der Anspruch auf die Versicherungssumme) als vermacht (§ 2169 Abs. 3 BGB). Ob im übrigen Surrogate fehlender Gegenstände als vermacht gelten ist durch ergänzende Testamentsauslegung zu ermitteln; hat der Erblasser seiner Schwester den „VW-Polo" vermacht, wird auch der als Ersatz angeschaffte „Ford-Escort" als vermacht anzusehen sein, wenn der wirtschaftliche Wert zugewendet werden sollte.

d) Fälligkeit

Das Vermächtnis fällt mit dem Erbfall an. Der Begünstigte wird vom Erben oder vom Nachlaßgericht verständigt (§ 2262 BGB). Der Begünstigte kann das Vermächtnis ausschlagen, eine Frist besteht nicht (§§ 2180, 2307 Abs. 2 BGB). Die Verjährungsfrist beträgt 30 Jahre (§ 195 BGB). In der Regel ist das Vermächtnis sofort, also mit dem Erbfall, fällig; anders ist es, wenn im Testament eine spätere Fälligkeit angeordnet wurde oder sich eine solche aus den Umständen ergibt. Wurde dem Begünstigten ein Geldbetrag vermacht, kann er Zinsen nur ab Verzug fordern (§§ 288, 291 BGB), sollte daher baldigst unter Fristsetzung die Zahlung fordern.

2. Die Auflage

Der Erblasser kann im Testament bzw Erbvertrag Auflagen (§§ 2192 ff BGB) anordnen, zB „Mein Erbe hat mein Grab 30 Jahre lang zu pflegen und am Todestag eine Messe lesen zu lassen. Für wohltätige Zwecke soll er 5000 DM spenden."; oder: „Meiner Haushälterin Waltraud vermache ich 50000 DM. Sie muß meinen Wellensittich Iphigenie betreuen". Belastet werden können Erben und Vermächtnisnehmer (Fall Waltraud/Iphigenie). Ein Begünstigter kann fehlen. Ist er vorhanden, kann *er* die Erfüllung nicht fordern; das ist der wesentliche Unterschied zum Vermächtnis.

Die Erfüllung ist andererseits nicht dem freien Belieben des Belasteten überlassen; bestimmte Personen können den Vollzug verlangen und notfalls einklagen (§ 2194 BGB), zB ein Erbe vom belasteten Vermächtnisnehmer, ein Miterbe vom andern, ein entfernterer gesetzlicher Erbe vom Erben (zB der Enkel vom Vater, der den Großvater beerbt hat), der Testamentsvollstrecker. Hier stellt sich dann allerdings die Frage, ob eine Auflage im Rechtssinne vorliegt oder nur eine unverbindliche Bitte, ein Wunsch des Verstorbenen.

3. Die Teilungsanordnung

Eine Teilungsanordnung ist eine Bestimmung des Erblassers
darüber, wie der Nachlaß auseinander gesetzt werden soll (§ 2048
BGB).

a) Keine Festlegung von Erbquoten

Hat der Erblasser im Testament bestimmten Personen näher
bezeichnete Gegenstände zugewendet, könnte es sich um bloße
Vermächtnisse handeln (§ 1939 BGB); im übrigen tritt dann die
gesetzliche Erbfolge ein. Es kann aber auch eine Erbeinsetzung
nach dem Verhältnis der Werte der zugeteilten Gegenstände verbunden mit einer Teilungsanordnung vorliegen. Durch Auslegung ist zu ermitteln, was vom Erblasser gewollt ist.

Beispiel: E hat in seinem Testament dem A ein Grundstück (Wert
400 000 DM), dem B das Wertpapierdepot (Wert 200 000 DM) vererbt; als
weiterer Nachlaß sind noch die Wohnungseinrichtung und ein Pkw vorhanden. A und B sind Erben im Verhältnis 2/3 zu 1/3; A erhält das
Grundstück und 2/3 des übrigen Nachlasses, B die Wertpapiere und 1/3
des übrigen Nachlasses.

b) Festlegung von Erbquoten

Hat der Erblasser Erbquoten bestimmt und einzelne Gegenstände bestimmten Personen zugewiesen, stellt sich die Frage, ob
eine Teilungsanordnung oder ein Vorausvermächtnis (§ 2150
BGB) vorliegt. Die Abgrenzung ist schwierig.

Beispiel: Der Nachlaß besteht aus 150 000 DM Barvermögen und einem
Ölgemälde im Wert von 50 000 DM, Summe 200 000 DM. E testiert: „A
und B sollen Erben zu je 1/2 sein. A soll das wertvolle Ölgemälde im
Schlafzimmer bekommen".

Hier ist unklar, ob A 1/2 des Nachlasses einschließlich Ölgemälde
(= Teilungsanordnung), also 50 000 DM in Bar + Bild (= Werte von
100 000 DM) *oder* 1/2 + Ölgemälde (= Vorausvermächtnis), also
75 000 DM + Bild (= 125 000 DM Werte), zustehen. Es ist eine Frage der
Auslegung, welchen Willen der Erblasser hatte. Eine Teilungsanordnung
liegt vor, wenn der Wert der Beteiligung am Nachlaß unberührt bleiben
soll und gegebenenfalls ein Mehrwert ausgeglichen werden soll; ein Vorausvermächtnis, wenn ein nicht ausgleichungspflichtiger besonderer Ver-
mögensvorteil zugewendet werden soll (BGH NJW 1985, 51).

Wie ist es aber, wenn Erbquoten festgelegt wurden und sich ergibt, daß der Einzelgegenstand mehr Wert hat als die Quote entspricht, wenn also im Beispiel das Bild 500 000 DM wert ist? Dann wäre der Gesamtnachlaß 650 000 DM wert, auf A entfiele einerseits das teure Bild, andererseits aber nur 1/2, also 325 000 DM. Bei Annahme einer Teilungsanordnung bestünde Ausgleichungspflicht, A müßte 175 000 DM an B zahlen, beim Vorausvermächtnis würde A 575 000 und B nur 75 000 DM erlangen; er müßte eventuell Pflichtteilsergänzung verlangen.

c) Ausschluß der Auseinandersetzung

Der Erblasser kann durch eine Teilungsanordnung im Testament insbesondere bestimmen, daß die Auseinandersetzung (für längstens 30 Jahre nach dem Erbfall) ausgeschlossen ist (§ 2044 BGB). Wenn alle Erben damit einverstanden sind, können sie sich über Teilungsanordnungen hinwegsetzen; anders ist es, wenn der Erblasser einen Testamentsvollstrecker eingesetzt hat (vgl §§ 2203, 2204 BGB); wenn man die Teilungsanordnung als Auflage deuten müßte, könnten entferntere gesetzliche Erben die Einhaltung fordern (§§ 1940, 2194 BGB), was aber praktisch nicht vorkommt.

XXIII. Der Erbschein

1. Wann ist ein Erbschein notwendig?

Mit dem Todesfall wird der Erbe automatisch Eigentümer des Nachlasses (§ 1922 BGB), auch wenn er nichts vom Tod weiß; sogar der Besitz am Nachlaß geht auf den Erben über (§ 857 BGB). Die Erbenstellung tritt also nicht erst mit Erteilung eines Erbscheins ein. Ein Erbschein ist nur ein gerichtliches Zeugnis über erbrechtliche Verhältnisse (§ 2353 BGB). Da er nicht billig ist, sollte man genau überlegen, ob man einen Erbschein benötigt. Das hängt davon ab, worin der Nachlaß besteht. Gehören zum Nachlaß Grundstücke, ist in der Regel ein Erbschein erforderlich, § 35 GBO (vgl. S. 128). Ebenso ist es bei Bankguthaben, Wertpapierdepots und Schließfächern, falls nicht Vollmachten über den Tod hinaus vorliegen. Haben Dritte Erbschaftsgegenstände in Besitz, können sie diese dem Erben aushändigen, wenn sie an seine Erbenstellung glauben; verlangen sie einen Nachweis, muß ein Erbschein vorgelegt werden. Wird kein Nachweis vorgelegt und klagt der Erbe, können ihm im Prozeß Kostennachteile entstehen (vgl. § 94 ZPO).

Beispiel: V ist gestorben; er hinterläßt Frau und zwei Kinder. Zum Nachlaß gehört eine Wohnungseinrichtung. Das Bankkonto lautet auf V und dessen Frau. Ein Sparbuch lautet nur auf V. Hier ist kein Erbschein erforderlich: die Einrichtung hat die Witwe ohnehin in Besitz, über das Girokonto kann sie aufgrund ihrer Mitberechtigung verfügen, das Sparguthaben wird in der Regel an den Sparbuchinhaber (bis auf das Mindestguthaben) ausbezahlt (§ 808 BGB), aufgelöst (dh gekündigt) werden kann das Sparverhältnis allerdings nur von der Erbengemeinschaft.

2. Erbscheinsverfahren

a) Antragsberechtigte

Der Erbschein wird nur auf Antrag erteilt (§ 2353 BGB). Einen Erbscheinsantrag können stellen: Erben (§ 2353 BGB), Nacher-

ben (ab Eintritt des Nacherbfalles), Ersatzerben, Testamentsvollstrecker, Nachlaßverwalter; Nachlaßkonkursverwalter.

Nicht antragsberechtigt sind: wer nur einen Pflichtteil oder ein
Vermächtnis beansprucht (er ist nicht Erbe). Das nichteheliche
Kind ist nur antragsberechtigt, wenn es Erbe aufgrund Testaments geworden ist oder wenn neben ihm keine Witwe und keine
ehelichen Abkömmlinge vorhanden sind (§ 1934a BGB; vgl.
S. 64). Der Antrag eines Nichtberechtigten wird kostenpflichtig
zurückgewiesen.

b) Inhalt des Antrages

Der Antrag ist formfrei, wird also schriftlich gestellt oder zu
Protokoll des Nachlaßgerichts. Er muß nicht, wie es häufig geschieht, von einem Notar aufgenommen werden.

Der Antragsteller muß genau angeben, welche Erbquote er für
sich in Anspruch nimmt (zB Erbe zu 1/2; belastet mit Testamentsvollstreckung, mit Nacherbschaft). Wenn der Antragsteller
die Erbquote nicht selbst ausrechnen kann, ist ihm der Rechtspfleger des Nachlaßgerichts behilflich. In manchen Bundesländern erteilen die Nachlaßgerichte insoweit auch schriftliche Auskünfte.

Im übrigen ist zu unterscheiden:

– Wer einen Erbschein aufgrund gesetzlicher Erbfolge beantragt,
  hat nach § 2354 BGB die Verwandtschaftsverhältnisse im einzelnen darzulegen (die Nachlaßgerichte halten entsprechende
  Vordrucke bereit) und diesbezügliche Geburts- Heirats- und
  Sterbeurkunden vorzulegen (§ 2356 BGB). Diese Urkunden
  können bei den Standesämtern, die die Urkunden errichtet haben, gebührenpflichtig bezogen werden (§ 61a PStG).

– Wird aufgrund testamentarischer Erbfolge (oder Erbvertrags)
  ein Erbschein beantragt, hat der Erbe diese Verfügung zu bezeichnen (§ 2355 BGB). Er hat ferner das Original des Testaments vorzulegen (falls er es nicht schon vorher an das Nachlaßgericht ablieferte, § 2259 BGB). Bei notariellen Testamenten
  und Erbverträgen ist das kein Problem: das Nachlaßgericht
  erkundigt sich vorher bei den Hinterbliebenen nach derartigen
  notariellen Verfügungen und erholt sie vom Notar (falls sie
  nicht ohnehin beim Nachlaßgericht amtlich verwahrt werden).

Beispiel für einen Erbscheinsantrag: An das Amtsgericht Regensburg. Ich beantrage einen Erbschein, wonach ich aufgrund Testaments vom 1. 2. 1990 Alleinerbe meines am 1. 4. 1993 verstorbenen Onkels Max Huber bin. gez. Ernst Huber.

c) Eidesstattliche Versicherung

Die Richtigkeit seiner Angaben hat der Antragsteller in der Regel eidesstattlich (vor dem Amtsgericht oder vor einem Notar) zu versichern (§ 2356 Abs. 2 BGB). Das Nachlaßgericht kann im Einzelfall diese Versicherung erlassen, wenn es sie für nicht erforderlich erachtet (§ 2356 Abs. 2 Satz 2 BGB); das ist von Vorteil, weil dann die entsprechende Gebühr nicht anfällt.

d) Zuständiges Gericht

Der Erbscheinsantrag ist an das zuständige Gericht zu richten. Zuständig ist das Amtsgericht (Abt. Nachlaßgericht), in dessen Bezirk der Erblasser zur Zeit des Todes seinen Wohnsitz (nicht nur Aufenthalt) hatte, §§ 72, 73 Abs. 1 FGG. In Baden-Württemberg ist das Notariat zuständig (§ 38 BaWüLFGG). Innerhalb des Amtsgerichts ist der Richter für die Erteilung des Erbscheins zuständig, wenn ein Testament oder ein Erbvertrag *vorliegt* (§ 16 Abs. 1 Nr. 6 RPflG), der Rechtspfleger in sonstigen Fällen (also insbesondere bei gesetzlicher Erbfolge).

e) Verfahren des Nachlaßgerichts

Das Nachlaßgericht hat von Amts wegen den Sachverhalt zu ermitteln (§ 2358 BGB, § 12 FGG), also das Testament auszulegen, die Testierfähigkeit zu klären, die Erben festzustellen usw. Dabei hat es den anderen Beteiligten rechtliches Gehör zu gewähren. Bei gesetzlicher Erbfolge sind dies alle gesetzlichen Erben. Bei Erbfolge aufgrund Privattestaments sind es die Personen, die bei Unwirksamkeit des Testament gesetzliche Erben sein würden (§ 2360 Abs. 2 BGB). Beim notariellen Testament bzw Erbvertrag dagegen müssen nach dem Wortlaut des § 2360 Abs. 2 BGB die eventuellen gesetzlichen Erben nicht angehört werden, erfahren also vom Erbscheinsantrag nichts, wenn sie sich nicht erkundigen; das ist aber umstritten.

Beispiel: die Verstorbene hat in einem Privattestament ihren Enkel E als Erben eingesetzt; E beantragt einen Erbschein. Hier sind der Witwer, die Kinder und anderen Enkel der Verstorbenen vom Erbscheinsantrag des E zu informieren, sie können sich dazu äußern. Bei einem notariellen Testament würden sie nicht angehört.

Wird aus dem Kreis der Angehörigen oder sonstiger Personen zB auf die mangelnde Testierfähigkeit des Verstorbenen hingewiesen, wird das Gericht den Hausarzt, das Pflegepersonal und die Angehörigen als Zeugen vernehmen und dann ein Sachverständigengutachten erholen. Wird die Echtheit der Handschrift angezweifelt, werden weitere Schriftproben erholt und das Testament von einem Schriftsachverständigen begutachtet. Beweisanträge müssen nicht gestellt werden, aber ohne Anregungen sieht das Gericht in der Regel keinen Anlaß, von sich aus tätig zu werden. Bei Beweiserhebungen nach den Regeln des Strengbeweises (also in wichtigeren Fragen) haben die Beteiligten ein Recht auf Teilnahme am Beweistermin; immer haben sie das Recht, vom Beweisergebnis (Gutachten, Protokoll mit Zeugenaussagen) Kenntnis zu erhalten und sich dazu zu äußern. Die Beteiligten können einen Rechtsanwalt beauftragen (§ 13 FGG); sie können die Nachlaßakten einsehen, wenn sie ein berechtigtes Interesse glaubhaft machen (§ 34 FGG). – Weitere Beweisfragen vgl S. 48.

Unbekannte Erben:
Ist Nachlaß vorhanden und sind die Erben unbekannt, kann das Gericht einen Nachlaßpfleger (Aufgabe: Ermittlung der Erben; vgl. S. 167) bestellen oder selbst (zB durch Nachforschungen, Inserate; § 1965 BGB) ermitteln. Manchmal melden sich dann sog. Erbensucher (Genealogen), die auf eigenes Risiko anhand von Personenstands- und Kirchenbüchern, Landesarchiven, Telefonbüchern nach Abkömmlingen von Urgroßeltern und anderen entfernten Verwandten suchen; sie verlangen bei Erfolg von den Erben 10–30% der Erbschaft als Provision (Gutbrod ZEV 1994, 337). Sind keine Verwandten feststellbar, erbt das jeweilige Bundesland (§§ 1936, 1964 BGB).

Bedeutung einer Einigung der Beteiligten:
Die Erbfolge wird durch das Gesetz oder durch den Erblasser geregelt. Auch wenn sich die möglichen Erben nach einem Todesfall über die Erbfolge einigen, können sie die Erbfolge nicht

anderweitig regeln. Ist allerdings ein Testament unklar und erklären alle Beteiligten bei der Anhörung gegenüber dem Nachlaßgericht, daß sie es in einem bestimmten Sinn auslegen, wird sich das Gericht in der Regel dieser Auslegung anschließen (vgl BGH NJW 1986, 1812; sog. Auslegungsvertrag). Ist die Einigung in notarieller Form erfolgt, kann eine Erbteilsübertragung vorliegen (§ 2033, 2371, 2385 BGB).

f) Entscheidung des Nachlaßgerichts

Es gibt vier Möglichkeiten: (1) Das Nachlaßgericht ordnet die Erteilung des beantragten Erbscheins an, wenn es die behauptete Erbfolge für nachgewiesen erachtet (§ 2359 BGB). (2) Fehlen noch Unterlagen, zB Sterbeurkunden, oder bestehen andere Hindernisse (zB der Antrag ist zu unbestimmt) wird es durch eine Zwischenverfügung eine Frist zur Beibringung setzen. (3) In Zweifelsfällen kann das Gericht einen sog. Vorbescheid erlassen: hier kündigt es einen bestimmten Erbschein an und setzt eine Frist zur Anfechtung; wird der Vorbescheid mit Beschwerde angefochten, wird die Rechtsmeinung des Nachlaßgerichts von den höheren Instanzen (Landgericht usw) nachgeprüft; wird er nicht angefochten, erteilt das Nachlaßgericht nach Fristablauf den beabsichtigten Erbschein. (4) Wird der Erbscheinsantrag für unzulässig erachtet oder die Erbfolge für nicht nachgewiesen, wird der Erbscheinsantrag zurückgewiesen.

g) Rechtsmittel

Gegen die nachteilige Entscheidung des Amtsgerichts (Zwischenverfügung, Vorbescheid, Antragszurückweisung) kann der Antragsteller Erinnerung (wenn die Entscheidung vom Rechtspfleger erlassen wurde) bzw Beschwerde (gegen die Richter-Entscheidung) einlegen (§ 11 RPflG, § 19 FGG). Erinnerung bzw Beschwerde werden beim Amtsgericht (oder beim übergeordneten Landgericht, § 21 FGG) eingereicht. Darüber entscheidet das Landgericht. Gegen dessen Entscheidung kann weitere Beschwerde zum jeweiligen Oberlandesgericht (in Bayern: Bayerisches Oberstes Landesgericht, München; in Berlin: Kammergericht) erhoben werden. Fristen bestehen dafür nicht. Für die Beschwerde zum Landgericht besteht kein Anwaltszwang. Wird die weitere Beschwerde zu Protokoll der Geschäftsstelle des Landgerichts erhoben, muß ebenfalls kein Anwalt eingeschaltet werden; wird sie dagegen durch einen Schriftsatz eingereicht, muß dieser von einem Anwalt unterschrieben sein (§ 29 Abs. 1 FGG).

Hat die Beschwerde keinen Erfolg, hat der Beschwerdeführer die Gerichtskosten zu tragen (§ 131 KostO); ferner hat er die Kosten der Gegenseite zu erstatten (§ 13a Abs. 1 Satz 2 FGG).

Gegen den erteilten Erbschein kann keine Beschwerde mehr eingelegt werden; hier ist nur noch ein Einziehungsantrag möglich.

3. Inhalt des Erbscheins

Der Erbschein lautet zB: „Es wird bezeugt, daß der am 1. 5. 1990 in Bremen verstorbene Kaufmann Max Meier von seinem Sohn Emil Meier allein beerbt worden ist." Ferner ist gegebenenfalls anzugeben: „Testamentsvollstreckung ist angeordnet"; oder: „Nacherbfolge ist angeordnet. Nacherbe ist Peter Müller; die Nacherbfolge tritt ein mit dem Tod des Vorerben."

Der Erbschein enthält keine Begründung, keine Angaben über den Wert der Erbschaft oder die einzelnen Erbschaftsgegenstände. Die Pflichtteilsberechtigten oder Vermächtnisnehmer sind nicht genannt.

Sind mehrere Erben vorhanden, kann jeder für sich einen Teilerbschein (über seine Quote, zB „... daß E von A zu 1/3 beerbt worden ist") beantragen; jeder Erbe kann aber auch allein oder zusammen mit den Miterben einen gemeinschaftlichen Erbschein beantragen („... daß E von A, B und C zu je 1/3 beerbt worden ist"), § 2357 BGB.

4. Kosten und Gebühren

a) Regelfall

Für die Erteilung eines Erbscheins (einschließlich des vorangegangenen Nachlaßverfahrens) wird vom Nachlaßgericht die „volle Gebühr" nach der Kostenordnung erhoben, § 107 Abs. 1 S. 1 KostO. Zusätzlich fällt eine „volle Gebühr" für die Beurkundung der eidesstattlichen Versicherung des Antragstellers (vgl oben 2c) an (§ 49 KostO), sodaß im Regelfall *zwei* Gebühren berechnet werden. Wer einen Rechtsanwalt beauftragt, schuldet zusätzlich dem Anwalt Gebühren nach § 118 BRAGO.

Die Höhe der Gebühren des Gerichts richtet sich nach dem Wert des reinen Nachlasses (Aktiva abzüglich Nachlaßverbindlichkeiten) des jeweiligen Erben im Zeitpunkt des Erbfalls (§ 107 Abs. 2 KostO). Das Nachlaßgericht ermittelt den Wert des Nachlasses von Amts wegen, um die Erbscheinsgebühren berechnen zu können; es übersendet dem Antragsteller ein Formblatt, in dem detailliert nach dem Wert von Nachlaßmasse und Verbindlichkeiten gefragt wird (wer keine gebührenpflichtige Tätigkeit des Nachlaßgerichts in Anspruch nimmt, muß den Vordruck mit den Fragen nach dem Nachlaß nicht ausfüllen). Anzugeben ist der Verkehrswert.

Das Hauptproblem in der Praxis ist dabei die Bewertung von Grundbesitz; auch hier kommt es auf den Verkehrswert, nicht etwa den steuerlichen Einheitswert an (für die Erbschaftsteuer dagegen ist (bis zur Neuregelung am 1. 1. 1997) auf den 1,4-fachen Einheitswert abzustellen!). Im Vordruck wird nach dem letzten Einheitswert, dem Brandversicherungswert, dem Baujahr des Gebäudes und dem damaligen Kaufpreis gefragt, ferner nach dem geschätzten Verkehrswert. Durch Vervielfachung des Einheitswertes oder Hochrechnung des Brandversicherungswertes mit Addition des Grundstückswertes errechnet dann das Nachlaßgericht einen „Verkehrswert"; die Bewertungspraxis der einzelnen Gerichte ist dabei unterschiedlich. Die Einholung eines Sachverständigengutachtens durch das Gericht ist aber nicht zulässig (§ 19 Abs. 2 KostO). Wenn dem Gebührenschuldner (Erben) die angesetzten Verkehrswerte zu hoch erscheinen, kann er gegen den Gebührenansatz Rechtsmittel einlegen.

Auszug aus der Gebührentabelle (ohne Zwischenwerte).

Bei einem Geschäftswert bis:	beträgt *eine* volle Gebühr:
2 000 DM	20 DM
10 000 DM	80 DM
50 000 DM	160 DM
100 000 DM	260 DM
200 000 DM	410 DM
300 000 DM	560 DM
400 000 DM	710 DM
500 000 DM	860 DM
1 000 000 DM	1610 DM
2 000 000 DM	3110 DM
3 000 000 DM	4610 DM.

b) Sonderfälle

Erbschein für besondere Zwecke:

Wer den Erbschein nur für die Grundbuchberichtigung benötigt und dies dem Nachlaßgericht glaubhaft macht, bei dem wird die Erbscheinsgebühr auf Antrag nur aus dem Verkehrswert des Grundstücks abzüglich darauf ruhender Grundschulden und Hypotheken berechnet (§ 107 Abs. 3 KostO; Gebührennacherhebung bei Mißbrauch des Erbscheins nach § 107a KostO). Dagegen gibt es kein Gebührenprivileg, wenn der Erbschein nur für die Bank wegen eines Wertpapierdepots benötigt wird

Beispiel: E hat ein Wertpapierdepot über 500 000 DM geerbt, über das er aufgrund Vollmacht über den Tod hinaus verfügen kann; ferner eine Eigentumswohnung im Verkehrswert von 150 000 DM, belastet mit 50 000 DM Grundschuld. Wenn er von vornherein einen entsprechenden Antrag stellt, wird die Erbscheinsgebühr nur aus 100 000 DM berechnet, nicht aus 600 000 DM. E spart ca. 1500 DM.

Landwirtschaft:

Bei einem zum Nachlaß gehörenden land- oder forstwirtschaftlichen Betrieb mit Hofstelle ist auf den 4-fachen Einheitswert als Verkehrswert abzustellen (§§ 107 Abs. 2, 19 Abs. 4 KostO).

Sozialrecht:

Der nur für sozialrechtliche Zwecke bestimmte Erbschein ist gebührenfrei (§ 64 Abs. 2 SGB X).

Antragszurückweisung:

Hierfür wird die Hälfte der vollen Gebühr, höchstens 65 DM, erhoben (§ 130 KostO).

Beschwerdeverfahren:

Lehnt das Nachlaßgericht die Erteilung eines Erbscheins ab, legt der Antragsteller dagegen Beschwerde ein und wird die Beschwerde zurückgewiesen, fällt für das Beschwerdeverfahren die Hälfte der vollen Gebühr nach der KostO an (§ 131 Abs. 1 KostO). „Wert" ist dabei der Verkehrswert des Reinnachlasses, für den ein Erbschein angestrebt wird.

5. Die Einziehung des Erbscheins

Wer meint, der jemandem erteilte Erbschein sei unrichtig, kann
beim Nachlaßgericht die Einziehung anregen. Für die Anregung
besteht keine Frist, für die Einziehung *keine zeitliche Grenze*
(BayObLGZ 1966, 49; BGH 47, 58), sie ist noch nach Jahrzehn-
ten zulässig.

Ein Erbschein ist unrichtig, wenn er in einem schwer mangel-
haften Verfahren erteilt wurde (zB durch ein örtlich unzuständi-
ges Gericht) oder wenn er inhaltlich unzutreffend ist, zB falsche
Erben oder falsche Erbteile nennt, eine wirksame Testamentsan-
fechtung oder die Testierunfähigkeit des Erblassers oder ein neu
aufgetauchtes Testament nicht berücksichtigt. Auch wenn sich
keine neuen Tatsachen ergeben, kann es sein, daß das Nachlaßgericht nun das alte Testament anders auslegt und den früheren
Erbschein einzieht (BGH 47, 58); der Erbschein stellt also ein
Erbrecht nicht verbindlich fest, wer einen Erbschein hat kann
sich seiner Erbschaft nicht für alle Zeiten völlig sicher sein.

Zuständig für das Einziehungsverfahren ist das Nachlaßgericht,
das den unrichtigen Erbschein seinerzeit erteilte. Das Gericht hat
den Sachverhalt von Amts wegen zu ermitteln und allen Beteiligten rechtliches Gehör zu gewähren. Es darf die Streitenden nicht
darauf verweisen, einen Zivilprozeß gegeneinander zu führen,
sondern muß tatsächliche und rechtliche Fragen selbst klären.

Ergibt sich, daß der erteilte Erbschein unrichtig ist, erläßt das Nachlaßgericht einen Beschluß, wonach der Erbschein eingezogen wird (§ 2361
BGB) und der Besitzer aufgefordert wird, den Erbschein binnen kurzer
Frist beim Nachlaßgericht abzuliefern; bei Nichtbefolgung wird Zwangsgeld angedroht (§ 33 FGG). Ist die Ablieferung nicht erzwingbar oder
nicht möglich (weil der Besitzer den Erbschein verloren hat), wird der
Erbschein durch Beschluß des Nachlaßgerichts für kraftlos erklärt (§ 2361
Abs. 2 BGB); da dies in bestimmten Zeitungen veröffentlicht werden
muß, verursacht es erhebliche Kosten.

Der Einziehungsbeschluß ist mit Beschwerde anfechtbar (§ 19
FGG); bei Entscheidung durch den Rechtspfleger zunächst mit
Erinnerung (§ 11 RPflG). Ist dagegen der Erbschein abgeliefert,
ist der Beschluß nicht mehr anfechtbar; dann bleibt nur noch ein
neuer Antrag auf Erteilung eines Erbscheins mit demselben Inhalt
wie ihn der eingezogene Erbschein hatte.

6. Erbschein bei Erbfällen mit DDR-Bezug

Seit der Wiedervereinigung (3. 10. 1990) gilt auch in den Ländern der ehemaligen DDR/Ostberlin das BGB; dort galt ab 1. 1. 1976 das Zivilgesetzbuch der DDR (ZGB), vorher im wesentlichen BGB-Erbrecht. Bei Todesfällen ab dem 3. 10. 1990 gibt es deshalb keine Besonderheiten. Anders ist es bei Todesfällen vorher (vgl. Bestelmeyer FamRZ 1994, 605):

a) Beispiel I: 1988 verstarb in München der westdeutsche Staatsangehörige V. Er hinterließ ein Grundstück in München und ein Grundstück in Leipzig (ehem. DDR). Das AG München erteilte 1988 einen Erbschein, wonach V von E allein beerbt wurde. Das Grundbuchamt in Leipzig weigert sich 1993, den E als Eigentümer im Grundbuch einzutragen. Wie ist zu verfahren?

1988 trat eine sog. Nachlaßspaltung ein: das DDR-Grundstücksvermögen vererbte sich gem § 25 Abs. 2 DDR-RechtsanwendungsG (RAG), fortgeltend nach Art. 235 § 1 EGBGB, nach DDR-Erbrecht (Art 24, 25 EGBGB), das bewegliche Vermögen in Ost und West und das West-Grundvermögen nach BGB (OLG Hamm ZEV 1995, 252; BayObLG ZEV 1995, 257 und 1994, 47); Rückübertragungs- bzw. Entschädigungsansprüche nach dem Vermögensgesetz fallen nach hM (OLG Celle DtZ 1992, 355; Palandt/Heldrich Art. 25 EGBGB Rz. 23) nicht unter § 25 Abs. 2 DDR-RAG. Die Erbfolge ist im Beispiel nach beiden Erbrechten gleich, immer ist E Alleinerbe. Das AG München hätte deshalb 1988 nur einen Erbschein mit Geltungsvermerk („gilt nicht für Grundstücke in der DDR") erteilen dürfen.

Wie weiter zu verfahren ist, ist umstritten:
– Eine Meinung (Schotten/Johnen, Deutsch-Deutsche Rechtszeitschrift, DtZ, 1991, 257) sagt: der Erbschein ohne diesen Vermerk sei „unrichtig" gewesen und daher nach § 2361 BGB einzuziehen. Örtlich zuständig für die Einziehung ist das Gericht, das den „unrichtigen" Erbschein erteilte (im Beispiel das AG München).
Nach Einziehung muß E beim Gericht des Wohnsitzes des Verstorbenen (hier: AG München) zwei Erbscheine (zusammengefaßt in einer Urkunde) beantragen: (1) einen Erbschein in Anwendung des BGB mit dem Zusatz, daß er sich nicht auf im Gebiet der ehem. DDR befindliche Grundstücke erstreckt; (2) einen weiteren Erbschein in Anwendung des

ZGB der ehem. DDR mit dem Zusatz, daß er sich nur auf Grundstücke in der ehem. DDR erstreckt.

– Eine andere Meinung (Palandt/Edenhofer § 2353 Rz 9) sieht das weniger umständlich und hält eine Ergänzung des alten Erbscheins um den Geltungsvermerk für zulässig; allerdings ist auch danach ein weiterer Erbschein nur über das DDR-Grundstück beim Gericht des letzten Wohnsitzes zu beantragen.

b) Beispiel II: im obigen Fall (a) hinterließ V 1988 die Witwe, ein eheliches und ein nichteheliches Kind.

In diesem Fall unterscheidet sich die DDR-Erbfolge nach ZGB von der BRD-Erbfolge nach BGB, weil das DDR-Erbrecht das nichteheliche Kind besser stellte. Nichteheliche Kinder erbten in der DDR wie eheliche, hatten also nicht nur einen Erbersatzanspruch wie nach BGB (vgl S. 64). Die Vermögensmassen in Ost und West sind daher verschieden vererbt worden. Es ist beim Gericht des letzten Wohnsitzes des Verstorbenen ein Doppelerbschein zu beantragen:

– daß V bezüglich des in der Bundesrepublik hinterlassenen beweglichen und unbeweglichen Vermögens und des beweglichen Vermögens in der DDR von der Witwe zu 1/2, von der ehelichen Tochter zu 1/2 beerbt worden ist; und

– daß V bezüglich der in der DDR hinterlassenen Grundstücke in Anwendung des DDR-ZGB von der Witwe, der ehelichen Tochter und der nichtehelichen Tochter zu je 1/3 beerbt worden ist.

XXIV. Der Nachlaß

1. Bankkonten, Wertpapierdepot

a) Übergang auf den Erben

Alle Rechte des Verstorbenen aus Bankkonten, Sparkonten, Wertpapierdepots, Schließfächern gehen auf den Erben über. Anders ist es, wenn der Erblasser über die Einlage durch Vertrag zugunsten Dritter verfügt hat, vgl S. 148. Auch der Auskunftsanspruch des Konteninhabers gegen die Bank (§§ 675, 666 BGB) geht auf den Erben über (BGHZ 107, 104); der Erbe kann also Kopien der früheren Kontoauszüge verlangen.

b) Gemeinschaftskonten

Bei Konten, die auf den Erblasser und eine weitere Person lauten und beide einzeln im Verhältnis zur Bank *allein* zur Verfügung berechtigten, kann beim Tod des einen der überlebende Kontoinhaber das Guthaben vollständig abheben. Da jedoch vor dem Tod eine Ausgleichungspflicht der Kontoinhaber bestand, die auf die Erben übergeht, kommt es auf die (eventuell stillschweigend getroffene) Absprache der beiden Kontoinhaber an, ob der Abhebende das Geld behalten darf.

Beispiel: A und B sind Miteigentümer eines Hauses (A zu 10%, B zu 90%), bei dem die Mieteinnahmen auf ein gemeinsames Girokonto fließen. Hier wird man eine stillschweigende Vereinbarung dahin annehmen müssen, daß auch das Guthaben sich im Verhältnis 1:9 aufteilt. Haben Ehegatten ein gemeinsames Lohnkonto, von dem der Haushalt finanziert wird, wird eine stillschweigende Aufteilungs-Vereinbarung kaum anzunehmen sein.

Fehlt eine Absprache, wird Gesamtgläubigerschaft nach §§ 428, 430 BGB angenommen, so daß den Erben im Ergebnis (bei zwei Kontoinhabern) nur die Hälfte des Guthabens (im Beispiel: den Erben des B nur 1/2) zusteht, gleichgültig, aus wessen Mitteln das Guthaben stammt (Soergel/Stein § 1922 Rz 41; Palandt/Edenhofer § 1922 Rz 31).

Der Überlebende muß nichts ausgleichen, wenn sich die Kontoinhaber zB aufschiebend bedingt auf den Todesfall ihre Guthabenanteile abgetreten haben, was auch formlos (mündlich; stillschweigend) erfolgt sein kann (Palandt/Edenhofer § 1922 Rz 31), aber vom Überlebenden zu beweisen ist; oder wenn insoweit ein Vermächtnis vorliegt oder ein Vertrag zugunsten Dritter auf den Todesfall (vgl. S. 149).

c) Und-Konto

Beim Und-Konto sind sämtliche Kontoinhaber *nur gemeinschaftlich* verfügungsbefugt, weil dies im Kontoeröffnungsvertrag mit der Bank so vereinbart wurde. Hier kann der überlebende Kontoinhaber allein nichts abheben. Auch bei Und-Konten fällt nur der Anteil des Verstorbenen an der gemeinschaftlichen Einlage in den Nachlaß.

Bei Anderkonten von Rechtsanwälten, Notaren geht das Guthaben nicht auf den Erben über, sondern auf den bestellten Abwickler.

Die bloße Erteilung einer Kontovollmacht dagegen ändert nichts an der Verteilung des Guthabens im Todesfall.

d) Erbschein

Ob er erforderlich ist, richtet sich nach den Allgemeinen Geschäftsbedingungen der deutschen Banken und Sparkassen (Fassung 1. 1. 1993). Dort heißt es zB unter 5:

Verfügungsberechtigung nach dem Tod des Kunden

Nach dem Tod des Kunden kann die Bank zur Klärung der Verfügungsberechtigung die Vorlegung eines Erbscheins, eines Testamentsvollstreckerzeugnisses oder weiterer hierfür notwendiger Unterlagen verlangen; fremdsprachige Urkunden sind auf Verlangen der Bank in deutscher Übersetzung vorzulegen. Die Bank kann auf die Vorlage eines Erbscheins oder eines Testamentsvollstreckerzeugnisses verzichten, wenn ihr eine Ausfertigung oder eine beglaubigte Abschrift der letztwilligen Verfügung (Testament, Erbvertrag) nebst zugehöriger Eröffnungsniederschrift vorgelegt wird. Die Bank darf denjenigen, der darin als Erbe oder Testamentsvollstrecker bezeichnet ist, als Berechtigten ansehen, ihn verfügen lassen und insbesondere mit befreiender Wirkung an ihn leisten. Dies gilt nicht, wenn der Bank bekannt ist, daß der dort Genannte (zum Beispiel nach Anfechtung oder wegen Nichtigkeit des Testaments) nicht verfügungsberechtigt ist, oder wenn ihr dies infolge Fahrlässigkeit nicht bekannt geworden ist.

In der Regel ist also ein Erbschein erforderlich. Weil es nur heißt „die Bank *kann* die Vorlegung eines Erbscheins verlangen", ist nicht ausgeschlossen, daß die Bank bei kleineren Guthaben aufgrund eigener Kenntnis der Verhältnisse und Vorlage der Sterbeurkunde das Konto zB auf die Witwe umschreibt, wenn sie diese für die Alleinerbin hält, ohne daß ein Erbschein vorgelegt wird.

Kein Erbschein ist notwendig, wenn der Verstorbene zu Lebzeiten einem Erben oder einer sonstigen Person eine Vollmacht über den Tod hinaus (vgl S. 141) erteilt hat. Denn dann kann der Bevollmächtigte jederzeit die Umschreibung der Konten und Depots auf sich oder auf Dritte verlangen. Die Banken akzeptieren solche Vollmachten in der Regel nur, wenn sie vor der Bank erklärt wurden („bankintern beglaubigt") oder notariell beurkundet oder beglaubigt sind. Denn andernfalls ist die Fälschungsgefahr zu groß. Dasselbe gilt, wenn (wie oft bei Eheleuten) ein Konto mehrere Verfügungsberechtigte hat (Oder-Konto).

Weiter ist ein Erbschein nicht erforderlich, wenn die Bankguthaben aufgrund eines Vertrages zugunsten Dritter (S. 149) oder einer Schenkung auf den Todesfall (S. 148) auf die Erben übergehen.

e) Anzeigepflicht

Die Bank hat nach dem Tod des Kunden gegenüber dem Finanzamt eine Anzeigepflicht (§§ 33 ErbStG; § 5 ErbStDV; vgl. S. 189).

f) Nicht entwertete Sparbücher

Gelegentlich wird in einem Nachlaß ein nicht entwertetes altes Sparbuch gefunden, von dem die Bank aufgrund der Notizen in ihren Unterlagen behauptet, es sei seit langer Zeit „aufgelöst". Wenn aber der Forderungsinhaber das Buch noch in Besitz hat und es selbst keinen Entwertungsvermerk trägt, kann dies ein ausreichender Beweis dafür sein, daß das Guthaben noch besteht; die Bank muß die Auflösung beweisen (OLG Frankfurt NJW-RR 1989, 1517; KG NJW-RR 1992, 1195).

g) Bausparvertrag

Besteht ein Guthaben, fällt es in den Nachlaß. Anders ist es, wenn ein Begünstigter im Vertrag benannt wurde; dann fällt das Guthaben nicht in den Nachlaß, sondern an den Begünstigten (die Rechtslage ist dann wie bei Lebensversicherungen, vgl. S. 136). Die Schuld gegenüber der Bausparkasse nach Zuteilung des Vertrages geht auf den Erben über (§ 1967 BGB). Beim Tod des Bausparers ist die vorzeitige Rückzahlung des Guthabens steuerunschädlich (§ 10 Abs. 5 Nr. 3 c EStG).

2. Grundstücke

a) Erbschein

Gehört zum Nachlaß ein bebautes oder unbebautes Grundstück oder eine Eigentumswohnung, geht das Eigentum hieran mit dem Tod automatisch auf die Erben über (§ 1922 BGB), das Grundbuch ist unrichtig geworden und wird wieder richtig durch Eintragung der Erben im Grundbuch. Diese Rechtslage wird dem Grundbuchamt beim Amtsgericht durch den Erbschein nachgewiesen (§ 35 Abs. 1 GBO). Der Erbe muß also unter Vorlage des Erbscheins Grundbuchberichtigung beantragen; ein entsprechender Antrag wird meist schon in der Erbscheinsverhandlung ins Protokoll aufgenommen.

Beruht die Erbfolge auf einem notariellen Testament oder einem Erbvertrag, ist dagegen der Erbschein entbehrlich. Dann genügt gegenüber dem Grundbuchamt als Nachweis die Vorlage dieser Verfügung sowie der Niederschrift des Nachlaßgerichts über die Eröffnung dieser Verfügung (§ 35 Abs 1 S. 2 GBO). Die Eröffnung kostet 1/2 Gebühr nach der KostO (§ 102 KostO), also wesentlich weniger als ein Erbschein. Liegt dagegen nur ein privatschriftliches Testament vor, ist dieser billigere Weg verschlossen; dann ist ein Erbschein unabdingbar.

b) Weitere Gebühren

Die Grundbuchberichtigung ist in den ersten zwei Jahren nach dem Erbfall gebührenfrei (§ 83 GBO). Grunderwerbsteuer fällt bei einem Erwerb durch Erbschaft nicht an (§ 3 Nr. 2 GrEStG).

Auch der Erwerb eines zum Nachlaß gehörenden Grundstücks durch Miterben zur Teilung des Nachlasses unterliegt nicht der Grunderwerbsteuer (§ 3 Nr. 3 GrEStG).

c) Sonstige Grundbucheintragungen

Nacherbschaft und Testamentsvollstreckung werden von Amts wegen im Grundbuch eingetragen (§§ 51, 52 GBO); das Grundbuchamt ersieht sie aus dem Erbschein. Bei einer Erbengemeinschaft werden die Miterben mit dem Zusatz „in Erbengemeinschaft" im Grundbuch eingetragen (§ 47 GBO).

XXV. Die Wohnung des Verstorbenen

1. Das Mietverhältnis bei Wohnraummiete

Stirbt der Mieter, kommt es darauf an, wer Partei des Mietvertrages war und wer die Wohnung nutzte. Die gesetzliche Regelung ist kompliziert. Es sind verschiedene Fälle zu unterscheiden:

a) Die Wohnung wurde nur von Ehegatten bewohnt

Falls die Wohnung nur von den Ehegatten bewohnt wurde, diese in der Wohnung einen „gemeinsamen Hausstand" führten, und ein Ehegatte verstorben ist, sind wieder mehrere Fallgruppen zu unterscheiden:

Hier kommt es zunächst darauf an, mit wem der Mietvertrag geschlossen wurde; das ergibt sich in der Regel aus dem Mietvertrag, der eine oder beide Unterschriften auf der Mieterseite aufweist. Trotz § 566 BGB unterliegt der Mietvertrag nicht der Schriftform; deshalb ist denkbar, daß der Mietvertrag nur die Mieterunterschrift des Ehemannes aufweist, gleichwohl aber ein Mietvertrag auch mit der Ehefrau zustandegekommen ist (zB weil der Mann die Frau vertreten hat, § 164 BGB; oder weil die später eingezogene Frau in den Mietvertrag konkludent einbezogen wurde, zB indem der Vermieter spätere Mieterhöhungsverlangen an beide Eheleute richtete).

aa) Falls nur der Verstorbene Vertragspartner des Mietvertrags war, der überlebende Ehegatte nicht:

Der überlebende Ehegatte tritt zunächst automatisch in den Mietvertrag ein, auch wenn er nicht Erbe ist (§ 569a Abs. 1 Satz 1 BGB). Binnen eines Monats ab Kenntnis vom Tod des anderen Ehegatten (also in der Regel ab dem Todestag) kann der Überlebende dem Vermieter erklären, daß er das Mietverhältnis nicht fortsetzen will (§ 569a Abs. 1 Satz 2 BGB). Folge ist, daß der automatische Eintritt in das Mietverhältnis als nicht erfolgt gilt und nun das Mietverhältnis mit dem bzw den Erben fortgeführt wird (§§ 569 Abs. 1, 569a Abs. 6 BGB). Der Erbe kann das Mietverhältnis dann unter Einhaltung der gesetzlichen Frist kündigen, aber nur für den ersten Termin, für den die Kündigung zulässig ist (§ 569a Abs. 6 Satz 2 BGB); ebenso kann der Vermieter kündigen.

Beispiel: Ein Ehepaar bewohnt seit 5 Jahren eine Wohnung, nur der Ehemann hat mit dem Vermieter den Mietvertrag geschlossen. Die volljährige Tochter wohnt nicht in dieser Wohnung. Der Ehemann stirbt am 3. 1. und wird beerbt von der Witwe und der Tochter zu je 1/2. Bis 3. 2. kann sich die Witwe überlegen, ob sie das Mietverhältnis fortsetzen will. Äußert sie sich nicht, will sie das Mietverhältnis fortsetzen.
Will die Witwe ausziehen, um zB ins Altenheim ziehen, muß sie das dem Vermieter bis 3. 2. erklären. Dann müssen Mutter und Tochter als Miterben die Wohnung kündigen.
Kündigungsfrist: bis spätestens 3. 2. (dritter Werktag des Februar) ist die Kündigung zum 30. 4. möglich (§ 565 Abs. 2 Satz 1 BGB); die längeren Kündigungsfristen bei Mietverhältnissen, die schon fünf Jahre oder länger dauern, gelten im Todesfalle nicht (§ 565 Abs. 5 BGB).

bb) Wenn beide Ehegatten Vertragspartner waren und in der Wohnung der gemeinschaftliche Hausstand geführt wurde, gilt: das Mietverhältnis setzt sich nur mit dem Überlebenden fort (§ 569b S. 1 BGB). Die überlebende Witwe kann aber das Mietverhältnis kündigen (§ 569b S. 3 BGB); die Kündigungsfrist ist die gesetzliche, im obigen Beispiel also bis 3. 2. zum 30. 4. Dem Vermieter gibt der Todesfall kein eigenständiges Kündigungsrecht; er kann nur kündigen, wenn die üblichen Kündigungsgründe (zB Mietrückstand) eintreten.

b) Wenn die Wohnung von den Ehegatten und anderen Familienangehörigen bewohnt wurde (zB von Eheleuten mit erwachsenen Kindern, Eheleuten mit der Schwägerin):
Waren der verstorbene und der überlebende Ehegatte Vertragspartner, gilt oben (bb).
War nur der verstorbene Ehegatte Vertragspartner, der überlebende nicht, gilt oben (aa). Erklärt der Überlebende dem Vermieter, das Mietverhältnis nicht fortsetzen zu wollen, treten die übrigen Familienangehörigen, die die Wohnung mit bewohnt haben, in das Mietverhältnis ein (auch wenn sie nicht Erben sind), § 569a Abs. 2 Satz 2 BGB. Wollen diese Angehörigen das Mietverhältnis nicht fortsetzen und teilen sie das dem Vermieter mit, setzt sich der Vertrag mit den Erben fort; sowohl der Vermieter wie der Erbe können das Mietverhältnis unter Einhaltung der gesetzlichen Frist kündigen (§ 569 Abs. 1 BGB); vgl obiges Beispiel.

Die in a) und b) angegebene Rechtslage für Ehegatten gilt nach der Rechtsprechung des BGH (NJW 1993, 999) auch für Partner nichtehelicher Lebensgemeinschaften.

c) Wenn die Wohnung vom Verstorbenen und anderen Familienangehörigen bewohnt wurde (zB von zwei Schwestern); es kommt darauf an: (aa) Sind auch die Angehörigen Vertragspartner, besteht der Mietvertrag fort. (bb) Sind die Angehörigen nicht Vertragspartner, treten sie in das Mietverhältnis ein, auch wenn sie nicht Erben sind (§ 569a Abs. 2 Satz 1 BGB). Jeder Angehörige für sich oder alle gemeinsam können aber erklären, daß sie den Vertrag nicht fortsetzen wollen (§ 569a Abs. 2 Satz 3 BGB). Dann wird der Vertrag mit den Erben fortgesetzt; sowohl der Erbe wie der Vermieter können aber mit der gesetzlichen Frist kündigen (§ 569 Abs. 1 BGB).

d) Wenn die Wohnung vom Verstorbenen und Dritten bewohnt wurde (zB von einem Bekannten; Wohngemeinschaft): (aa) Sind auch die Dritten Vertragspartner, läuft der Mietvertrag weiter. Ob der Vermieter und die Erben den Mietvertrag nach § 569 Abs. 1 BGB kündigen können, ist umstritten. (bb) Sind die Dritten nicht Vertragspartner, können sie ohne weiteres ausziehen. Der Vermieter kann nach § 569 Abs. 1 BGB kündigen, wenn er ein berechtigtes Interesse im Sinne des § 564b BGB hat.

Kündigungsrecht:

In allen Fällen (a–d), in denen Erben in den Vertrag eintreten, weil die Ehegatten bzw Angehörigen den Eintritt ablehnen, kann der Erbe ebenso wie der Vermieter das Mietverhältnis unter Einhaltung der gesetzlichen Frist kündigen (§§ 569 Abs. 1, 569a Abs. 6 S. 2 BGB); diese Möglichkeit besteht aber nur für den ersten möglichen Termin jeweils. Kündigt der Vermieter, wendet die herrschende Meinung (zB OLG Hamburg NJW 1984, 60; BayObLGZ 1984, 279) § 564b BGB an und verlangt ein berechtigtes Interesse des Vermieters (zB Eigenbedarf). Treten Ehegatten bzw Angehörige in den Mietvertrag automatisch ein, kann der Vermieter unter Einhaltung der gesetzlichen Frist zum erstmöglichen Termin kündigen, wenn in der Person des Eintretenden ein „wichtiger Grund" vorliegt (§§ 569a Abs. 5 BGB); gemeint sind Fälle, in denen der Eintretende für den Vermieter unzumutbar ist, zB weil er zahlungsunfähig ist.

Geschäftsraummiete:
Für Büros, Ladengeschäfte, Lagerhallen etc gelten die Schutzvorschriften der §§ 569a, b BGB nicht. Sowohl der Erbe des Mieters wie der Vermieter sind zur Kündigung unter Einhaltung der gesetzlichen Frist berechtigt (§ 569 Abs. 1 BGB), soweit nicht im Mietvertrag anderes vereinbart ist.

Tod des Vermieters:
Stirbt der Vermieter von Wohnraum, gehen seine Verpflichtungen aus dem Mietvertrag auf die Erben über (§§ 1922, 1967 BGB). Der Mietvertrag besteht also mit den Erben unverändert fort. Allerdings kann sich nun die Situation ergeben, daß der Erbe eine Wohnung braucht und wegen Eigenbedarf kündigt (§ 564b Abs. 2 Nr. 2 BGB).

2. Renovierungspflichten

Da der Erbe die Verpflichtungen aus dem Mietvertrag „erbt", treffen ihn grundsätzlich auch die im Mietvertrag für den Fall des Auszugs vereinbarten Renovierungspflichten. Soweit sie in den vorgedruckten Klauseln des Vertrages enthalten sind, können sie wegen Verstoß gegen § 9 AGB-Gesetz unwirksam sein, wenn sie den Mieter entgegen Treu und Glauben unangemessen benachteiligen. In alten Verträgen ist manchmal keine Vereinbarung über Schönheitsreparaturen, dann bleibt es beim gesetzlichen Grundsatz, daß sie der Vermieter (und nicht der Mieter) zu tragen hat (§ 536 BGB).

3. Aufbewahrungsfristen

Im Zuge der Wohnungsauflösung stellt sich die Frage, welche Unterlagen weggeworfen werden dürfen (wobei die Pietät hier außer Betracht gelassen werden soll). Hier muß der Erbe beachten, daß er vom Verstorbenen herrührende Zahlungsbelege solange aufbewahren sollte, als die Ansprüche der Handwerker, Kaufleute, Lieferanten usw noch nicht verjährt sind; derartige Ansprüche verjähren meist zwei oder vier Jahre nach Schluß des Jahres, in dem sie entstanden sind (§§ 196, 197, 201 BGB). Nach der Abgabenordnung müssen ferner Unterlagen, die für die Besteuerung von Bedeutung sind, wie Konto- und Depotauszüge (§ 147 Abs. 1 Nr. 5 AO) 5 Jahre aufbewahrt werden. Weiterhin gibt es für zahlreiche Berufsgruppen spezielle Aufbewahrungsfristen, von den nachfolgend einige aufgezählt werden.

3 Jahre: Nachweisbücher für Altöl, Abfall; Lagerbücher für Betäubungsmittel; Unterlagen im Bewachungsgewerbe, der Blindenwerkstätten, Buchmacher, Geflügelfleischhändler, Pfandleiher, Reisebüros, Saatgutvertreiber, Viehseuchenwesen, Tierärzte, Versteigerer.

5 Jahre: bei Apotheken (Herstellungs- und Prüfungsbücher); Auskunfteien (Auftragsverzeichnisse); Besamungsstationen; Kehrbücher der Bezirksschornsteinfeger; Fahrlehrerausbildungs-Aufzeichnungen; Güterfernverkehr (Beförderungspapiere; Fahrtenbücher); Luftfahrtgeräte-Aufzeichnungen; Makler-Aufträge; Metallbücher; Mischfuttermittel-Bücher; Tierkörperbeseitigungs-Unterlagen; Weinbücher.

6 Jahre: bei Kaufleuten für Handelsbriefe, Schriftwechsel, Buchungsbelege, Bankbelege, Kontoauszüge, Depotauszüge, Prozeßakten, Mahnbescheide, Mietunterlagen usw (§ 257 Abs. 4 HGB).

7 Jahre: Unterlagen betr. Butterverarbeitung; Magermilchpulver; Hopfenerzeuger; Schlachtbetriebe.

10 Jahre: Bei Kaufleuten die Handelsbücher, Inventare, Eröffnungsbilanzen, Jahresabschlüsse und dergleichen (§§ 257 Abs. 4 HGB; 140 AO). Baubücher des Baugewerbes; Gaststätten/Pensionen: Fremdenverzeichnisse (nach Landesrecht); forstliche Saat- und Pflanzengut-Unterlagen; Heimarbeits-Entgeltbücher etc; Waffenhandels-Unterlagen; Sprengstoff-Verzeichnisse; Wildhandelsbücher.

4. Beendigung sonstiger Rechtsbeziehungen

Die Auflösung von Wohnung und Haushalt nach einem Todesfall bringt es mit sich, daß der Erbe weitere Rechtsbeziehungen des Verstorbenen kündigen muß oder (wenn sie sich von selbst aufgelöst haben) die Beendigung mitteilen sollte:

- Telefonanschluß (mit Rückgabe des Apparates);
- Radio/Fernsehen/Kabelfernsehen;
- Stadtwerke/Energieversorgungsunternehmen (Wasser, Gas, Strom);
- Versicherungen (zB Hausrats-, Haftpflicht-, Rechtsschutzversicherung);
- Mitgliedschaften in Vereinen und Verbänden;
- Tageszeitung, Zeitschriften, Buchclub-Mitgliedschaften.

Mitgliedschaften in Vereinen sind unvererblich (§ 38 S. 1 BGB); die Vereinssatzung kann aber etwas anderes bestimmen (§ 40 BGB). Im Versicherungsvertragsrecht kann der Tod zum Wegfall des versicherten Risikos und damit zum Erlöschen des Versicherungsschutzes führen; im einzelnen kommt es auf die Art der Versicherung an (vgl § 68 II VVG), die Frage ist zB bei der Hausratversicherung anders als bei der Hagelversicherung zu beantworten.

XXVI. Lebensversicherung

1. Geltendmachung des Anspruchs

Es gibt viele Arten von Lebensversicherungen: zB Kapital- und Rentenversicherungen, auf den Todes- oder den Erlebensfall. Immer wird das Leben einer bestimmten Person (meist des Versicherungsnehmers, VN) versichert. Ist diese Person verstorben, ist die Gesellschaft unverzüglich zu verständigen; ferner sind von dem, der die Versicherungssumme verlangt (Erbe bzw Bezugsberechtigter), einzureichen (§ 9 ALB n. F.):
- Versicherungsschein;
- amtliche Sterbeurkunde, die Alter und Geburtsort enthält;
- ärztliches Zeugnis über die Todesursache.

Die Versicherungsgesellschaft kann den Inhaber des Versicherungsscheins als empfangsberechtigt ansehen (§ 11 ALB), aber auch einen Nachweis (zB Erbschein) verlangen. Sie kann an den Bezugsberechtigten leisten.

2. Bezugsberechtigung

a) Lebensversicherung ohne Bezugsberechtigung

Ist im Lebensversicherungsvertrag kein Bezugsberechtigter vereinbart oder sonst zulässig bestimmt worden, fällt die Versicherungssumme an den Versicherungsnehmer und bei dessen Tod in den Nachlaß, steht also den Erben zu; vgl § 168 VVG. Der Erbe muß sich gegenüber der Versicherung grundsätzlich durch einen Erbschein ausweisen.

b) Lebensversicherung mit Bezugsberechtigung

Die Bezugsberechtigung eines Dritten kann auf verschiedene Weise zustande kommen:
- vertraglich: durch Bezeichnung des Dritten im Versicherungsvertrag (Versicherungsschein); vgl § 166 Abs. 1 Satz 2 VVG. Beispiel: V schließt einen Lebensversicherungsvertrag mit der A-Versicherung; als bezugsberechtigt gibt er seine Ehefrau an.

– einseitig: wenn im Versicherungsvertrag ein entsprechender Vorbehalt getroffen ist, kann der Versicherungsnehmer durch einseitige Erklärung, die der Versicherungsgesellschaft gegenüber abzugeben ist, einen Dritten als Begünstigten bezeichnen. Möglich wäre diese Bezeichnung an sich auch durch Testament, doch ist dies idR durch § 13 Abs. 4 ALB ausgeschlossen (BGH VersR 1981, 926). Die bloße Erklärung des Versicherungsnehmers gegenüber einer Person, sie sei bezugsberechtigt, genügt jedenfalls nicht.

Ist eine solche Bezugsberechtigung einer dritten Person vorhanden, liegt ein Vertrag zugunsten Dritter (§§ 328, 331 BGB) vor. Der Bezugsberechtigte erwirbt das Recht auf die Versicherungssumme erst mit dem Eintritt des Todesfalles; die Versicherungssumme fällt nicht in den Nachlaß (steht also nicht den Erben zu), sondern unmittelbar an den Begünstigten.

Der Bezugsberechtigte erwirbt ein unwiderrufliches Recht auf die Versicherungssumme, wenn die Versicherungsgesellschaft den dahin gehenden Antrag des Versicherungsnehmers (VN) angenommen und ihm schriftlich bestätigt hat, daß der Widerruf ausgeschlossen ist (§ 13 Abs. 2 ALB). Die Einräumung und der Widerruf eines widerruflichen Bezugsrechts ist der Gesellschaft gegenüber nur und erst dann wirksam, wenn sie der bisherige Verfügungsberechtigte (dh der VN) der Gesellschaft schriftlich angezeigt hat (§ 13 Abs. 4 ALB; BGH NJW 1975, 1360).

3. Entfallen der Leistungspflicht der Versicherung

Dem Versicherungsnehmer obliegen bei Vertragsschluß bestimmte Anzeigepflichten, damit die Gesellschaft ihr Risiko richtig einschätzen kann; deshalb werden vom VN im Auftrag zahlreiche Angaben verlangt über körperliche Leiden, bisherige Krankheiten, Untersuchungen, Krankenhausaufenthalte, behandelnde Ärzte usw. Manchmal führt die Versicherungsgesellschaft eine Rückfrage beim Arzt durch, bevor sie den Antrag annimmt. Ist der Todesfall eingetreten, verlangt die Versicherung ein ausführliches ärztliches oder amtliches Zeugnis über die Todesursache sowie über Beginn und Verlauf der Krankheit, die zum Tode des Versicherten geführt hat (§ 9 ALB). Die Gesellschaft kann weitere Nachweise verlangen sowie selbst erforderliche Erhebungen anstellen (§ 10 ALB), sie wird also uU eine Stellungnahme des behandelnden Arztes und ein Sachverständigengutachten einholen.

Kommt die Gesellschaft zur Auffassung, daß die Gesundheits-
angaben bei Vertragsschluß unrichtig waren und daß sie bei richtigen Angaben nicht zu jenen Bedingungen abgeschlossen hätte,
hat sie zwei Möglichkeiten:
- Sie kann vom Versicherungsvertrag zurücktreten (§§ 16ff, 163
  VVG; 6 ALB). Dafür gibt es Fristen: nach § 163 VVG ist kein
  Rücktritt mehr möglich, wenn seit dem Vertragsschluß 10 Jahre verstrichen sind; nach § 6 ALB ist ein Rücktritt nur während
  der ersten beiden Jahre ab dem Todesfall zulässig.
- Sie kann den Vertrag wegen arglistiger Täuschung anfechten
  (§ 123 BGB). Frist: 1 Jahr ab Entdeckung der Täuschung, längstens 30 Jahre seit Vertragsschluß (§ 124 BGB).

Folge ist jeweils, daß der Versicherungsvertrag aufgehoben
wird bzw nichtig ist; die Gesellschaft zahlt die Versicherungssumme nicht, wohl aber uU einen Teil der entrichteten Prämien.
Wenn die Erben bzw der Begünstigte sich der Meinung der Versicherungsgesellschaft nicht anschließen, müssen sie gegen die Gesellschaft fristgerecht vor dem Zivilgericht (Landgericht, Amtsgericht je nach Streitwert) auf Zahlung der Versicherungssumme
klagen.

Beispiel: Der 40jährige VN hat im Lebensversicherungs-Antrag angegeben, nur an Hüftschmerzen zu leiden; er steht aber seit Jahren wegen
schwerer Herzbeschwerden in ärztlicher Behandlung, was nicht angegeben wurde. VN stirbt 5 Jahre später an einem Herzinfarkt. Die Versicherung wird zu Recht die Zahlung der Versicherungssumme ablehnen.
Stirbt VN dagegen aufgrund eines Verkehrsunfalls, muß die Gesellschaft
zahlen.

Der BGH hat es den Versicherungen erschwert, sich der Leistungspflicht zu entziehen: der Versicherer darf nämlich kein An-
fechtungs- oder Rücktrittsrecht aus solchen Tatsachen herleiten,
die er vor Vertragsschluß aufgrund einer gebotenen *Rückfrage*
hätte erfahren können (BGH NJW 1992, 1506); die Rückfrage ist
geboten, wenn die Antworten des VN auf die Gesundheitsfragen
im Versicherungsantrag ungenügend oder widersprüchlich waren.

4. Selbstmord

Bei einer Versicherung für den Todesfall ist die Versicherungsgesellschaft von der Verpflichtung zur Leistung frei, wenn die versicherte Person Selbstmord begangen hat. Die Verpflichtung der Gesellschaft bleibt aber bestehen, „wenn die Tat in einem die freie Willenbestimmung ausschließenden Zustand krankhafter Störung der Geistestätigkeit begangen worden ist" (§ 169 VVG, § 180a VVG zur Unfallversicherung). Echte Geisteskrankheit ist nicht erforderlich; Bewußtseinsstörung zur Tatzeit genügt. Bei Taten Betrunkener kann sie infolge des Alkoholeinflusses bestehen; 2,38 Promille BAK genügen aber noch nicht (OLG Hamburg VersR 1986, 378).

Das Vertragsrecht (§ 8 ALB 1982) erweitert die Leistungspflicht der Versicherungsgesellschaften dahin, daß die Versicherungssumme auch bezahlt wird, „wenn beim Ableben seit Beginn des Versicherungsschutzes zwei Jahre verstrichen sind"; in älteren Bedingungen mancher Versicherungsgesellschaften sind (statt zwei) noch 3 oder 5 Jahre genannt. Zur Beweislast regelt § 8 ALB, daß die Geschäftsunfähigkeit im Augenblick der Selbsttötung „nachzuweisen" sei. Der BGH (NJW 1987, 1944) hat dazu entschieden, daß die Selbsttötung von der Versicherungsgesellschaft zu beweisen ist und daß kein Anscheinsbeweis für das Vorliegen eines Selbsttötungsvorsatzes spricht.

Wird zB der VN tot neben seiner Pistole liegend aufgefunden, kann er sich vorsätzlich getötet haben, aber auch durch einen Unfall beim Hantieren mit der Pistole unbeabsichtigt ums Leben gekommen sein. Die Versicherung muß den Selbstmord beweisen (BGH NJW-RR 1992, 982).

5. Ansprüche der Pflichtteilsberechtigten usw

Fließt die Versicherungssumme an einen Bezugsberechtigten, wird der Nachlaß ausgehöhlt. Der Erblasser hat dadurch dem Bezugsberechtigten eine Schenkung gemacht, auf die Pflichtteilsberechtigte, Vertragserben und Gläubiger in gewissem Umfang Zugriff nehmen können (§§ 2325, 2329; 2287 BGB; § 3 AnfG; § 32 KO). Als unentgeltliche Zuwendung gilt dabei aber nur die Summe der gezahlten Versicherungsprämien (BGH FamRZ 1976,

616; Soergel/Dieckmann § 2325 Rz 22; hM), nicht etwa die Versicherungssumme.

6. Steuern

Der Erwerb der Versicherungssumme durch die Erben oder durch den Bezugsberechtigten unterliegt der Erbschaftsteuer, § 3 Abs. 1 Nr. 3 und 4 ErbStG.

XXVII. Fortgeltung von Vollmachten

1. Gewöhnliche Vollmacht

Vollmachten werden oft für Bankgeschäfte oder im Geschäftsleben erteilt. Ob eine vom Verstorbenen zu Lebzeiten erteilte Vollmacht mit seinem Tod erlischt, richtet sich in erster Linie nach dem Inhalt der Vollmacht; sie kann zB befristet oder unter einer auflösenden Bedingung (dem Tod) erteilt werden oder nur für bestimmte Geschäfte. Enthält die Vollmacht selbst keine Regelung, erlischt sie nur dann, wenn das ihr zugrunde liegende Grundverhältnis (meist Geschäftsbesorgung; Auftrag) erlischt (§ 168 Satz 1 BGB). Der Tod des Vollmachtgebers führt danach in der Regel nicht zum Erlöschen der Vollmacht (§ 672 BGB). Nach dem Tod vertritt der Bevollmächtigte die Erben, jedoch beschränkt auf den Nachlaß (BGH FamRZ 1983, 477). Der Bevollmächtigte braucht keine Weisungen der Erben abzuwarten, er darf aber die Vollmacht nicht mißbrauchen (BGH NJW 1969, 1245).

2. Postmortale Vollmacht

Eine Vollmacht kann noch nach dem Tod wirken (so ist es in der Regel bei Bankvollmachten); sie kann auch von vornherein „für den Todesfall" erteilt werden, so daß sie erst mit dem Erbfall zur Entstehung gelangt (sog. postmortale Vollmacht). Dies kann durch Erklärung gegenüber dem Bevollmächtigten geschehen (Innenvollmacht) oder gegenüber dem Dritten, dem gegenüber die Vertretung stattfinden soll (Außenvollmacht); in beiden Fällen ist sie empfangsbedürftig. Deshalb kann der Erblasser auch erst in seinem Testament eine postmortale Vollmacht erteilen; die Erklärung muß aber nach dem Tod dem Bevollmächtigten oder Dritten zugehen (§ 130 II BGB; Palandt/Edenhofer Rz 17 vor § 2197 BGB).

3. Bevollmächtigter

Bevollmächtigt kann auch ein Erbe oder der Testamentsvollstrecker werden. Der bevollmächtigte Erbe braucht dann uU keinen Erbschein, kann sofort auf Bankguthaben zugreifen. Ein Testamentsvollstrecker, der aufgrund Vollmacht handelt, unterliegt nicht den Beschränkungen eines TV (zB Verbot unentgeltlicher Verfügungen, § 2205 BGB), sondern nur den Schranken der Vollmacht.

4. Umfang der Vollmacht

Er richtet sich nach der Vollmacht, also in der Regel nach deren Text. Innerhalb der ihm eingeräumten Vertretungsmacht kann der Bevollmächtigte über Nachlaßgegenstände verfügen, auch unentgeltlich (soweit darin nicht ein Mißbrauch der Vollmacht liegt), auch Geschäfte mit sich schließen (falls ihm das in der Vollmacht gestattet ist). Er braucht keinen Erbschein und auch keine Genehmigung des Vormundschaftsgerichts. Hebt der Bevollmächtigte nach dem Tod das Bankguthaben des Verstorbenen aufgrund der Vollmacht ab, muß er allerdings das Geld an die Erben herausgeben (§ 812 BGB; ungerechtfertigte Bereicherung), wenn er keinen Rechtsgrund zum Behalten hat (zB Begleichung einer Schuld).

5. Widerruf der Vollmacht

Der Erbe kann die Vollmacht jederzeit widerrufen, sofern sich nicht aus dem der Vollmacht zugrunde liegenden Rechtsverhältnis etwas anderes ergibt (§ 168 Satz 2 BGB). Er erbt gewissermaßen das Widerrufsrecht des Verstorbenen. Zeitlich ist der Widerruf sofort mit dem Erbfall möglich; Probleme können auftauchen, wenn der Dritte (zB die Bank) einen Erbschein verlangt zum Nachweis dafür, daß der Widerrufende tatsächlich Erbe ist.

Der Widerruf kann durch ausdrücklichen Vertrag zwischen dem Vollmachtgeber und dem Bevollmächtigten ausgeschlossen sein, nicht aber durch eine einseitige Erklärung des Vollmachtgebers (RGZ 109, 333). Das Widerrufsrecht kann auch durch stillschweigende Vereinbarung ausgeschlossen sein, so wenn die Vollmacht im Interesse des Bevollmächtigten erteilt wurde (BGH NJW-RR 1991, 441). Bei Generalvollmachten und Vollmachten im ausschließlichen Interesse des Vollmachtgebers ist der Ausschluß des Widerrufsrechts wegen Sittenwidrigkeit (Knebelung der Erben) unwirksam (BGH DNotZ 1972, 229). Bei wirksamen Ausschluß des Widerrufsrechts ist gleichwohl ein Widerruf aus wichtigem Grund möglich.

Jeder Miterbe kann die Vollmacht für sich widerrufen (BGH NJW 1975, 382), das Vertretungsrecht hinsichtlich der übrigen Miterben wird dadurch nicht berührt. Auch der Testamentsvollstrecker und der Nachlaßverwalter können die Vollmacht im Rahmen ihrer Befugnisse und der Widerruflichkeit widerrufen (KG OLGZ 1971, 161).

Den Erben ist zu raten, sogleich gegenüber der Bank des Erblassers Vollmachten des Verstorbenen zu widerrufen. Dann hat jedenfalls die Bank das Problem, die Wirksamkeit einer eventuell vereinbarten Unwiderruflichkeit selbst zu beurteilen und wird deshalb nicht ohne weiteres an den Bevollmächtigten auszuzahlen.

XXVIII. Der Schutz von Persönlichkeit und Geheimsphäre des Verstorbenen

1. Postmortales Persönlichkeitsrecht

Die Rechtsprechung vertritt die Auffassung, das Allgemeine Persönlichkeitsrecht eines Menschen erlösche nicht mit seinem Tod, sondern bestehe wegen Art. 1 Abs. 1 GG als postmortales Persönlichkeitsrecht fort (BGH NJW 1968, 1773 „Mephisto"); eine gesetzliche Regelung fehlt. Der Schutz greift ein, wenn das Lebensbild grob entstellt wird, zB weil jemand wahrheitswidrig als Straftäter bezeichnet wird, wenn er als Denunziant hingestellt wird, wenn ein Anderer Bilder mit seiner Namenssignatur herstellt. Im Laufe der Zeit wird dieser Schutz immer schwächer, aber auch 30 Jahre nach dem Tod kann er noch bestehen (BGH NJW 1990, 1986 „Emil Nolde"). Das Recht, den Schutz wahrzunehmen, haben die Angehörigen (Witwe, Kinder); sie können auf Unterlassung von Behauptungen und entstellenden Veröffentlichungen klagen.

2. Recht am Schaffen und am Bild

Die Rechte der Urheber von Werken der Literatur, Wissenschaft und Kunst erlöschen erst 70 Jahre nach dem Tod des Urhebers (§ 64 Abs. 1 UrhG); bis dahin können die Erben des Urheberrechts die Veröffentlichung verhindern und erhalten bei Veröffentlichung Honorare, soweit nicht im Verlagsvertrag mit dem Verleger andere Vereinbaren getroffen wurden.

Photos und sonstige „Bildnisse" einer Person dürfen nur mit Einwilligung des Abgebildeten verbreitet oder öffentlich zur Schau gestellt werden; nach dem Tode des Abgebildeten bedarf es bis zum Ablauf von 10 Jahren der Einwilligung der Angehörigen (Ehegatte und Kinder, hilfsweise Eltern) des Abgebildeten (§ 22 KunstUrhG).

Ohne Einwilligung dürfen Photos und sonstige Bildnisse von Personen der Zeitgeschichte, Photos, auf denen Personen nur

Beiwerk von Landschaften, Versammlungen usw sind, Photos, deren Verbreitung einem „höheren Interesse der Kunst" dient, verbreitet und zur Schau gestellt werden; diese Veröffentlichungsbefugnis erstreckt sich aber nicht auf eine Verbreitung, durch die ein berechtigtes Interesse der Angehörigen der verstorbenen abgebildeten Person verletzt wird (§ 23 Abs. 2 Kunst-UrhG).

3. Geheimsphäre des Verstorbenen

a) Einsicht in Krankenpapiere des Verstorbenen

Die Einsicht in Krankenunterlagen ist wichtig in drei Fallgruppen:
- der behandelnde Arzt soll sich zur Testierfähigkeit des Erblassers äußern;
- die unterhaltsberechtigten Angehörigen wollen wegen Fehlbehandlung des Verstorbenen vom Arzt Schadensersatz verlangen (vgl. S. 182);
- die Angehörigen wollen wissen, woran der Patient litt und woran er gestorben ist (zur Vervollständigung der eigenen Krankengeschichte).

Wer sich in ärztlicher Behandlung befindet, hat aus dem Behandlungsvertrag einen Nebenanspruch auf Einsicht in die Krankenunterlagen, zumindest in die objektiven Feststellungen und Behandlungsdaten (BGHZ 85, 327). Dieser Anspruch ist nur teilweise vermögensbezogen und damit vererblich: nämlich nur dort, wo er wirtschaftlichen Belangen dient. Ihm steht die ärztliche Schweigepflicht entgegen; der Arzt kann sich darauf berufen (vgl BGH NJW 1983, 2627) und daher die Einsicht verweigern.

b) Schweigepflichten

aa) Allgemein. Ärzte, Apotheker, Berufspsychologen, Rechtsanwälte, Notare, Steuerberater, Bankbedienstete und ähnliche Berufe haben aus Gesetz oder Vertrag Schweigepflichten bezüglich der ihnen anvertrauten Geheimnisse (vgl § 203 StGB; § 383 Abs. 1 Nr. 6 ZPO). Hiervon kann sie der Geschützte entbinden (vgl § 385 Abs. 2 ZPO). Mit dem Tod des Geschützten erlischt die Schweigepflicht nicht automatisch; vielmehr ist nun zu unterscheiden: die Tatsachen können so sein, daß es dem *mutmaßlichen Willen des Verstorbenen* entspricht, sie zu äußern (dann kann und muß der Geheimnisträger sich äußern); möglicherweise wollte der Verstorbene aber das „Geheimnis" mit sich ins Grab nehmen (dann fragt sich, ob es die Angehörigen/Erben in Erfahrung bringen dürfen).

Rein vermögensbezogene Schweigepflichten von Banken (BGH NJW 1989, 1601), Notaren (OLG Köln OLGZ 1982, 4), Steuerberatern (BayObLG NJW-RR 1991, 6), Rechtsanwälten (BayObLG NJW 1966, 1664), Finanzämtern wirken nicht gegenüber dem Erben, er erbt das Entbindungsrecht und kann unbeschränkt Auskunft, Einsicht und Rechnungslegung verlangen. Soll die Verschwiegenheitspflicht das Persönlichkeitsrecht schützen, in Fällen also, in denen der Verstorbene seine Angehörigen vermutlich nicht eingeweiht wissen wollte (zB bei Abfindung eines verschwiegenen nichtehelichen Kindes), wirkt dagegen die Schweigepflicht fort.

bb) Bei Ärzten. Die Schweigepflicht des Arztes besteht auch gegenüber den Angehörigen des Patienten. Hiervon kann ihn der Patient entbinden. Problematisch (und umstritten) ist, wann eine mutmaßliche Einwilligung des Verstorbenen anzunehmen ist beziehungsweise inwieweit das Recht auf Entbindung von der Schweigepflicht höchstpersönlich ist oder vererbt wird oder auf Dritte übergeht.

Wenn die Schweigepflicht das Persönlichkeitsrecht des Verstorbenen, also seine Intimsphäre, schützen soll, hat sie auch gegenüber den Erben oder nahen Angehörigen grundsätzlich Bestand. Die Erben müssen darlegen, weshalb sie eine mutmaßliche Einwilligung des Verstorbenen annehmen. Der Arzt hat Einsicht in die Krankenunterlagen zu gewähren und Auskunft zu geben, wenn dies dem geäußerten oder mutmaßlichen Willen des Verstorbenen entspricht. Ist ein solcher Wille nicht erkennbar, muß der Arzt allgemein darlegen, aus welchen Gründen er sich an der Offenlegung gehindert sieht (BGHZ NJW 1983, 2627). Diese Rechtsprechung, die es letztlich dem Arzt überläßt, ob er Auskunft gibt, ist bedenklich, weil er auf diese Weise verhindern kann, daß seine Fehlbehandlung erkannt wird (vgl Stein FamRZ 1986, 7).

Geht es dagegen um die Frage, ob der Patient zu einem bestimmten Zeitpunkt testierfähig war, wird sich der Arzt in der

Regel nicht auf seine Schweigepflicht berufen können; denn im allgemeinen besteht ein Interesse des Erblassers, Zweifel an seiner Testierfähigkeit auszuräumen (BGH NJW 1984, 2893), weshalb der Arzt Angaben machen muß.

cc) Strafrechtlicher Schutz. Das fremde Geheimnis darf auch nach dem Tod des Betroffenen nicht unbefugt offenbart werden (§ 203 Abs. 4 StGB); auf Strafantrag der Angehörigen wird eine Zuwiderhandlung strafrechtlich verfolgt (§ 205 Abs. 1 StGB).

4. Strafbarkeit der Verunglimpfung des Andenkens

Wer das Andenken eines Verstorbenen verunglimpft, also erhebliche die Pietät schwer verletzende Kränkungen vornimmt, wird mit Geld- oder Freiheitsstrafe bestraft (§ 189 StGB); die Angehörigen müssen in der Regel aber bei der Staatsanwaltschaft/Polizei rechtzeitig einen Strafantrag stellen (§ 194 Abs. 2 StGB). Wird der Täter verurteilt und ist die Verunglimpfung durch Verbreitung von Schriften begangen, darf das Urteil öffentlich bekannt gemacht werden (§ 200 StGB).

XXIX. Verfügungen des Erblassers zu Lebzeiten

1. Die Schenkung auf den Todesfall

Im Rahmen des Erbfalls sind drei Arten von Schenkungen zu unterscheiden:

a) Unbedingte, erst mit dem Erbfall fällige Schenkungen. Sie unterliegen dem Schenkungsrecht (§§ 516 ff BGB), dh der Schenkungsvertrag muß notariell beurkundet sein (§ 518 Abs. 1 BGB); wird der versprochene Gegenstand aber bewirkt (zB übergeben), ist der Formmangel geheilt (§ 518 Abs. 2 BGB). Ein Beschenkter mit postmortaler Vollmacht kann noch nach dem Tod des Schenkers den Vollzug durchführen (BGH 99, 99).

b) Nicht vollzogene Schenkung unter der Bedingung, daß der Beschenkte den Schenker (Erblasser) überlebt: hier müssen die Formvorschriften des Erbrechts gewahrt sein (§ 2301 Abs. 1 Satz 1 BGB), also die notarielle Form des Erbvertrags (§§ 2274 ff BGB), bei Ehegatten des gemeinschaftlichen Testaments; ein handschriftliches Schenkungsversprechen kann in ein Testament umgedeutet werden.

c) Vollzogene Schenkung unter der Bedingung, daß der Beschenkte den Schenker überlebt; hier ist die Form des Testaments/Erbvertrags nicht zu wahren (§ 2301 Abs. 2 BGB) und wegen des Vollzugs auch die notarielle Form des Schenkungsvertrags entbehrlich (§ 518 Abs. 2 BGB). Problematisch ist hier manchmal, ob die Schenkung schon vollzogen ist. Das ist zu bejahen, wenn die Rechtsfolgen des Verfügungsgeschäfts (Abtretung; Einigung/Übergabe) bereits zu Lebzeiten des Schenkers oder automatisch mit dem Tod des Schenkers eintreten. Es ist zu verneinen, wenn beim Tod des Schenkers noch kein Tatbestandsmerkmal des Erfüllungsgeschäfts begonnen hat (Soergel/Wolf § 2301 BGB Rz 21).

Häufig taucht das Problem bei Sparbüchern auf:

Vollzogen ist zB die Schenkung, wenn das Sparbuch zu Lebzeiten schenkungsweise übergeben wird (= Abtretung der Forderung gegen die Bank). Wer aus seinem Vermögen ein Sparbuch auf den Namen eines anderen anlegt, vollzieht damit die Schenkung nach §§ 518 Abs. 2, 2301

Abs. 2 BGB aber auch dann, wenn er sich den Besitz des Sparbuchs und die Verfügung über das Guthaben zu seinen Lebzeiten vorbehält (BGH ZEV 1994, 184). Nicht vollzogen ist eine Schenkung, wenn nur die Ermächtigung zur Ansichnahme nach dem Tod erteilt wird, zB wenn eine Vollmacht zur Abhebung eines beim Tod des Erblassers vorhandenen Bankguthabens erteilt wird, auch wenn sie der Bank mitgeteilt wird und das Sparbuch dem Beschenkten bereits übergeben wurde (BGH 87, 19; WM 1978, 896).

Die Beispiele zeigen, daß die Abgrenzung schwierig und teils umstritten ist.

2. Vertrag zugunsten Dritter auf den Todesfall

Beispiel: Der Bankkunde schließt mit seiner Bank einen Vertrag, wonach bei Ableben des Kunden bestimmte Guthaben außerhalb des Erbgangs unmittelbar auf den Enkel des Kunden übergehen.

Bei diesem Vertrag zugunsten Dritter ist das Rechtsverhältnis zwischen der Bank und dem Kunden vom Rechtsverhältnis zwischen dem Kunden und dem Begünstigten (Enkel) zu unterscheiden.

Der Begünstigte hat aus dem Vertrag einen unmittelbaren Anspruch gegen den Gläubiger (Bank), §§ 331, 328 BGB; dieser Forderungserwerb des Begünstigten (Enkel) ist zu Lebzeiten des Erblassers vollzogen (§§ 2301 Abs. 2, 518 Abs. 2 BGB). Der Vertrag zwischen dem Kunden und der Bank ist wirksam, auch wenn der Begünstigte zu Lebzeiten nichts davon erfährt.

Im Verhältnis zwischen dem Erblasser und dem Begünstigten liegt im Beispiel eine Schenkung vor; sie hat aber nur Bestand, wenn ein Schenkungsvertrag zustande gekommen ist. Das kann auf verschiedene Weise der Fall sein:

– Schenkungsvertrag zu Lebzeiten, wenn das Schenkungsangebot des Erblassers dem Begünstigten zugeht und dieser es zB stillschweigend annimmt (wenn also der Bankkunde seinen Enkel zu Lebzeiten vom Vertrag verständigt); oder

– Schenkungsvertrag nach dem Tode, wenn die Bank (als Botin des Verstorbenen) den Enkel verständigt und dieser das Schenkungsangebot zumindest stillschweigend annimmt.

In diesem Fall kann aber der Erbe das Schenkungsangebot gleichzeitig widerrufen (§ 130 Abs. 1 Satz 2 BGB); er kann auch die Bank anweisen, den Begünstigten nicht zu informieren, so daß der Schenkungsvertrag nie zustande kommt. Dies ist zB möglich, wenn die Erben im Nachlaß des Verstorbenen den entsprechenden Bank-Vertrag finden, von dem der Begünstigte, (für den die Schenkung eine Überraschung sein sollte) nichts weiß, vorausgesetzt, die Bank ist noch nicht tätig geworden. Sind mehrere Erben vorhanden, müssen sie gemeinsam widerrufen. Zahlt die Bank trotz Fehlens eines wirksamen Schenkungsvertrages an den Begünstigten aus, können die Erben vom Begünstigten Rückzahlung verlangen (§ 812 BGB; BGH NJW 1975, 382; Soergel/ Wolf § 2301 Rz 24). Der Kunde kann sein eigenes Widerrufsrecht (und damit auch das seiner Erben) ausschließen.

Solche Verträge zugunsten Dritter kommen vor: über Bankguthaben (die Banken und Sparkassen halten entsprechende Vordrucke bereit, zum Nachweis des Todes genügt die Sterbeurkunde); bei Wertpapierdepots (BGH 41, 95); Lebensversicherungen (S. 135); Bausparvertrag mit Drittbegünstigungsklausel (BGH NJW 1965, 1913); bei Eröffnung eines Sparbuchs auf den Namen eines Dritten (BGH 46, 198; BGH ZEV 1994, 184). Diese Verträge bedürfen nicht unbedingt der Schriftform; bei mündlichen Verträgen wird freilich oft die Ernstlichkeit bedenklich sein. Mündliche Erklärungen von Sparkassenangestellten können nach der landesrechtlichen SparkassenVO formnichtig sein (BGH WM 1978, 895).

3. Rechte von Pflichtteilsberechtigten, Vertragserben

Ist die Schenkung wirksam, sind die Pflichtteilsberechtigten auf den Pflichtteilsergänzungsanspruch (§ 2325 BGB; vgl. S. 95) angewiesen, der nach einem Erbvertrag als Erbe eingesetzte auf den Herausgabeanspruch (§ 2287 BGB), der Nachlaßgläubiger auf die Anfechtung (§ 3 AnfG; § 32 KO).

Der Beschenkte muß uU Schenkungsteuer bezahlen (§§ 1 I Nr. 2, 7, 9 I, 10 II, 14 ErbStG).

XXX. Prozesse und Zwangsvollstreckung

1. Zivilprozeß des Verstorbenen

Stirbt während eines Zivilprozesses der Kläger oder der Beklagte, tritt ein Parteiwechsel ein; an die Stelle des Verstorbenen rückt der Erbe (vgl §§ 1922, 1967 BGB). Die vom Erblasser erteilte Prozeßvollmacht erlischt nicht automatisch (§ 86 ZPO), der Erbe kann aber natürlich dem Anwalt das Mandat entziehen und den Anwaltsvertrag kündigen (§§ 675, 672, 671 BGB). War der Verstorbene im Prozeß durch einen Rechtsanwalt vertreten, wird zwar der Prozeß durch den Tod nicht unterbrochen (§ 246 ZPO), auf Antrag ordnet aber das Gericht die Aussetzung des Verfahrens an (§ 246 ZPO). War der Verstorbene nicht anwaltlich vertreten, wird der Prozeß unterbrochen (§ 239 ZPO). In beiden Fällen tritt also ein Stillstand ein. Der Erbe kann den Prozeß aufnehmen. Verzögert er die Aufnahme, wird ein Termin bestimmt; erscheint der Erbe nicht, wird die Rechtsnachfolge als zugestanden angesehen und es kann ein Versäumnisurteil gegen den Erben ergehen. Eine dem Erben bewilligte Prozeßkostenhilfe geht nicht auf den Erben über; ist der Erbe selbst „arm", kann ihm auf Antrag Prozeßkostenhilfe (§ 114 ZPO) neu bewilligt werden.

Stirbt ein Ehegatte während des Scheidungsverfahrens, erledigt sich das Verfahren (§ 619 ZPO); das Gericht entscheidet in der Regel, daß die Kosten gegeneinander aufzuheben sind (§ 93 a ZPO), also die Kosten des Verstorbenen von dessen Erben zu tragen sind.

2. Zwangsvollstreckung gegen den Verstorbenen

Liegt die vollstreckbare Ausfertigung eines Zivilurteils vor und stirbt der siegende Kläger anschließend, erbt der Erbe die Forderung (§ 1922 BGB). Ein neuer Prozeß entfällt, die Vollstreckungsklausel kann auf den Erben umgeschrieben werden (§ 727 ZPO; Nachweis der Erbfolge durch Erbschein), so daß der Erbe nun vollstrecken kann.

Eine Zwangsvollstreckung, die zur Zeit des Todes des Schuldners gegen ihn bereits begonnen hatte, wird ohne weiteres in den Nachlaß fortgesetzt (§ 779 ZPO). Im übrigen werden bis zur Annahme der Erbschaft Eigenvermögen und Nachlaß als getrennte Vermögensmassen behandelt; wegen eines Anspruchs gegen den Nachlaß kann daher zunächst nur in den Nachlaß vollstreckt werden (§ 778 ZPO).

3. Strafverfahren gegen den Verstorbenen

Ein staatsanwaltschaftliches Ermittlungsverfahren gegen den Verstorbenen wird mit dem Tod von der Staatsanwaltschaft eingestellt (entspr. § 170 Abs. 2 StPO). Der Verteidigerauftrag erlischt damit (BayObLG JR 1962, 226; str). Rückständiges Verteidigerhonorar ist Nachlaßschuld.

Hatte das Gericht das Hauptverfahren bereits eröffnet, wird das Verfahren mit dem Tod durch Beschluß des Gerichts eingestellt (§ 206 a StPO; Kleinknecht/Meyer § 206 a StPO Rz 8; nach aA endet das Verfahren von selbst). Zugleich sind die (Gerichts-) Kosten des Verfahrens der Staatskasse aufzuerlegen (§ 467 Abs. 1 StPO); ob angeordnet werden kann, daß die Auslagen des Angeklagten (zB das Verteidigerhonorar) den Erben des Verstorbenen zu erstatten sind oder ob diese Auslagen letztlich immer von den Erben zu tragen sind (dafür BGH NJW 1987, 661) ist umstritten. Stirbt der Verurteilte vor Rechtskraft des Urteils, haftet sein Nachlaß nicht für die Kosten (§ 465 Abs. 3 StPO). Bei Tod nach Rechtskraft haftet der Nachlaß.

XXXI. Die Erbengemeinschaft

1. Die Erbengemeinschaft als Gesamthand

Sind mehrere (gesetzliche oder testamentarische) Erben vorhanden, wird der Nachlaß mit dem Erbfall gemeinschaftliches Vermögen der Erben (§ 2032 BGB). Die Miterbengemeinschaft ist eine sog. Gesamthandsgemeinschaft, nicht eine Miteigentümergemeinschaft (Bruchteilsgemeinschaft, §§ 741 ff BGB). Die Erbengemeinschaft ist selbst keine juristische Person, nicht selbst parteifähig; klagen und verklagt werden müssen die einzelnen Miterben. Im Grundbuch werden die einzelnen Miterben mit dem Zusatz „in Erbengemeinschaft" eingetragen (§ 47 GBO).

2. Das Vorkaufsrecht der Miterben

Ein Miterbe kann seinen Erbanteil ganz oder teilweise (in notariell beurkundeter Form) an einen Dritten (oder einen anderen Miterben) veräußern (§ 2033 BGB). Wird der Erbanteil verkauft (§ 2371 BGB), haben die anderen Miterben (innerhalb einer Ausübungsfrist von zwei Monaten) ein Vorkaufsrecht (§ 2034 BGB), um das Eindringen unerwünschter Personen in die Erbengemeinschaft verhindern zu können. Vorkaufsberechtigt sind die übrigen Miterben als Gesamthänder; ein einzelner Miterbe kann das Vorkaufsrecht nur dann für sich allein ausüben, wenn die übrigen Miterben verzichten (§ 513 S. 2 BGB; BGH NJW 1982, 330). Wird der Erbanteil verschenkt oder vertauscht, entsteht das Vorkaufsrecht nicht; anders ist es bei Umgehungsgeschäften, zB einem fingierten Tausch mit Aufzahlung (vgl BGH 23, 293).

3. Die Verwaltung des Nachlasses

In der Zeit bis zur Auflösung der Erbengemeinschaft wird der Nachlaß vom Testamentsvollstrecker verwaltet (§ 2205 BGB); ist keiner bestellt, verwalten die Miterben den Nachlaß.

a) Verwaltungsentscheidungen

Zunächst geht es um die Frage, wie unter den Miterben die Willensbildung erfolgt (sog. Innenverhältnis). Die Erben können untereinander ausdrücklich oder stillschweigend eine Verwaltungsvereinbarung treffen, zB einen Miterben als Geschäftsführer bestellen, was insbesondere bei einem Handelsgeschäft zweckmäßig ist. Ist dies nicht geschehen, gilt die gesetzliche Regelung; danach ist zwischen verschiedenen Verwaltungstätigkeiten zu unterscheiden:

aa) Laufende Verwaltungsmaßnahmen (sog. ordnungsmäßige Verwaltung): dies sind zB bei einem geerbten Mietshaus die Durchführung von (auch größeren) Reparaturen, Vermietung von Wohnungen, Kündigung eines Miet- oder Pachtvertrags durch Vermietererben (BGH LM § 2038 Nr. 1; str), Mieterhöhungen, Verwaltung eines Unternehmens, Anlage von Geldern, Ausübung von Aktien-Bezugsrechten. Hier genügt ein Beschluß der *Mehrheit der Miterben* (§§ 2038 Abs. 2 S. 1, 745 BGB); die Stimmen richten sich nach der Größe der Erbteile (§ 745 Abs. 1 S. 2 BGB). Bei Stimmengleichheit muß auf Mitwirkung bei den erforderlichen Maßnahmen geklagt werden. Die überstimmten Miterben können sich wehren, indem sie die Auseinandersetzung verlangen.

bb) Außerordentliche Verwaltung: darunter fallen außergewöhnliche Vorgänge mit erheblicher wirtschaftlicher Bedeutung, zB die Umwandlung des geerbten Schuhgeschäfts in ein Gasthaus. Hier ist *Einstimmigkeit* der Erbengemeinschaft erforderlich, § 2038 Abs. 1 S. 1 BGB.

cc) Notverwaltungsmaßnahmen: dabei handelt es sich um Dringlichkeitsfälle im Rahmen der ordnungsmäßigen Verwaltung, zB Abstützungsmaßnahmen bei drohendem Einsturz, wenn die übrigen Miterben nicht mehr gefragt werden können; Einlegen von Rechtsbehelfen. Hier kann jeder Miterbe *allein* entscheiden (§ 2038 Abs. 1 BGB).

dd) Abrechnung. Ist eine Maßnahme beschlossen, kann der Beauftragte von den Miterben einen Vorschuß fordern (§ 669 BGB), nachträglich Ersatz der Aufwendungen (§ 670 BGB). Kosten und Lasten der Verwaltung werden nach dem Verhältnis der Erbteile verteilt (§§ 2038 Abs. 2, 748 BGB). Die Erträge werden ebenfalls nach dieser Relation verteilt, grundsätzlich aber erst bei

der Auseinandersetzung (§ 2038 Abs. 2 S. 2 BGB); zwischenzeit-
liche Abschlagszahlungen sind nur zulässig, wenn alle Miterben
damit einverstanden sind, die Mehrheit genügt hier nicht (RG 81,
243). Hat der Erblasser die Auseinandersetzung ausgeschlossen,
kann jeder Miterbe am Jahresschluß die Aufteilung und Auszahlung des Reinertrags verlangen (§ 2038 Abs. 2 S. 2 BGB).

b) Auskunftspflichten

Da alle Miterben grundsätzlich den Nachlaß gemeinsam verwalten, hat jeder Einblick in die Unterlagen. Eine allgemeine
Auskunftspflicht der Miterben untereinander über den Nachlaß
ist im Gesetz nicht enthalten (vgl. S. 87); sie kann sich im Einzelfall aus Treu und Glauben ergeben. Haben die Miterben einen
Miterben beauftragt, für sie die Geschäfte zu führen, ist er verpflichtet, über den Stand des Geschäfts Auskunft zu erteilen und
Rechenschaft abzulegen (§ 666 BGB).

c) Außenverhältnis

Haben die Miterben mit Mehrheit einen Verwaltungsbeschluß
getroffen, wirkt bei Maßnahmen der (ordnungsgemäßen) laufenden Verwaltung dies auch im Außenverhältnis (BGH 56, 47);
wurde also mit 3:2 beschlossen, eine Wohnung im geerbten
Mietshaus an die Mieterin M zu vermieten, genügen die Unterschriften der Erbenmehrheit oder eines von ihnen beauftragten
Miterben unter dem Mietvertrag der Erbengemeinschaft mit M,
die überstimmten Erben müssen nicht auf Unterschriftsleistung
verklagt werden.

d) Forderungen

Gehört ein Anspruch zum Nachlaß, kann der Schuldner nur an
alle Erben gemeinschaftlich leisten (§ 2039 S. 1 BGB). Jeder Miterbe kann aber allein vom Schuldner Zahlung verlangen (und
notfalls einklagen), aber nur auf Leistung an die Erbengemeinschaft.

e) Verfügungen

Ein Miterbe allein kann weder über einzelne Nachlaßgegenstände, noch über seinen Erbanteil am Einzelstück verfügen (§§ 2033 Abs. 2, 2040 Abs. 1 BGB); gehört also ein Klavier zum Nachlaß, kann ein Miterbe weder das ganze Klavier veräußern noch seinen 1/3-Anteil daran. Über Nachlaßgegenstände können die Miterben nur gemeinschaftlich „verfügen" (§ 2040 Abs. 1 BGB), also nicht nur mit Mehrheit; die übrigen Miterben müssen sie zumindest nachträglich genehmigen. Verfügungen sind zB Übereignung eines Nachlaßgegenstandes, Anfechtung oder Rücktritt von einem Vertrag. Die Kündigung eines Mietvertrages durch die Mietererben wird ebenfalls als Verfügung aufgefaßt (Palandt/Edenhofer § 2038 BGB Rz 5).

4. Die Auseinandersetzung

a) Der Anspruch auf Auseinandersetzung

Jeder Miterbe kann jederzeit die Auseinandersetzung verlangen (§ 2042 Abs. 1 BGB); Ausnahmen gelten, wenn Testamentsvollstreckung angeordnet ist, wenn der Erblasser die Auseinandersetzung ausgeschlossen hat (§ 2044 BGB; vgl. S. 112) oder wenn die Erbquoten noch unbestimmt sind (§ 2043 BGB) oder ein Gläubigeraufgebot noch nicht abgeschlossen ist (§ 2045 BGB) oder Rechtsmißbrauch vorläge (zB weil der überlebende Ehegatte dann das Eigenheim verlieren würde). Der Auseinandersetzungsanspruch verjährt nicht.

Eine Teilauseinandersetzung (zB nur der Bankguthaben, nicht der Grundstücke) kann – außer aus besonderen Gründen, BGH LM § 2042 Nr. 4 – nicht verlangt werden, aber natürlich bei Einverständnis aller Miterben erfolgen. Hat der Erblasser die Auseinandersetzung ganz (also maximal 30 Jahre, § 2044 Abs. 2 BGB) oder nur für eine bestimmte Zeit oder nur bezüglich bestimmter Nachlaßgegenstände (zB Unternehmen, Haus) ausgeschlossen, kann ein Miterbe sie gleichwohl verlangen, wenn ein wichtiger Grund vorliegt (§ 749 Abs. 2 BGB), zB weil die Erben so verfeindet sind, daß der Nachlaß nicht mehr verwaltbar ist, auch nicht durch Einschaltung eines Dritten; oder wenn ein Miterbe auf das ihm zustehende Geld dringend angewiesen ist.

b) Verfahren

Es gibt verschiedene Möglichkeiten:

aa) Vereinbarung aller Miterben. Die Miterben können, wenn sie sich einig sind, den Nachlaß nach Gutdünken auseinandersetzen; auch Teilungsanordnungen und Auseinandersetzungsverbote des Erblassers können sie bei allseitigen Einverständnis übergehen (vgl. S. 112). Sind unter den Miterben minderjährige Kinder, bedarf der Auseinandersetzungsvertrag in einigen Fällen (zB bei Grundstücken) der Genehmigung des Vormundschaftsgerichts (§§ 1643, 1821, 1822 BGB). Sind in der Erbengemeinschaft minderjährige Kinder und gleichzeitig deren Eltern (zB wenn der Ehemann von der Witwe und den Kindern beerbt wurde), müssen vom Vormundschaftsgericht für die Kinder Ergänzungspfleger bestellt werden (§§ 1909, 181 BGB). Ein Ehegatte bedarf der Zustimmung des anderen Ehegatten (§ 1365 BGB), wenn der Erbteil sein wesentliches Vermögen darstellt. Die Übertragung einer Eigentumswohnung kann der Zustimmung anderer Wohnungseigentümer bedürfen (§ 12 WEG; BayObLG MDR 1982, 496). Sind land- oder forstwirtschaftliche Grundstücke von der Auseinandersetzung betroffen, kann eine Genehmigung nach § 2 GrdstVG erforderlich sein. Der Auseinandersetzungsvertrag bedarf ferner des Vollzugs, zB durch Auflassung eines Grundstücks in notarieller Urkunde und Eintragung im Grundbuch.

bb) Vermittlung des Gerichts. Auf Antrag eines Miterben kann das Nachlaßgericht die Auseinandersetzung vermitteln (§ 86 FGG); Streitpunkte darf das Nachlaßgericht nicht entscheiden, so daß das Verfahren wenig Erfolgaussicht bietet.

Wird darüber gestritten, wer bei der Auseinandersetzung einen land- oder forstwirtschaftlichen Betrieb erhalten soll, kann ein Zuweisungsverfahren nach dem GrdstVG vor dem Landwirtschaftsgericht beantragt werden (vgl. S. 73).

Ein überlebender Ehegatte, der weder Erbe wurde noch ein Vermächtnis erhielt und also den Pflichtteil sowie Zugewinnausgleich fordern kann (§ 1371 Abs. 2 BGB; vgl. S. 53, 95), kann verlangen, daß ihm bestimmte Gegenstände (zB Familienerbstücke) aus dem Nachlaß des Verstorbenen unter Anrechnung auf die Ausgleichsforderung übertragen werden, wenn sonst eine grobe Unbilligkeit vorläge; das Amtsgericht soll eine gütliche Einigung herbeiführen, andernfalls entscheidet es (§ 1383 BGB; § 53a FGG).

cc) Erbteilungsklage. Jeder Miterbe kann gegen die anderen Miterben vor dem Amts- bzw Landgericht (je nach Streitwert) auf Auseinandersetzung klagen. Die Klage ist gerichtet auf „Zustimmung zu folgendem Teilungsplan", der im Klageantrag genau darzulegen ist; zB das Grundstück X ... erhält der Kläger K zu Alleineigentum; das Bankguthaben bei der B-Bank ... erhält der Beklagte B zu Alleineigentum; B wird verurteilt, das Grundstück X an K aufzulassen ...". Das Gericht prüft dann, ob die Anordnungen des Erblassers und die gesetzlichen Auseinandersetzungs- und Teilungsregeln (§§ 750 ff, §§ 2042 ff BGB) beachtet wurden; es kann den Teilungsplan nicht von sich aus ändern, nur der Klage stattgeben oder sie abweisen oder einen Vergleich vorschlagen.

dd) Testamentsvollstrecker. Ist ein Testamentsvollstrecker vorhanden, bewirkt er die Auseinandersetzung (§ 2204 BGB).

ee) Schiedsgericht. Die Miterben können miteinander einen Schiedsvertrag schließen, Schiedsrichter berufen und diesen die Auseinandersetzung übertragen (§§ 1025 ff ZPO); die erheblichen Kosten müssen vorher bedacht werden.

c) Durchführung der Auseinandersetzung

Aus dem Nachlaß sind zunächst die Nachlaßverbindlichkeiten zu erfüllen (§ 2046 BGB). Der Rest wird dann auf die Miterben nach ihren Erbquoten unter Berücksichtigung der Ausgleichungspflichten (S. 61) verteilt. Grundsätzlich erfolgt die Teilung in Natur (§ 752 BGB), dh teilbare Sachen (zB 100 Flaschen Wein gleicher Sorte) werden aufgeteilt, ebenso teilbare Rechte (zB Bankguthaben), es wird gelost. Unteilbare bewegliche Sachen werden nach Pfandverkaufsregeln verwertet (§ 753, §§ 1228 ff BGB), also notfalls durch öffentliche Versteigerung (§ 1235 BGB); damit können Gerichtsvollzieher beauftragt werden, aber auch private Leihhäuser, wie man sie in größeren Städten findet. Grundstücke werden, wenn sie nicht (auf-)teilbar sind, versteigert (Teilungsversteigerung, § 180 ZVG). Landwirtschaftliche Grundstücke können in bestimmten Fällen vom Landwirtschaftsgericht einem Miterben zugewiesen werden (S. 74).

Ist eine bei der Auseinandersetzung zugeteilte Sache mangelhaft (zB das Ölgemälde gefälscht, der Bauernschrank wurmstichig), dann haftet jeder Miterbe für solche Sach- und Rechtsmängel wie ein Verkäufer, also auf Wandelung oder Minderung (§§ 2042 Abs. 2, 757 BGB).

Schriftstücke, die sich auf die persönlichen Verhältnisse des Erblassers, dessen Familie oder auf den ganzen Nachlaß beziehen, bleiben gemeinschaftlich (§ 2047 Abs. 2 BGB); jeder hat also Zugang. Es besteht somit kein Anspruch auf Teilung, die Miterben können aber bei allseitigem Einverständnis die Familienpapiere unter sich aufteilen. Familienphotos fallen nach hM nicht unter die Vorschrift.

XXXII. Die Testamentsvollstreckung

Der Erblasser kann durch Testament oder Erbvertrag einen oder mehrere Testamentsvollstrecker ernennen (§ 2197 BGB); auch ein Miterbe kann TV werden.

1. Beginn und Ende des Amts

a) Das private Amt des TV beginnt damit, daß der Ernannte es nach dem Tod des Erblassers durch Erklärung gegenüber dem Nachlaßgericht annimmt (§ 2202 BGB). Er ist zur Annahme nicht verpflichtet, kann sie auch ablehnen. Die Testamentsvollstreckung wird im Grundbuch eingetragen (§ 52 GBO).

b) Das Amt des TV endet:

- mit Ablauf einer vom Erblasser gesetzten Frist oder gesetzten Bedingung (zB TV bis zur Volljährigkeit eines Erben),
- mit Erfüllung seiner Aufgaben (zB erfolgter Auseinandersetzung);
- mit seinem Tod (§ 2225 BGB); das Amt wird nicht vererbt;
- mit Kündigung. Der TV kann das Amt jederzeit durch Erklärung gegenüber dem Nachlaßgericht kündigen (§ 2226 BGB). Die Erben können ihm nicht kündigen, auch nicht einvernehmlich.
- Mit Entlassung. Auf Antrag eines Miterben, Vermächtnisnehmers, Pflichtteilsberechtigten kann das Nachlaßgericht den TV entlassen, wenn ein wichtiger Grund vorliegt (§ 2227 BGB); das sind zB grobe Pflichtverletzungen oder Unfähigkeit zur ordnungsmäßigen Geschäftsführung, Bevorzugung eines Miterben, Verweigerung der Information der Erben, Errichtung eines fehlerhaften Nachlaßverzeichnisses, Entnahme einer weit überhöhten Vergütung (BayObLG 1985, 242).

2. Aufgaben des Testamentsvollstreckers

a) *Abwicklungsvollstreckung*

Hat der Erblasser im Testament einen TV ernannt, ohne nähere Angaben über seine Aufgaben zu machen, liegt der gesetzliche Regelfall der Abwicklungsvollstreckung vor (§§ 2203–2207 BGB); zu den Aufgaben des TV gehört dann:

– Erfüllung angeordneter Vermächtnisse und Auflagen (§ 2203 BGB);

– Verwaltung des Nachlasses (§ 2216 BGB); bei der Geldanlage ist der TV nicht (wie der Vormund) auf mündelsichere Anlagen beschränkt (BGH NJW 1987, 1070), er kann auch Aktien kaufen, unternehmerisch tätig werden, lediglich rein spekulative Anlagen über den gesamten Nachlaß sind ihm verwehrt (Palandt/Edenhofer § 2216 Rz 2).

– Anordnungen des Erblassers muß der TV grundsätzlich beachten. Mit Einverständnis aller Erben kann er aber entgegenlaufende Verfügungen (zB bei der Teilung) vornehmen. Verwaltungsanordnungen des Erblassers, deren Befolgung den Nachlaß „erheblich gefährden" würde, können vom Nachlaßgericht außer Kraft gesetzt werden (§ 2216 Abs. 2 S. 2 BGB). Bloße Wünsche des Erblassers muß der TV nicht beachten.

– Verfügung über Nachlaßgegenstände (§ 2205 BGB); zu Schenkungen ist der TV nicht berechtigt, ausgenommen Pflicht- und Anstandsschenkungen. Über die der Verwaltung des TV unterliegenden Gegenstände kann der Erbe nicht verfügen (§ 2211 BGB).

– Schulden: Der TV darf zu Lasten des Nachlasses Schulden machen, wenn dies zur ordnungsmäßigen Verwaltung erforderlich ist (§§ 2206, 2207 BGB).

– ErbSt: Der TV hat die Erbschaftsteuererklärung abzugeben (§ 149 AO, § 31 Abs. 5 S. 1 ErbStG); der ErbSt-Bescheid wird dem TV bekanntgemacht. Die ErbSt kann er aus dem Nachlaß begleichen (§ 32 Abs. 1 ErbStG). Gegen den Bescheid kann er im Namen der Erben Einspruch einlegen.

– Prozesse: der Verwaltung des TV unterliegende Rechte (sog. Aktivprozesse) kann nur der TV einklagen, nicht die Erben (§ 2212 BGB); bei Ansprüchen gegen den Nachlaß (sog. Pas-

sivprozesse) kann – bei Verwaltung des ganzen Nachlasses –
die Klage gegen den TV oder gegen die Erben gerichtet werden
(§ 2213 BGB).

– Bewirkung der Auseinandersetzung zwischen den Erben; dazu
ist ein Teilungsplan zu erstellen, die Erben sind hierzu zu hö-
ren, ihre Genehmigung ist aber nicht erforderlich. Die Schulden sind zuerst zu begleichen (§ 2046 BGB). Ausgleichungspflichten und Teilungsanordnungen des Erblassers sind zu beachten, ferner die gesetzlichen Teilungsregeln der §§ 752 ff
BGB (S. 158). Ist der Plan unbillig, kann der benachteiligte
Miterbe gegen den TV vor dem Prozeßgericht auf Unterlassung
der Ausführung des Teilungsplans klagen (vgl Haegele/Wink-
ler Rz 532).

b) Beschränkte Vollstreckung

Der Erblasser kann die Befugnisse des TV beschränken, zB sie
nur auf einzelne Gegenstände (Grundstücke, Handelsgeschäft)
beziehen, oder TV nur bezüglich einzelner Erben (zB der Minderjährigen) anordnen. Eine solche Beschränkung muß nicht ausdrücklich erfolgen, sondern kann sich aus der Natur der Sache
ergeben (§ 2208 BGB).

c) Dauervollstreckung

Der Erblasser kann anordnen, daß der TV nach der Erledigung
der ihm sonst zugewiesenen Aufgaben die Testamentsvollstrek-
kung fortzuführen hat (§ 2209 S. 1 BGB). Die Vollstreckung
kann dann bis zu 30 Jahre nach dem Erbfall durchgeführt werden
(§ 2210 S. 1 BGB), in Sonderfällen (§ 2210 S. 2 BGB) sogar auf
Lebenszeit des Erben. Der Erbe kann sich wehren, indem er
anficht (§ 2078 BGB) oder ausschlägt und den Pflichtteil verlangt
(§ 2306 BGB). Er kann jährliche Rechnungslegung fordern
(§ 2218 Abs. 2 BGB), jährliche Auszahlung des Ertrags aber nur,
wenn dies der Wille des Erblassers war oder dies ordnungsgemä-
ßer Verwaltung entspricht (BGH FamRZ 1988, 279).

d) Handelsgeschäft

Gehört ein Handelsgeschäft zu dem der TV unterliegenden
Nachlaß, ist die Rechtslage kompliziert und umstritten, weil im

Handelsrecht der Grundsatz unbeschränkter Haftung gilt, der TV aber die Erben nur im Umfang des Nachlasses verpflichten kann. Das Handelsgeschäft führt der TV nach außen im eigenen Namen fort, im Innenverhältnis als Treuhänder der Erben (BGH 35, 13); im Namen der Erben kann er es nur fortführen, wenn sie ihm Vollmacht erteilen (BayObLG 1969, 138). Bei Anteilen an Personengesellschaften (OHG, KG-Komplementäranteil) scheidet eine TV aus, wenn sie im Gesellschaftsvertrag nicht vereinbart ist und wenn die Gesellschafter ihr nicht zustimmen. Ist danach TV zulässig, kann der TV als treuhänderischer Gesellschafter oder als Bevollmächtigter der Erben die Gesellschaftsrechte ausüben. Beim Kommanditanteil der KG ist dagegen eine Dauer-TV möglich, ebenso beim GmbH-Anteil und bei Aktien (vgl Palandt/Edenhofer § 2205 Rz 7 ff).

3. Verhältnis Testamentsvollstrecker – Erbe

a) Die Erben haben gegenüber dem TV im wesentlichen folgende Rechte:

- Mitteilung eines Nachlaßverzeichnisses (§ 2215 BGB): der TV hat nach Annahme des Amtes ein Verzeichnis der Nachlaßgegenstände und der bekannten Nachlaßverbindlichkeiten zu erstellen, mit Datum und Unterschrift zu versehen und den Erben mitzuteilen (§ 2215 BGB); die Erben können dabei anwesend sein. Nähere Beschreibungen und Wertangaben sind nicht notwendig.
- Auskunft (§§ 2218, 666 BGB), zB über bevorstehende Geschäfte, über den Stand der Abwicklung.
- Rechnungslegung (§§ 2218, 666 BGB); bei einer länger dauernden Verwaltung kann jeder Erbe jährliche Rechnungslegung verlangen (§ 2218 Abs. 2 BGB). Erforderlich ist ein Überblick über die einzelnen Rechnungsposten (zB Einnahmen und Ausgaben bei einem Grundstück; Bilanzvorlage bei einem Handelsgeschäft); in Belege muß auf Verlangen Einsicht gewährt werden (§ 259 Abs. 1 BGB); eine sog. Entlastung des TV gibt es nicht.
- Anspruch auf Verwaltung des Nachlasses (§ 2216 BGB); die Erben müssen vor den einzelnen Verwaltungsmaßnahmen

nicht angehört werden, vor gewichtigen Schritten ist dies aber ratsam.

- Anspruch auf Überlassung derjenigen Nachlaßgegenstände, derer der TV zur Erfüllung seiner Obliegenheiten offenbar nicht bedarf (§ 2217 BGB);
- Schadensersatzanspruch: verletzt der TV schuldhaft die ihm obliegenden Verpflichtungen, ist er den Erben für den daraus entstehenden Schaden verantwortlich (§ 2219 BGB). Der Erbe kann durch Vereinbarung mit dem TV auf dessen Haftung für fahrlässige Fehler verzichten (§§ 2220, 276 Abs. 2 BGB).

b) Der TV hat gegen die Erben einen Anspruch:

- auf Ersatz seiner Aufwendungen (Porto, Fahrtkosten usw), §§ 2218, 670 BGB;
- auf Vergütung (§ 2221 BGB). Hat der Erblasser angeordnet, daß der TV keine Vergütung erhält, kann der TV die Annahme des Amtes ablehnen, oder nur annehmen, wenn ihm alle Erben eine Vergütung zusagen, oder kostenlos arbeiten. Die Höhe einer eventuellen Vergütung ist im Gesetz nicht geregelt (dort steht nur: „angemessen"), es gibt keine Gebührentabelle; es kommt auf Umfang, Dauer, Schwierigkeit der Tätigkeit des TV sowie auf den Wert des Nachlasses an. Empfehlenswert ist, vor Beginn der Tätigkeit eine Vergütungsvereinbarung zu schließen.

Üblich ist eine Zweiteilung der Vergütung: (a) Eine einmalige Konstituierungsgebühr fällt nur an, wenn bei Beginn des Amts eine besonders arbeitsreiche und verantwortungsvolle Tätigkeit zu entfalten war (zB Ermittlung des Nachlasses, Aufstellung der Verzeichnisse, Regelung der Beerdigungskosten, der Schulden, der ErbSt); vgl. BayObLG MDR 1973, 317. Bis 20000 DM Bruttonachlaß (also ohne Schuldenabzug) werden 4%, bis 100000 DM 3%, bis 1 Million DM 2% und darüber hinaus 1% des Nachlasses als Richtsatz angesehen (Palandt/Edenhofer § 221 Rz 5). – (b) Eine Verwaltungsgebühr fällt für die darauf folgende Verwaltung an, bei längerer Verwaltung jährlich. Für die Höhe kommt es wieder auf die Umstände des Einzelfalls an. Angemessen können jährliche Zahlungen von etwa 2–4% der Jahreseinkünfte oder 0,33–0,5% des Brutto-Nachlaßwertes sein (Haegele/Winkler Rz 595). Die Vergütung ist eine Nachlaßverbindlichkeit;

der TV kann die von ihm selbst errechnete Vergütung dem Nachlaß entnehmen. Sind die Erben mit der Höhe nicht einverstanden, kann er die Erben vor dem Zivilgericht (AG/LG) auf Zahlung verklagen oder die Erben können ihn auf Rückzahlung verklagen. Das Nachlaßgericht jedenfalls setzt die Vergütung nicht fest. Der Vergütungsanspruch des TV verjährt in 30 Jahren.

4. Verhältnis Testamentsvollstrecker – Nachlaßgericht

Das Nachlaßgericht hat gegenüber dem TV weder ein Aufsichtsrecht, noch eine Weisungsbefugnis. Der TV hat dem Gericht keine Berichte zu erstatten oder Abrechnungen zu machen. Für die Entscheidung von Streitigkeiten zwischen dem TV und den Erben ist das Nachlaßgericht nicht zuständig, hier muß das Prozeßgericht (Amts- oder Landgericht, Zivilabteilung) angerufen werden. Das Nachlaßgericht ist im wesentlichen nur zuständig für die Entgegennahme von Erklärungen zur Annahme, Ablehnung und Kündigung des TV-Amts (§§ 2202, 2226 BGB); es erteilt das TV-Zeugnis (§ 2368 BGB); wichtig ist, daß es den TV entlassen kann (§ 2227 BGB).

5. Das Testamentsvollstreckerzeugnis

Auf Antrag erteilt das Nachlaßgericht dem TV ein Zeugnis über seine Ernennung (sog. Testamentsvollstreckerzeugnis, § 2368 BGB); es dient dem TV zur Legitimation (zB gegenüber dem Grundbuchamt, § 35 Abs. 2 GBO) und schützt gutgläubige Erwerber (§ 2366 BGB). Ist das Zeugnis unrichtig gewesen (zB weil das Testament nichtig war), muß es eingezogen werden (§§ 2368 Abs. 3, 2361 BGB). Mit Beendigung des Amts, zB durch Erledigung aller Aufgaben, wird das TV-Zeugnis dagegen nicht unrichtig; es wird von selbst „kraftlos", eine Einziehung im Rechtssinne entfällt (§ 2368 Abs. 3 BGB); für den Geschäftspartner ergeben sich Unsicherheiten, weil der TV immer noch im Besitz des TV-Zeugnisses ist. Das Nachlaßgericht kann ein TV-Zeugnis zu den Akten zurückfordern, wenn das Amt erloschen ist (OLG Köln Rpfleger 1986, 261).

Gebühren: Die Erteilung des TV-Zeugnis kostet eine (volle) Gebühr nach der KostO (§ 109 Abs. 1 Nr. 2 KostO) sowie in der Regel eine weitere Gebühr für die beim Nachlaßgericht abzugebende eidesstattliche Versicherung (§ 49 KostO), also zwei Gebühren (soviele wie ein Erbschein; vgl. S. 120). Der „Tabellenwert", aus dem die Gebühren errechnet werden, beträgt ca 30% des Reinnachlasses (vgl § 30 Abs. 2 KostO; Haegele/Winkler Rz 732). Diese Gebühren können gespart werden, wenn der Erblasser den TV in einem notariellen Testament oder Erbvertrag ernannt hat (vgl § 35 Abs. 2, 1 GBO). Im übrigen benötigt ein TV das TV-Zeugnis ohnehin nur gegenüber dem Grundbuchamt; in allen anderen Fällen ist es meist (wie der Erbschein) entbehrlich.

XXXIII. Die Nachlaßpflegschaft

1. Aufgaben des Nachlaßpflegers

Mit dem Tod des Erblassers geht dessen Vermögen von selbst auf den Erben über. Manchmal dauert es längere Zeit, bis der Erbe ermittelt ist und bis feststeht, ob er die Erbschaft annimmt. In diesen Fällen kann vom Nachlaßgericht ein Nachlaßpfleger als gesetzlicher Vertreter des Erben bestellt werden (§ 1960 BGB). Bei der Bestellung bestimmt das Gericht den Aufgabenkreis.

Zu seinen Aufgaben kann gehören: Sicherung und Erhaltung des Nachlasses, indem er ihn in Besitz nimmt oder sicher (versichert?) verwahrt; Erstellung und Einrichtung eines Nachlaßverzeichnisses beim Nachlaßgericht (§ 1802 BGB); die Herausgabe von Nachlaßgegenständen von Dritten fordern; Prozesse für den Nachlaß führen; Ermittlung des Erben; Auflösung der Wohnung; Verwaltung einzelner Nachlaßgegenstände (zB des Miethauses); Mitwirkung bei der Veräußerung eines Nachlaßgegenstandes als Vertreter eines unbekannten Erben. Den Gläubigern hat er über den Nachlaßbestand Auskunft zu erteilen (§ 2012 Abs. 1 S. 2 BGB). Die Nachlaßgläubiger kann er dann befriedigen und hierfür Nachlaßgegenstände (zB die Wohnungseinrichtung) veräußern, wenn dies zur ordnungsgemäßen Verwaltung des Nachlasses geboten ist und soweit der Nachlaß ausreicht; nach anderer Ansicht (Soergel/Stein § 1960 Rz 32) soll das nicht zu den Aufgaben des Pflegers gehören. Bei Überschuldung kann er den Nachlaßkonkurs beantragen. Dagegen gehört es nicht zu den Aufgaben des Nachlaßpflegers, einen Erbschein zu beantragen, die Auseinandersetzung zwischen den Miterben zu betreiben (außer sie erteilen ihm insoweit einen Auftrag); die Erbschaft anzunehmen oder auszuschlagen.

Die Nachlaßpflegschaft endet mit ihrer Aufhebung durch Gerichtsbeschluß; der Erbe erhält dann den Besitz am Nachlaß. Oft wird sie von Nachlaßverwaltung oder Nachlaßkonkurs abgelöst.

2. Die Bestellung des Nachlaßpflegers

Sie erfolgt auf Antrag eines Nachlaßgläubigers (§ 1961 BGB) oder von Amts wegen. Ein Bedürfnis für Nachlaßsicherung muß vorhanden sein (§ 1960 BGB). Zuständig ist das Nachlaßgericht (Abteilung des Amtsgerichts), §§ 72–75 FGG; in Baden-Württemberg das staatliche Notariat. Das Gericht wählt eine geeignete Person als Pfleger aus, oft einen Rechtsanwalt. Der Pfleger steht unter der Aufsicht des Nachlaßgerichts.

3. Vergütung des Nachlaßpflegers

Seine Aufwendungen (zB Porto) erhält der Pfleger aus dem Nachlaß erstattet (§§ 1915, 1835 BGB); eine Vergütung wird ihm vom Nachlaßgericht bewilligt, wenn das Nachlaßvermögen und der Umfang der Tätigkeit es rechtfertigen (§§ 1962, 1836 Abs. 1 S. 2, Abs. 2 BGB; BayObLG Rpfleger 1991, 253; OLG Frankfurt NJW-RR 1993, 267); in der Praxis besteht die Übung, bei kleineren Nachlässen 3–5%, bei größeren 1–2% des Aktivnachlasses (also ohne Schuldenabzug) zu bewilligen. Eine andere Auffassung bezahlt den Nachlaßpfleger nach Stundenlohn (BayObLG ZEV 1994, 249) und gibt je nach Höhe des Vermögens und beruflicher Qualifikation des Nachlaßpflegers beispielsweise einem Rechtsanwalt pro Stunde ca. 100–300 DM einschließlich MWSt; der Nachlaßpfleger muß in einem solchen Fall einen detaillierten Stundennachweis (wie ein Handwerker) vorlegen. Die Kosten der Nachlaßpflegschaft treffen den Erben (§§ 104 ff, 106, 6 KostO), belasten also den Nachlaß.

XXXIV. Tod von Altenheim-Bewohnern und Betreuten

1. Altenheime

Heime sind Einrichtungen, die zum Zwecke der (nicht nur vorübergehenden) Unterbringung (Unterkunft, Verpflegung, Betreuung) alter Menschen entgeltlich betrieben werden und in ihrem Bestand von Wechsel und Zahl ihrer Bewohner unabhängig sind (vgl § 1 HeimG). Darunter fallen Altenheime, Altenwohnheime, Wohnstifte, Altersruhesitze, Altenpensionen, Feierabendhäuser, Altenpflegeheime usw, die Bezeichnung spielt keine Rolle. Für diese Heime, gleichgültig ob sie gewerblich oder nichtgewerblich betrieben werden, gilt das Heimgesetz. Die Heimverordnungen der einzelnen Bundesländer gelten zusätzlich nur für die gewerbsmäßig betriebenen Heime.

Zwischen dem Heimträger (zB Gemeinde, Stiftung, kirchliche Träger, Wohlfahrtsverbände, gewerbliche Unternehmer) und dem Bewohner ist ein mündlicher (ausdrücklicher oder stillschweigender) oder schriftlicher Heimvertrag zu schließen (§ 4 Abs. 1 HeimG). Dies gilt auch dann, wenn das Entgelt nicht vom Bewohner selbst erbracht wird, sondern ganz oder teilweise vom Sozialhilfeträger übernommen wird und unmittelbar an das Heim ausbezahlt wird. Der Heimvertrag ist nur wirksam zustande gekommen, wenn der Bewohner beim Abschluß geschäftsfähig war (§ 104 BGB). War der Bewohner altersbedingt oder aus sonstigen Gründen geschäftsunfähig, kommt ein gültiger Vertrag nur zustande, wenn ein vom Bewohner wirksam (dh in geschäftsfähigem Zustand) Bevollmächtigter gehandelt hat oder ein vom Vormundschaftsgericht mit diesem Aufgabenkreis bestellter Betreuer (§§ 1896, 1902 BGB).

2. Zahlung des restlichen Entgelts

Die Verpflichtungen aus einem Vertrag gehen grundsätzlich auf den Erben über (§§ 1922, 1967 BGB). Dazu gibt es aber für Heimverträge eine Sonderregelung: nach § 4b Abs. 8 S. 1 HeimG endet das Heimvertragsverhältnis kraft Gesetzes mit dem Tod des Bewohners. Eine Kündigung durch die Erben des Bewohners ist daher nicht erforderlich. Lag kein schriftlicher Heimvertrag vor. oder enthält der schriftliche Heimvertrag keine anderweitigen Vereinbarungen, sind deshalb mit dem Tode des Bewohners alle gegenseitigen Verpflichtungen, insbesondere die Zahlungspflichten, erloschen. Von den Erben sind dann nur rückständige Heimentgelte (bis zum Tod) zu zahlen (Erblasserschuld, § 1967 BGB).

Die Heimträger können aber in ihren Heimverträgen anderweitige Vereinbarungen mit dem Bewohner treffen; sie gehen auf die Erben über. Solche Vereinbarungen sind nicht unbegrenzt zulässig. § 4b Abs. 8 S. 2 und 3 HeimG bestimmen: „Vereinbarungen über eine Fortgeltung des Vertrags sind zulässig, soweit ein Zeitraum bis zum Ende des Monats, der auf den Sterbemonat folgt, nicht überschritten wird. In diesen Fällen ermäßigt sich das nach § 4 Abs. 2 vereinbarte Entgelt um den Wert der von dem Träger ersparten Aufwendungen."

Ist also etwas derartiges im Heimvertrag vereinbart und stirbt der Bewohner am 2. 1., dann ist das Entgeld längstens für die Zeit bis 28. 2. noch von den Erben zu zahlen. Abzuziehen sind ersparte Sachkosten wie Verpflegung; die Kosten für das Personal sind nicht teilweise erspart, da es trotz Tod eines Bewohners unverändert weiterbezahlt wird. Kann der Heimträger das Zimmer schon ab 15. 1. anderweitig belegen, hat er sich das anrechnen zu lassen, dh das Pflegegeld ist von den Erben längstens bis zur Monatsmitte zu zahlen.

Die Heimverträge sind in der Regel vorgedruckt oder werden mit dem Computer jeweils gleichlautend ausgedruckt. In *diesen* Fällen stellen sie Allgemeine Geschäftsbedingungen im Sinne des AGB-Gesetzes dar. Dies hat zur Folge, daß vorgedruckte Klauseln des Heimvertrages wegen Verstoß gegen §§ 3, 9, 10, 11 AGBGB unwirksam sein können.

Das LG Hildesheim (MDR 1992, 938) hat zB eine *vorgedruckte* Klausel, wonach das Entgelt bis zum Ende des Monats, das auf den Sterbemonat des Bewohners, zu zahlen ist, für nicht gegen § 9 AGBG (Benachteiligungsverbot) verstoßend erachtet, weil diese Klausel das nach § 4b Abs. 8 HeimG zulässige Höchstmaß nicht überschreitet und der Heimvertrag außerdem zugleich Regelungen über die Anrechnung ersparter Aufwendungen enthielt.

Das LG Düsseldorf (NJW-RR 1991, 184) dagegen hat eine Klausel beanstandet, die den Ermäßigungsanspruch auf 30 Tage beschränkte und eine unüberprüfbare Pauschalierung der Ermäßigung enthielt (Verstoß gegen § 10 Nr. 7 und § 11 Nr. 5 AGBG).

3. Kautionen

Hat der Heimträger vom Bewohner Kautionen (maximal zwei Monatsentgelte, § 14 Abs. 2 Nr. 4 HeimG) verlangt, muß er sie vom Heimträgervermögen getrennt bei einer öffentlichen Sparkasse oder Bank zum Zinssatz für Spareinlagen mit gesetzlicher Kündigungsfrist anlegen (§ 14 Abs. 4 HeimG). Die Zinsen stehen dem Bewohner zu, erhöhen also die Kaution im Laufe der Jahre. Die Erben können die Auszahlung der nichtverbrauchten Kaution nebst Zinsen verlangen.

4. Rückgabe verwahrter Wertgegenstände

Heimbewohner übergeben manchmal der Heimverwaltung Wertgegenstände zur Verwahrung. Aus dem Verwahrungsvertrag können die Erben Rückgabe verlangen (§ 695 BGB, bei Geld aus §§ 700, 607 BGB). In den Heimverordnungen der Bundesländer (zusammengestellt bei Kunz/Ruf/Wiedemann, HeimG, § 8 Rz 11) ist geregelt, daß die Träger gewerbsmäßig betriebener Altenheime Aufzeichnungen mit Unterlagen und Belegen führen müssen über die „zur Verwahrung übergebenen Geldbeträge, Schmucksachen, Wertpapiere oder sonstigen Gegenstände, sowie deren Verbleib". Finden sich im Nachlaß des Verstorbenen derartige Empfangsquittungen, ist der Nachweis der Verwahrung unproblematisch. Andernfalls muß die Heimverwaltung den Erben in begründeten Fällen Einsicht in die betreffenden Teile der Aufzeichnungen gewähren (§ 810 BGB); im Herausgabeprozeß der Erben gegen den Heimträger kann das Gericht ebenfalls die Vorlage der Aufzeichnungen verlangen (vgl § 421 ZPO). Hat allerdings die Heimbewohnerin ihren Schmuck einer Pflegerin „privat" zur Aufbewahrung übergeben, wird der Nachweis einer Verwahrung und gegebenenfalls die Widerlegung einer behaupteten Schenkung schwierig sein.

5. Testamente zugunsten des Heimträgers

Nach § 14 Abs. 1 HeimG (Neufassung ab 1. 8. 1990) ist es den Trägern eines Heims untersagt, „sich von oder zugunsten von Bewohnern Geld- oder geldwerte Leistungen über das nach § 4 vereinbarte Entgelt hinaus versprechen oder gewähren zu lassen." Diese Vorschrift soll verhindern, daß alte und pflegebedürftige Personen von der Heimleitung ausgenützt werden; ferner soll vermieden werden, daß einzelne Heimbewohner bevorzugt behandelt werden.

Beispiel: Frau F ist im Alter von 80 Jahren im Krankenhaus verstorben. Sie lebte 20 Jahre in einem von einem Frauenorden betriebenen Altenheim. Sie hinterließ zwei Brüder. Der Reinnachlaß beträgt 100 000 DM. Das fünf Jahre vor dem Ableben errichtete formgerechte Testament der Frau F. lautet: „Zu meinem Erben setze ich das Provinzialat des F-Ordens in München ein."

Dieses Testament fällt unter § 14 Abs. 1 HeimG, weil darin dem Heimträger Geld versprochen wird. Das Testament scheint gemäß § 134 BGB wegen Verstoß gegen ein gesetzliches Verbot nichtig zu sein. Die Rechtsprechung legt aber § 14 Abs. 1 HeimG *eng* aus, weil diese Vorschrift ihrem Wortlaut nach die Testierfreiheit und die Handlungsfreiheit einschränkt; diese enge Auslegung gilt insbesondere dann, wenn § 14 HeimG auf Testamente Anwendung finden soll (BayObLG FamRZ 1991, 1354):

a) Ein „sich gewähren lassen" liegt nach der Rechtsprechung nur vor, wenn eine „Annahmeerklärung" des Empfängers (Heimträger) hinzukommt; das wird bejaht, wenn ein Einvernehmen zwischen dem Bewohner und dem Heimträger über die spätere Zuwendung vorlag. Davon geht die Rechtsprechung aus, wenn der Heimträger zu Lebzeiten des Bewohners von dem Testament mit Wissen des Erblassers Kenntnis erlangt hat (BayObLG FamRZ 1991, 1354). Dabei kommt es auf die Kenntnis des „gesetzlichen Vertreters" des Heims (zB den Geschäftsführer) an oder auf das Wissen eines Mitarbeiters des Heims, den der Heimträger als Ansprechpartner für die Heimbewohner bestimmt hat und der wegen seiner Stellung im Heim wesentlichen Einfluß auf die konkrete Lebenssituation der Heimbewohner ausüben kann, zB auf den Heimleiter (BayObLG FamRZ 1993, 479). Ob die

Kenntnis der im Heim tätigen Schwestern ausreicht, ist Frage des Einzelfalls.

In diesen Fällen ist also das Testament nichtig, im Beispiel erben die beiden Brüder alles, das Heim nichts.

b) Allerdings hätte im Falle a) der Heimträger eine Ausnahmegenehmigung bei der nach Landesrecht zuständigen Behörde (zB Landratsamt, Stadtverwaltung) beantragen und erlangen können, § 14 Abs. 6 HeimG. Das kann aber nur zu Lebzeiten des Heimbewohners geschehen. Nachträglich darf die Genehmigung nicht erteilt werden; eine nachträglich erteilte Ausnahmegenehmigung ist unwirksam (BVerwG NJW 1988, 984).

c) Auch ohne Genehmigung wäre das Testament wirksam, wenn dem Heimträger nur „geringwertige Aufmerksamkeiten" versprochen werden (§ 14 Abs. 2 Nr. 2 HeimG); das sollen Beträge bis 50 DM (Kunz/Ruf/Wiedemann § 14 HeimG Rz 12), meines Erachtens fallen Beträge bis zu einigen Hundert Mark darunter.

d) Wenn dagegen der Heimträger zu Lebzeiten des Testierenden (dh des Heimbewohners) nicht gewußt hat, daß er als Erbe oder Vermächtnisnehmer bedacht worden ist, verstößt das Testament nicht gegen § 134 BGB; § 14 Abs. 1 HeimG (BayObLG FamRZ 1991, 1354) und kann wirksam sein. Der Heimträger erbt dann im Beispielfalle, die beiden Brüder erhalten nicht einmal den Pflichtteil.

Das Nachlaßgericht hat anläßlich der Erbscheinserteilung von Amts wegen zu prüfen, ob ein Testament wirksam ist (§ 2359 BGB; § 12 FGG). Es wird deshalb die Beteiligten anhören und Zeugen vernehmen. Läßt sich nicht aufklären, ob der Heimträger Kenntnis von der Erbeinsetzung hatte (zB weil keine Zeugen vorhanden sind und die Heimleitung die Kenntnis bestreitet), gilt der Grundsatz, daß derjenige, der sich auf die Unwirksamkeit eines Testaments beruft, die Beweislast (Feststellungslast) hat (Soergel/Harder § 2247 BGB Rz 44; OLG Neustadt JZ 1962, 417): es wird dann von der Wirksamkeit des Testaments ausgegangen.

6. Testamente zugunsten des Heimpersonals

„Dem Leiter, den Beschäftigten oder sonstigen Mitarbeitern des Heims ist es untersagt, sich von oder zugunsten von Bewohnern neben der vom Träger erbrachten Vergütung Geld- oder

geldwerte Leistungen für die Erfüllung der Pflichten aus dem
Heimvertrag versprechen oder gewähren zu lassen. Dies gilt
nicht, soweit es sich um geringfügige Aufmerksamkeiten handelt". So lautet die Regelung in § 14 Abs. 5 HeimG. Das Testament des Heimbewohners zugunsten der Pflegeschwester ist also
nach § 134 BGB, § 14 Abs. 5 HeimG nichtig, wenn
– die Pflegeschwester zu Lebzeiten vom Testamentsinhalt
  Kenntnis erlangte (vgl oben 5) und
– wenn die Erb- oder Vermächtniseinsetzung für die Erfüllung
  der Pflichten aus dem Heimvertrag erfolgte; dies bezieht sich
  sowohl auf künftige Leistungen wie auf bereits erbrachte.

Beweisfragen:
Ob die Pflegeschwester Kenntnis vom sie begünstigenden Testament
hatte ermittelt das Amtsgericht (Nachlaßgericht) anläßlich der Erbscheinserteilung von Amts wegen (§ 12 FGG; § 2359 BGB), also nicht
nur auf Beweisanträge hin. Es wird die Pflegeschwester anhören und
Zeugen (zB andere Heimbewohner, anderes Pflegepersonal, den beur-
kundenden Notar) vernehmen. Trotz Geltung des Amtsermittlungs-
grundsatzes empfiehlt es sich für die gesetzlichen Erben, dem Nachlaßgericht Hinweise und Beweisanregungen zu geben. Besondere Bedeutung
kann hier der Anscheins- bzw Indizienbeweis haben, zB die besondere
Bevorzugung gerade des Verstorbenen durch die Pflegeschwester. Läßt
sich nicht feststellen, daß die Pflegeschwester Kenntnis vom Testament
hatte, ist von der Wirksamkeit des Testaments auszugehen, weil die Beweislast für die Unwirksamkeit eines Testaments den trifft, der sich darauf beruft (Soergel/Harder § 2247 BGB Rz 44). Bei einem Erbvertrag liegt
die Kenntnis des Begünstigten immer vor. Bis zum Beweis des Gegenteils
durch die Pflegeschwester wird vermutet, daß die Testierung in Zusam-
menhang mit Heimleistungen stand (BGH NJW 1990, 1603)

Die Heimaufsichtsbehörde kann Ausnahmen zulassen, § 14
Abs. 6 HeimG.
Das Testament des Bewohners, das die Pflegeschwester als Erbin einsetzt, ist dagegen nicht nichtig, wenn die Pflegeschwester
zu Lebzeiten des Bewohners nichts von der Testierung wußte.
Wenn der Heimbewohner von der Pflegeschwester auf die un-
zulässige Testierung hingewiesen wird und dann einen Angehörigen der Pflegeschwester im Testament bedenkt, wird man Nichtigkeit des Testaments wegen Umgehung von § 14 Abs. 5 HeimG
annehmen müssen, §§ 117 II, 134 BGB (Kunz/Ruf/Wiedemann,
HeimG, § 14 Rz 22).

7. Testamente zugunsten von sonstigen Bediensteten

Nach mehreren Bestimmungen des Beamtenrechts (§ 43 BRRG; zB Art 79 BayBG; § 70 BBG) und des Tarifrechts (§ 10 BAT) ist Beschäftigten des öffentlichen Dienstes die Annahme von Belohnungen und Geschenken in bezug auf ihre dienstliche Tätigkeit nur mit Zustimmung des Arbeitgebers gestattet. Setzt eine Patientin also den beamteten Krankenhausarzt als Erben ein, ist ihm an sich die Annahme der Erbschaft nicht gestattet. Da aber die Erbeinsetzung nicht unwirksam ist (hM, Soergel/Stein § 1943 Rz 7; aA Stach NJW 1988, 943), wird der Arzt nach Verstreichen der Ausschlagungsfrist Erbe. Der Vorgang kann allenfalls dienstrechtliche Konsequenzen haben. Die Rechtslage ist hier also anders als beim Testament zugunsten des Heimpersonals.

Testamente zugunsten niedergelassener Ärzte fallen nicht unter diese Einschränkungen; ein Testament zugunsten des behandelnden Arztes ist selbst im Falle überreichlicher Dankbarkeit in der Regel nicht sittenwidrig (BayObLG FamRZ 1985, 1082).

8. Schenkung

Schenkungen des Erblassers zu Lebzeiten zugunsten von Heimträger oder Heimpersonal können wegen Verstoß gegen § 14 HeimG nichtig sein (vgl BVerwG NJW 1988, 984). Der Rückforderungsanspruch des Verstorbenen fällt dann in den Nachlaß.

9. Tod von Betreuten

a) Beendigung der Betreuung

Älteren Menschen wird oft ein Betreuer für bestimmte Angelegenheiten bestellt, die sie selbst nicht mehr besorgen können (§§ 1896 ff BGB); der Betreuer ist insoweit gesetzlicher Vertreter des Betreuten. Die Betreuung erlischt mit dem Tod des Betreuten; ein Aufhebungsbeschluß des Amtsgerichts ist überflüssig.

Ein Betreuer, zu dessen Aufgabenkreis es gehört, „alle Angelegenheiten" des Betreuten zu besorgen, wird den Todesfall den Angehörigen und dem Nachlaßgericht mitteilen; er wird die Bestallungsurkunde dem Vormundschaftsgericht zurückgeben; er hat gegenüber dem Gericht den Schlußbericht und die Schlußabrechnung zu erstellen.

b) Dringende Geschäfte

Geschäfte, die nicht ohne Gefahr aufgeschoben werden können, hat der Betreuer weiterhin zu besorgen, bis die Erben anderweit Fürsorge treffen (§§ 1908i Abs. 1, 1893 Abs. 1, 1698b BGB). Dringende Geschäfte, die in seinen Aufgabenkreis fallen (andere nicht!), hat der Betreuer somit vorübergehend weiter zu besorgen. Dazu gehören zB bei Vermögensbetreuungen die Fortführung eines Geschäfts, Einkassieren von Miete, Bezahlung von Versicherungen, Strom, Gas, Wasser, ferner die Kündigung von Versorgungsverträgen, Telefon, Tageszeitung, Radio/Fernsehen, weiter die Verständigung der Leistungsträger (Sozialamt, Wohngeldstelle, Rentenstelle) vom Ableben. Ob auch die Beauftragung eines Bestattungsinstituts dazu gehört, mag im Einzelfall zweifelhaft sein: wenn keine Angehörigen bekannt sind, ist es meines Erachtens zu bejahen.

Wenn die Erben erst ermittelt werden müssen oder ungewiß ist, ob sie die Erbschaft annehmen, kann ein Bedürfnis dafür bestehen, daß das Amtsgericht einen Nachlaßpfleger bestellt (§ 1960 BGB). Der Betreuer kann das anregen; das Gericht kann ihn zum Nachlaßpfleger bestellen.

c) Herausgabe des Vermögens

Steht der Erbe fest, hat der Betreuer, zu dessen Aufgaben die Vermögenssorge gehörte, das Vermögen an den Erben herauszugeben.

d) Vergütungsabrechnung

Der Betreuer erhält vom Betreuten Ersatz seiner Aufwendungen, zB Porto, Telefon, Fahrtkosten (§§ 1908i, 1835 Abs. 1, 670 BGB); diese Geldbeträge kann er dem von ihm verwalteten Vermögen unmittelbar entnehmen; verwaltet er das Vermögen nicht, muß er den Betrag fordern. Zur Abgeltung geringfügiger Aufwendungen kann er pauschal im Jahr 300 DM verlangen (§ 1836a BGB). Hatte der Betreute ausreichend Vermögen, kann der Betreuer beim Vormundschaftsgericht beantragen, daß ihm eine angemessene Vergütung bewilligt wird (§ 1836 Abs. 1 Sätze 2, 3 BGB); eine gesetzliche Tabelle darüber gibt es nicht. Noch nicht bezahlte Vergütungen sind vom Erben zu tragen.

e) Nachlaßregulierung

Die Erben können den bisherigen Betreuer bitten, den Erbfall abzuwickeln, also die Bestattung zu veranlassen, die Wohnung aufzulösen, den Nachlaß zu verwerten, Verbindlichkeiten zu begleichen. Das wird sich anbieten, wenn sie weit entfernt wohnen. Eine derartige Tätigkeit gehört nicht mehr zu den gesetzlichen Aufgaben des Betreuers. Deshalb ist die Erteilung einer Vollmacht erforderlich. Ferner muß vereinbart werden, wie der Betreuer für seine Tätigkeit (die sich als Mischung von Dienst-, Werk- und Geschäftsbesorgungsvertrag darstellt) honoriert wird.

XXXV. Auslandsfälle

1. Deutsche im Ausland

Unsere Konsularbeamten im Ausland sollen umgehend die Angehörigen der im Konsularbezirk verstorbenen Deutschen verständigen, sofern nicht andere Möglichkeiten gegeben sind. Sie sollen ferner bei einer verlangten Überführung der Leiche in die Bundesrepublik mitwirken (§ 9 Abs. 1 KonsularG). Die Konsularbeamten sind ferner berufen, sich der im Ausland befindlichen Nachlässe von Deutschen anzunehmen, wenn die Erben unbekannt oder abwesend sind oder aus anderen Gründen ein Bedürfnis für amtliches Einschreiten besteht. Sie können zB die Wohnung versiegeln, ein Nachlaßverzeichnis aufnehmen, bewegliche Gegenstände (zB Wertsachen) in Verwahrung nehmen. Sie können Zahlungen von Nachlaßschuldnern entgegennehmen und Mittel aus dem Nachlaß zur Regelung feststehender Nachlaßverbindlichkeiten sowie der Kosten der Nachlaßfürsorge verwenden (§ 9 Abs. 2 KonsularG). Können Erben nicht ermittelt werden, kann der Erlös aus dem Nachlaßverkauf an das Nachlaßgericht des letzten Wohnsitzes des Verstorbenen im Inland übersandt werden (§ 9 Abs. 3 KonsularG).

Bei einem Todesfall im Ausland ist das ausländische Standesamt für die „Formalitäten" zuständig. Dem Standesamt I in Berlin kann der Todesfall gemeldet werden (§ 41 PStG). Die Konsularbeamten können daneben über den Tod eines Deutschen eine Niederschrift aufnehmen (§ 8 Abs. 3 KonsularG).

Die Hinterbliebenen müssen überlegen, ob eine Bestattung im Ausland in Frage kommt oder die Leiche in das Heimatland überführt werden soll. In beiden Fällen wird man an der Einschaltung eines Bestattungsunternehmens nicht vorbei kommen; Namen und Anschrift eines ausländischen Unternehmens erfährt man beim Konsulat. Vor der Reise ins Ausland sollte man bei der Botschaft bzw dem Konsulat im Ausland anfragen, welche Unterlagen erforderlich sind. Dies sind zumindest Ausweise der Hinterbliebenen sowie die Geburts- und die Heiratsurkunde des Verstorbenen.

Deutsche Staatsangehörige werden aus unserer Sicht nach deutschem Erbrecht beerbt (Art. 25 Abs. 1 EGBGB), auch wenn sie ihren letzten Wohnsitz und Aufenthalt im Ausland hatten. Für den Erbschein ist dann das AG Berlin-Schöneberg zuständig (§ 73 Abs. 2 FGG). Hat ein Deutscher zugleich eine ausländische Staatsangehörigkeit, geht die deutsche Staatsangehörigkeit vor (Art. 5 Abs. 1 Satz 2 EGBGB).

Hat der Deutsche im Ausland ein Testament oder eine andere letztwillige Verfügung errichtet, die nicht den deutschen Formvorschriften (§ 2247 BGB) entspricht, ist das Testament gleichwohl wirksam, wenn es nach dem Recht des Errichtungsortes formgerecht ist (Einzelheiten Art. 26 EGBGB und Haager Testamentsformübereinkommen v. 5. 10. 1961, BGBl 1965 II 1145).

2. Deutsche mit Vermögen im Ausland:

Verstirbt ein Deutscher im Inland und hinterläßt er ausländisches bewegliches Vermögen (zB Bankguthaben, Wertpapierdepots, Bank-Safe, Wohnungseinrichtungen), dann gilt zwar aus unserer Sicht deutsches Erbrecht (Art. 25 Abs. 1 EGBGB). Eine andere Frage ist, ob das ausländische Recht (und also die ausländische Bank) den deutschen Erbschein anerkennt. Es kann nach ausländischem Verfahrensrecht erforderlich sein, zusätzliche (ausländische) Nachweise zu beschaffen.

Besonderheiten bestehen bei ausländischen Grundstücken (zB Eigentumswohnungen). Verstirbt zB ein deutscher Staatsangehöriger in München und hinterläßt er Vermögen in München und ein Grundstück in New York/USA, dann gilt zwar grundsätzlich deutsches Erbrecht, aber nicht für das US-Grundstück, wenn das US-Recht dafür besondere Vorschriften enthält (Art. 3 Abs. 3 EGBGB). Dies ist der Fall: nach dem Recht des Staates New York wird das dortige Grundstück nach US-Erbrecht vererbt. Der vom deutschen Nachlaßgericht erteilte Erbschein erhält daher einen Geltungsvermerk, daß er sich nicht auf in den USA belegene Grundstücke bezieht. Die Erbfolge in das US-Grundstück muß dann vor den Behörden des Staates New York geklärt werden. Ähnliches gilt für Grundstücke in Frankreich. Die Lage hängt also insoweit vom jeweiligen ausländischen Erbrecht ab.

Einzelheiten vgl Ferid/Firsching, Internationales Erbrecht, 1993.

3. Ausländer in Deutschland

Ausländer werden nach ihrem Heimatrecht beerbt, selbst wenn sie in Deutschland ihren letzten Wohnsitz hatten (Art. 25 Abs. 1 EGBGB; für Erbfälle vor dem 1. 9. 1986 gilt das frühere Recht, Art. 220 EGBGB, dh Art. 24–26 EGBGB aF; vorrangige Staatsverträge bestehen ua mit: Iran; Türkei). Es kommt aber oft vor, daß das ausländische Recht auf das deutsche Erbrecht zurückverweist, zB weil der Ausländer hier wohnte oder Grundstücke besaß; dann gilt insoweit deutsches Erbrecht (Art. 4 Abs. 1 EGBGB). Je nach dem Umfang der Rückverweisung gilt das deutsche Erbrecht für den ganzen Nachlaß oder nur für den in Deutschland befindlichen Nachlaß oder nur für die in Deutschland gelegenen Immobilien.

Die deutschen Nachlaßgerichte erachten sich nur für (international) zuständig, wenn deutsches Erbrecht anzuwenden ist (sog. Gleichlaufsgrundsatz). Beim Tod von Ausländern sind deshalb zunächst deren Heimatbehörden für Erbscheine oder ähnliche Bescheinigungen zuständig; die deutschen Nachlaßgerichte sind nur zuständig, wenn

– aufgrund Rückverweisung deutsches Erbrecht gilt, Art. 4 Abs. 1, 3 Abs. 3 EGBGB; erteilt wird ein Eigenrechtserbschein nach § 2353 BGB (Zuständigkeit nach § 73 Abs. 1, 3 FGG); ein Geltungsvermerk ist im Erbschein anzubringen;

– wenn der Ausländer für sein deutsches Immobilienvermögen in einer Verfügung von Todes wegen deutsches Erbrecht wählte (Art. 25 Abs. 2 EGBGB);

– wenn sich eine Erbfolge zwar nach ausländischem Recht richtet, aber zu der Erbschaft Gegenstände in Deutschland gehören, kann das deutsche Nachlaßgericht einen sog. gegenständlich beschränkten Erbschein (Fremdrechtserbschein nach § 2369 BGB; Zuständigkeit nach § 73 Abs. 1, 3 FGG) erteilen. Dieser Erbschein nennt das ausländische Recht und bezieht sich nur auf Inlandsvermögen (zB: „Unter Beschränkung auf den im Inland befindlichen unbeweglichen Nachlaß wird in Anwendung polnischen Rechts bezeugt, daß V von E allein beerbt worden ist.“). Das entsprechende ausländische Erbrecht muß das deutsche Gericht mit Hilfe von Literatur und Universitätsgutachten ermitteln. Dieser Erbschein hilft den Erben des

Ausländers insbesondere bei der Grundbuchberichtigung. Ob der ausländische Staat den deutschen Erbschein anerkennt spielt keine Rolle.

Es sind Fälle denkbar, in denen zB das in Deutschland befindliche Grundstück nach deutschem Erbrecht vererbt wird, das in Deutschland befindliche bewegliche Vermögen und das Auslandsvermögen nach dem ausländischen Erbrecht (sog. Nachlaßspaltung): Folge: Eigenrechtserbschein für das deutsche Grundstück, Fremdrechtserbschein für den deutschen beweglichen Nachlaß. Für den Auslandsnachlaß bescheinigen unsere Gerichte nichts.

4. Ausländische Erbscheine

Ausländische Erbscheine und ähnliche Zeugnisse werden in Deutschland grundsätzlich anerkannt (§ 16 a FGG); ein besonderes Verfahren ist dafür nicht vorgesehen, die Anerkennung wird jeweils als Vorfrage mitentschieden. Das Grundbuchamt kann zwar nicht ohne weiteres einen deutschen Erbschein verlangen (Soergel/Damrau § 2369 BGB Rz 2); wenn die ausländischen Zeugnisse in ihrer Wirkung deutschen Erbscheinen nicht vergleichbar sind, kann aber vom Grundbuchamt ein deutscher Erbschein gefordert werden.

XXXVI. Unterhaltsrenten bei Tötung eines Ehegatten

War ein Getöteter zur Zeit der Verletzung unterhaltspflichtig und ist dem Dritten (zB Ehegatte, Kind) infolge der Tötung das Recht auf den Unterhalt entzogen worden, hat der Schädiger (bzw seine Versicherung) den unterhaltsberechtigten Dritten durch eine Geldrente zu entschädigen (§ 844 Abs. 2 BGB; § 10 Abs. 2 StVG; §§ 5 Abs. 2, 8 HaftpflichtG).

Beispiel: der Angestellte K wird bei einem Verkehrsunfall, den B verschuldet hat, verletzt und stirbt an den Folgen. Er hinterläßt die Witwe mit zwei kleinen Kindern.

1. Anspruchsvoraussetzungen:

a) Grundsätzliche Schadensersatzpflicht des Schädigers (§§ 823 BGB; 7, 18 StVG) gegenüber dem Verletzten (und später Verstorbenen), zB aufgrund eines Verkehrsunfalls, einer fehlerhaften medizinischen Behandlung, einer Straftat.

b) Gesetzliche Unterhaltspflicht des Getöteten im Augenblick der Verletzung gegenüber dem Kläger (hier: Witwe und die beiden Kinder). Diese Unterhaltpflicht besteht gegenüber bestimmten Verwandten (§§ 1601 ff BGB: Kinder, Enkel; Eltern, Großeltern usw), Ehegatten (§§ 1360 ff BGB), uU auch gegenüber geschiedenen Ehegatten (§§ 1569 ff BGB), gegenüber nichtehelichen Kindern (§§ 1615 a ff BGB), für ehelich erklärten (§ 1736 BGB) und adoptierten (§ 1754 BGB) Kindern. Der Anspruch steht nicht der Restfamilie insgesamt zu, sondern jedem einzelnen in einer bestimmten Höhe (also nicht: 2500 DM für Witwe und zwei Kinder, sondern zB 1500 für die Witwe, je 500 für jedes Kind; sog. Teilgläubigerschaft).

Kein gesetzlicher Unterhaltsanspruch besteht gegenüber Geschwistern, Verschwägerten, Stiefkindern (BGH NJW 1984, 977); Verlobten (OLG Frankfurt VersR 1984, 449), Partnern nichtehelicher Lebensgemeinschaften (BGH NJW 1984, 2520).

c) Der Unterhaltsanspruch muß realisierbar gewesen sein, also notfalls durch Zwangsvollstreckung beitreibbar (BGH NJW 1974, 1373). Dagegen ist nicht erforderlich, daß im Augenblick der Verletzung tatsächlich Unterhalt bezahlt wurde. Hatte die Witwe zB beim Tod des Mannes ausreichend Einkommen und ist sie zwei Jahre später erwerbslos, dann steht ihr der Anspruch gleichwohl zwei Jahre später zu; denn in § 844 Abs. 2 S. 1 BGB steht „... oder unterhaltspflichtig werden konnte".

2. Rentenhöhe

Die Errechnung der Rentenhöhe ist schwierig, im Einzelnen unklar und heftig umstritten; vgl. Monstadt, Unterhaltsrenten bei Tötung eines Ehegatten, 1992; Scheffen/Pardey, Rspr. des BGH zum Schadensersatz beim Tod einer Hausfrau, 1994; Schulz-Borck, Schadensersatz bei Ausfall von Hausfrauen 3. Aufl. 1988. Im Folgenden kann nur das Grundschema (vgl BGH VersR 1986, 264; Tempel, Materielles Recht im Zivilprozeß 2. Aufl. 1992, S. 637 ff; Monstadt S. 38 ff) aufgezeigt werden.

Fallgruppe A: Tod des Alleinverdieners

Beispiel: Der alleinverdienende Ehegatte leistete Barunterhalt und wird getötet; Anspruchsberechtigt sind im Beispiel die Witwe und die beiden Kinder.

Die Berechnung der Rentenhöhe erfolgt in folgenden Schritten:

a) Ermittlung des bisherigen Nettoeinkommens des Getöteten (mit Zulagen, Kindergeld, 1/12 des Weihnachtsgeldes usw), zB monatlich 2000 DM.

b) Nettoeinkommen der Witwe (zB monatlich 500 DM) und der Kinder. Es ergibt sich das Familiennettoeinkommen von 2500 DM.

c) Familienunterhaltsbedarf ohne den Tod des Unterhaltsverpflichteten. Er entspricht bei kleinerem und mittlerem Familieneinkommen dem Familieneinkommen, bei hohem Einkommen wird idR ein Überschuß angelegt bzw investiert, es liegt also eine Vermögensbildung vor; die Höhe muß durch Befragung festgelegt werden, Statistiken sind ungeeignet (BGH VersR 1987, 158). Diese Vermögensbildung ist nicht vom Schädiger zu ersetzen.

d) Abzug der fixen Kosten, also der laufenden Haushaltsausgaben, die sich bei Wegfall einzelner Personen (hier: des Vaters)

nicht ändern. Das sind zB Miete, Strom, Heizung, Telefon-
grundgebühr, Versicherungen, Radio/TV-Gebühren, Zeitung,
Müllabfuhr; eine Tabelle findet sich bei Eckelmann/Nehls, Schadensersatz bei Verletzung und Tötung, 1987, S. 113. Hier zB
1000 DM.

e) Aufteilung des Restbetrags (2500–1000 = 1500) auf die Familie; die Quoten werden nach dem konkreten Bedarf geschätzt
(einen Anhaltspunkt geben die Tabellen bei Geigel, Haftpflicht-
prozeß 20. Aufl. 1990, Kap. 8 Rz 44): zB 30% Getöteter, 30%
Witwe (450 DM), je 20% (300 DM) Kinder.

f) Die fixen Kosten nach d) (zB 1000 DM) werden nun auf die
Überlebenden aufgeteilt und zum Betrag nach oben e) addiert;
dabei kann die auf die Witwe entfallende Quote erheblich höher
sein als die Quote der Kinder (BGH NJW 1986, 715). Nimmt
man eine Verteilung 2 (Witwe): 1 (Kind): 1 (Kind) an, ergibt
sich: Witwe 450 + 500 = 950; jedes Kind 300 + 250 = 550;
Kind 300 + 250 = 550. Summe also 2150 (2500 – 450 für den
Getöteten).

g) Nun muß geprüft werden, ob der auf die Kinder nach f)
entfallende Betrag die Sättigungsgrenze nach der Düsseldorfer
Unterhalts-Tabelle, also den maximalen Unterhaltsanspruch,
nicht übersteigt (BGH NJW 1983, 1429); das ist hier der Fall,
weshalb die Beträge der Kinder auf je 450 DM herabzusetzen
sind. Witwe somit: 1150.

h) Abzug des eigenen Nettoeinkommens der Unterhaltsberechtigten: Kinder je 0, Witwe 500; verbleibt bei der Witwe ein
Anspruch in Höhe von (1150–500) 650 DM. Es kann zumutbar
sein, daß die Witwe ihre Arbeitstätigkeit ausdehnt (BGH VersR
1984, 936) oder ein Zimmer untervermietet (OLG Celle VersR
1966, 246).

i) Vorteilsausgleichung: was aufgrund des Todes den Hinterbliebenen zugeflossen ist, ist anzurechnen, zB Zinserträgnisse
der Erbschaft, soweit sie schon zu Lebzeiten für den Lebensunterhalt verwendet wurden; was bei wertender Betrachtung dem
Schädiger nicht zugute kommen soll darf aber nicht angerechnet
werden, wie zB Leistungen von Lebensversicherungen, Unfall-
(zusatz)versicherungen (BGH NJW 1957, 1876; 1971, 2069).

k) Mithaftungsquote. Wenn den Getöteten eine Mithaftung
traf (§ 17 StVG; § 254 BGB) ist der errechnete Betrag um diese
Quote zu kürzen. Witwe und Kinder können Einkünfte aus ih-

rer Erwerbstätigkeit aber zunächst zur Deckung der auf den Verstorbenen entfallenden Schadensquote verwenden (sog. Quotenvorrecht); Berechnungsbeispiel bei BGH NJW 1983, 2315.

l) Sozialversicherungsrente. Eine aus Anlaß des Unfalls gezahlte Sozialversicherungsrente (Witwen-, Waisenrente) ist abzuziehen, weil der Anspruch insoweit auf den Versicherungsträger übergeht (zB nach § 116 SGB X).

m) Der ermittelte Betrag ist eventuell um die Einkommensteuer und Kirchensteuer zu erhöhen (Besteuerungspflicht nach § 22 Nr. 1 EStG streitig, vgl. Schmidt § 22 EStG Anm. 8 b). Bei Unklarheit über die Höhe der Steuer (die sich ja auch jährlich ändert) kommt im Prozeß insoweit eine Feststellungsklage in Betracht.

Fallgruppe B: Tod der Hausfrau.

Beispiel: Eine nicht berufstätige Hausfrau wird bei einem Unfall getötet. Der berufstätige Witwer und zwei Kinder verlangen Ersatz.

Hier wird auf die Kosten einer Ersatzkraft für den rechtlich geschuldeten Umfang der Hausarbeit abgestellt. Berechnungsstufen:

a) Umfang der bisherigen Haushaltstätigkeit? Zu klären ist, inwieweit Ehemann und größere Kinder zur Mitarbeit verpflichtet waren.

b) Lage nach dem Wegfall der Hausfrau? Zu berücksichtigen ist, daß die Eigenversorgung der Hausfrau (also ein gewisser Zeitaufwand) wegfällt, andererseits verbleibt (auch bei Doppelverdienern) immer ein Mehraufwand des überlebenden Witwers (BGH NJW 1988, 1783). Tabellen darüber findet man bei Eckelmann/Nehls, Schadensersatz bei Verletzung und Tötung, 1987, S. 146.

c) Der verbleibende Arbeitsaufwand ist finanziell zu bewerten, wobei von tatsächlichen oder fiktiven Kosten einer Ersatzkraft auszugehen ist (BGH NJW 1971, 2069). Bei einem Haushalt mit Kleinkindern sind geprüfte Kräfte heranzuziehen, sonst genügen Haushaltshilfen. Vergütungsgruppen sind BAT VIII, VII, VIb (BGH NJW 1988, 1783). Bei fiktiven Kosten ist nur der Nettolohn ohne Steuern, Sozialversicherung zu berücksichtigen.

d) Der festgestellte Geldbetrag ist auf die Hinterbliebenen aufzuteilen, vgl oben A f), zB im Verhältnis 2 : 1 : 1.

e) Vorteilsausgleichung, vgl oben A i). Im Beispiel erspart sich der Ehemann den Unterhalt der getöteten Ehefrau (BGH NJW 1971, 2066; str).

f) Mithaftungsquote (oben A k), Berücksichtigung von Sozialversicherungsrente (BGH NJW 1982, 1045; str; vgl oben A l) und
Besteuerung (oben A m).

3. Rentendauer

Fallgruppe A: Tod des Alleinverdieners

Sie hängt von der Dauer der vermutlichen Leistungsfähigkeit
des Getöteten ab (bei Arbeitnehmern idR bis zum 65. Lebensjahr) sowie von der Dauer der vermutlichen Unterhaltsbedürftig-
keit von Witwe und Kindern.

a) Witwe: Die Unterhaltsrente für die Witwe ist dem Grunde
nach für die mutmaßliche Lebensdauer des Getöteten zu zahlen;
entsprechendes gilt für einen Witwer. Sie hängt ab vom Alter des
Getöteten und ergibt sich aus den Sterbetabellen, variiert durch
den Gesundheitszustand, Lebensgewohnheiten und Beruf des
Getöteten. Beweismittel für die Gesundheit sind Zeugnisse der
Hausärzte des Getöteten sowie Sachverständigengutachten, die
Beweislast haben die Hinterbliebenen. Der Beklagte bzw dessen
Versicherung werden in der Regel einwenden, der Getötete sei
kränklich gewesen und ohnehin bald gestorben; dafür hat der
Beklagte die Beweislast (BGH NJW 1972, 1515): wenn also der
Beweis nicht zur Überzeugung des Gerichts zu erbringen ist, ist
von Gesundheit auszugehen.

b) Kinder: Die Unterhaltsrente für ein Kind läuft, bis es wirtschaftlich selbständig ist (§ 1602 BGB). Ist die Dauer der Ausbildung noch nicht abzusehen, läuft die Rente in der Regel bis zum
18. Geburtstag des jeweiligen Kindes; da aber der Unterhaltsanspruch nicht immer damit endet (zB wenn die Kinder ein Stu-
dium beginnen), ist für den weiteren Unterhaltsanspruch eine
Feststellung erforderlich, daß der Schädiger auch über den Zeitpunkt hinaus dem Grunde nach unterhaltspflichtig ist; denn andernfalls wären spätere Ansprüche verjährt.

c) Rückstände: auch rückständige Unterhaltsbeträge können
geltend gemacht werden, soweit sie nach dem Tod entstanden
sind; Verzug ist nicht erforderlich; nicht dagegen können vor
dem Tod aufgelaufene Rückstände gefordert werden (BGH NJW
1973, 1076; str.).

Fallgruppe B: Tod der Hausfrau

Hier hängt die Rentendauer davon ab, wie lange die Frau den Haushalt hätte führen können (je nach Gesundheit mindestens bis ins 70. oder 75. Lebensjahr) und – bei den Kindern – wie lange sie darauf angewiesen gewesen wären (mindestens bis zum 18. Lebensjahr).

4. Geltendmachung der Ansprüche

a) *Ohne Prozeß: Abfindungsvergleich.*

Kommt es nicht zum Prozeß, sondern wird mit der Haftpflicht-Versicherung des Schädigers ein sog. Abfindungsvergleich geschlossen, ist zu beachten, daß damit alle Ansprüche (auch unvorhergesehene) für Vergangenheit und Zukunft abgegolten sind. Das ist für den Geschädigten gefährlich; als Laie kann er den Wortlaut des Vergleichs meist nicht völlig durchschauen; Schäden treten oft erst in vielen Jahren auf.

b) *Prozeß*

Es wird eine Zahlungsklage erhoben. Ist dies nicht möglich, weil zB die Dauer der Ausbildung eines Kindes nicht voraussehbar ist, ist (zur Verhinderung der Verjährung, § 852 BGB) eine Feststellungsklage erforderlich. Die beklagte Haftpflichtversicherung haftet nur im Rahmen der Haftpflichtsumme (wichtig bei Arzthaftung), also nicht unbegrenzt (§ 158a III VVG; § 3 Nr. 6 PflVG); der Schädiger selbst dagegen haftet unbegrenzt mit seinem Vermögen.

5. Spätere Änderungen der Unterhaltsrente

Beim Abfindungsvergleich ist eine spätere Erhöhung oder Nachzahlung ausgeschlossen, wenn sie nicht vereinbart wurde.

Bei Entscheidung durch Urteil können spätere Änderungen (zB Geldentwertung, Lohnerhöhungen, Erhöhung der Sozialversicherungsrenten, Selbständigkeit der Kinder, Wiederverheiratung der Witwe) von jeder Partei durch Abänderungsklage nach § 323 ZPO geltend gemacht werden (BGH 34, 110).

6. Schmerzensgeld, Beerdigungskosten

Stirbt der Verletzte nach dem Unfall, vererbt er auch seinen eventuellen Schmerzensgeldanspruch gegen den Schädiger (§ 847 BGB) auf seine Erben; die Erben können ihn geltend machen.

Davon zu unterscheiden ist ein eigener Schmerzensgeldanspruch der nahen Angehörigen, der aus eigener Verletzung herrührt. Er kommt in seltenen Fällen in Betracht (BGH VersR 1971, 905), zB wenn die Ehefrau beim Miterleben oder bei der Nachricht vom Tod ihres Manns einen Nervenschock mit andauernder schwerer psychischer Beeinträchtigung erleidet; Voraussetzung ist immer eine seelische Erschütterung eines nahen Angehörigen, die über den regelmäßigen Schmerz bei einem Trauerfall erheblich hinausgeht, zB traumatische Schädigungen der Gesundheit, Erfordernis psychotherapeutischer Behandlung wegen Depressionen und Verhaltensänderungen. Da manchmal der Anschein entsteht, daß die Angehörigen psychische Schäden vorspiegeln, verfahren die Gerichte restriktiv; Beträge von 3000 DM, 7000 DM und 15000 DM wurden zugesprochen (Slizyk, Beck- 'sche Schmerzensgeldtabelle 1993, S. 25), den hohen Betrag in einem Fall, in dem der Vater den Unfalltod des Kindes miterlebte, Folge: schwere reaktive depressive Verstimmungszustände und anhaltende Selbstmordgefahr.

Der Schädiger hat ferner die Beerdigungskosten zu ersetzen (§ 844 Abs. 1 BGB); vgl. S. 35.

XXXVII. Erbschaftsteuer

1. Verfahrensablauf im Allgemeinen

Banken, Sparkassen, Bausparkassen, Postgiroämter und sonstige Vermögensverwahrer haben beim Tod eines Kunden die Vermögenswerte (also Guthaben, Kurswert der Wertpapierdepots, Zahl der Schließfächer) dem Erbschaftsteuer-Finanzamt mitzuteilen (§ 33 ErbStG); diese Pflicht entfällt nur, wenn der Wert 2000 DM nicht übersteigt. Weitere Anzeigepflichten treffen Nachlaßgerichte, Notare, Standesämter, Versicherungsgesellschaften.

Das Erbschaftsteuer-Finanzamt schickt dann dem Erben einen Vordruck für die Erbschaftsteuer-Erklärung nebst Ausfüllhinweisen und setzt eine Frist von einigen Wochen zum Ausfüllen. Hierauf erläßt das Finanzamt den Erbschaftsteuerbescheid, der mit Einspruch angegriffen werden kann. Die festgesetzte Steuer ist innerhalb von einem Monat ab Zustellung des Bescheids zur Zahlung fällig.

Die Finanzämter informieren sich gegenseitig: das Finanzamt, das für die Einkommensteuer und Vermögensteuer des Verstorbenen zuständig war, erhält eine Kontrollmitteilung, wenn das Reinvermögen mehr als 250000 DM oder das Kapitalvermögen des Verstorbenen mehr als 100000 DM betrug; stellt sich dann heraus, daß der Verstorbene sein Wertpapierdepot nicht versteuert hatte, kann bis zu 10 Jahren rückwirkend (§ 169 Abs. 2 Satz 2 AO) von den Erben die vom Erblasser nicht entrichtete Einkommen- und Vermögensteuer verlangt werden. Das Finanzamt des Erben wird bei einem Erwerb von mehr als 100000 DM verständigt (Ländererlaß v. 15. 7. 1994, BStBl 1994 I 529).

2. Steuerpflichtige Vorgänge

Der ErbSt-Pflicht unterliegt u.a. der Erwerb von Todes wegen und die Schenkung unter Lebenden (§ 1 ErbStG). Als Erwerb von Todes wegen gilt u.a. (§ 3 ErbStG):
– der Erwerb durch Erbanfall; durch Erbersatzanspruch; Ver-

mächtnis; geltend gemachten Pflichtteilsanspruch; Schenkung
auf den Todesfall;

- Abfindung für Verzicht auf Pflichtteilsanspruch, für Ausschlagung, aufgrund Gesellschaftsvertrages usw;
- außerhalb des Nachlasses übergegangene Lebensversicherungen, Guthaben, Wertpapiere;
- der auf Gesellschaftsvertrag beruhende Übergang von Anteilen.
- Vorerbschaft (§ 6 Abs. 1 ErbStG); Nacherbschaft (§ 6 Abs. 2
ErbStG)

Der Steuerpflicht unterliegen Inländer, dh Personen, die im
Inland Wohnsitz oder gewöhnlichen Aufenthalt haben (die
Staatsangehörigkeit bleibt außer Betracht); ein Deutscher, der seinen Wohnsitz ins Ausland verlegt hat, bleibt noch 5 Jahre lang
ErbSt-pflichtig (§ 2 Abs. 1 Nr. 1 b ErbStG). Ist weder der Erblasser noch der Erbe Inländer, unterliegt gleichwohl das Inlandsvermögen (§ 121 Abs. 2 BewG) der Erbschaftsteuer. Hatte der Verstorbene seinen Wohnsitz in eine sog. Steueroase (niedrigbesteu-
erndes Gebiet) verlegt, besteht über diese fünf Jahre hinaus für
weitere fünf Jahre (also insgesamt für 10 Jahre) eine erweiterte
ErbSt-Pflicht (§§ 4, 2 Abs. 1 des Außensteuergesetzes).

Die Erbschaftsteuer kann nicht dadurch umgangen werden,
daß der Erblasser kurz vor seinem Tod sein Vermögen an die
künftigen Erben verschenkt; denn die Schenkung unter Lebenden
unterliegt derselben Steuer wie der Vermögensübergang durch
einen Erbfall (§ 1 Abs. 1 Nr. 2 ErbStG).

3. Der ErbSt unterliegendes Vermögen

Als steuerpflichtiger Erwerb gilt die Bereicherung des jeweiligen Erben (§ 10 ErbStG). Bewertungsstichtag ist grundsätzlich
der Tag des Todes.

a) Nachlaßgegenstände:

*aa)*Inländische land- und forstwirtschaftliche Betriebe: (1) Liegen sie in den alten Bundesländern und ist ein (steuerlicher) Einheitswert auf den 1. 1. 1964 oder später festgestellt worden, ist
dieser Einheitswert maßgebend. (2) Für Betriebe in den neuen

Bundesländern und Berlin-Ost ist Bemessungsgrundlage der Ersatzwirtschaftswert nach § 125 Abs. 2–7 BewG (§ 126 Abs. 2 BewG). (3) Für Betriebe im Ausland ist der Verkehrswert maßgebend.

bb) Grundvermögen (bebaute oder unbebaute Grundstücke, Wohnungseigentum):

(1) Liegen sie in den alten Bundesländern, sind sie mit 140% des Einheitswerts per 1.1. 1964 (oder des später festgestellten) anzusetzen, also nicht mit dem viel höheren Verkehrswert; Grundvermögen ist daher gegenüber Geldvermögen und Wertpapieren bei der ErbSt begünstigt.

Diese Regelung hat das BVerfG (NJW 1995, 2624) am 22. 6. 1995 für verfassungswidrig erklärt; 1995 darf trotzdem noch das bisherige Recht angewandt werden. 1996 erfolgen nur noch *vorläufige* Veranlagungen zur ErbSt; spätestens ab 1. 1. 1997 kommt eine gesetzliche Neuregelung.

Das BVerfG stellt folgendes fest:

Der erbschaftsteuerliche Zugriff bei Familienangehörigen im Sinne der Steuerklasse I ist derart zu mäßigen, daß jedem dieser Steuerpflichtigen der jeweils auf ihn überkommene Nachlaß – je nach dessen Größe – zumindest zum deutlich überwiegenden Teil oder, bei kleineren Vermögen, völlig steuerfrei zugute kommt. Entschließt sich der Gesetzgeber, der Erbschaftsteuer realitätsnahe Gegenwartswerte des Grundbesitzes zugrunde zu legen, so ist es notwendig, den Betrag des Nachlaßwertes, der dem oder den Erben des Steuerklasse I ungeschmälert verbleiben muß, entsprechend freizustellen. Für diesen Nachlaßwert bezeichnet der Wert des persönlichen Gebrauchsvermögens einen tauglichen Anhalt. In bezug auf einen darüber hinausgehenden Vermögenszuwachs ist der erbschaftsteuerliche Zugriff so zu beschränken, daß die Erbschaft für den Ehegatten noch Ergebnis der ehelichen Erwerbsgemeinschaft bleibt und auch eine im Erbrecht angelegte Mitberechtigung der Kinder am Familiengut nicht verlorengeht.

Zudem hat der Gesetzgeber bei der Gestaltung der Steuerlast zu berücksichtigen, daß die Existenz von bestimmten Betrieben – namentlich von mittelständischen Unternehmen – durch zusätzliche finanzielle Belastungen, wie sie durch die Erbschaftsteuer auftreten, gefährdet werden kann. Die Erbschaftsteuerlast muß hier so bemessen werden, daß die Fortführung des Betriebes steuerlich nicht gefährdet wird. Diese Verpflichtung, eine verminderte finanzielle Leistungsfähigkeit erbschaftsteuerrechtlich zu berücksichtigen, ist unabhängig von der verwandtschaftlichen Nähe zwischen Erblasser und Erben.

(2) Grundvermögen in den neuen Bundesländern und Berlin-Ost unterliegen wie folgt der ErbSt-Besteuerung: Mietwohngrundstücke mit 100%, Geschäftsgrundstücke mit 400%, gemischtgenutzte Grundstücke, Einfamilienhäuser und sonstige bebaute Grundstücke mit 250%, unbebaute Grundstücke mit 600% des Einheitswertes nach den Wertverhältnissen vom 1. 1. 1935 (§ 133 BewG).

(3) Auslandsgrundvermögen wird mit dem Verkehrswert angesetzt.

cc) Betriebsvermögen (einschließlich dazugehöriger Grundstücke;

dd) übriges Vermögen, zB Sachen, Rechte, Ansprüche nach dem Gesetz zur Regelung offener (DDR-)Vermögensfragen: nach dem Verkehrswert; Ansprüche auf Hinterbliebenenrente oder Beamtenpension unterliegen nicht der ErbSt.

ee) Kapitalvermögen (Aktien, Anleihen) nach dem Kurswert, Investmentanteile mit dem Rücknahmewert; Genossenschaftsanteile mit dem Nominalwert;

ff) Kapitalforderungen, zB Bankguthaben, gegebene Darlehen.

gg) Versicherungssummen, Sterbegelder.

hh) Hausrat, Kunstgegenstände, Sammlungen (bei Steuerklasse I und II beträgt der Freibetrag je Erwerber 40 000 DM, bei Steuerklasse III und IV 10 000 DM; werden diese Freigrenzen überschritten, unterliegt der volle Erwerb der Steuer).

ii) Andere bewegliche Sachen wie Musikinstrumente, Kraftfahrzeuge (bei Steuerklasse I und II beträgt der Freibetrag 5000 DM, bei Steuerklasse III und IV 2000 DM; für Gold- und Silbermünzen gilt diese Befreiung nicht; werden die Freigrenzen überschritten, unterliegt der volle Erwerb der ErbSt).

b) Nachlaßverbindlichkeiten

Es sind abzugsfähig:
– alle Schulden des Erblassers (auch Steuerschulden);
– die durch den Erbfall entstandenen Kosten (wie Grabdenkmal, sonstige Bestattungskosten);
– Kosten der üblichen Grabpflege (9-facher Jahreswert abzugsfähig, §§ 10 Abs. 5 Nr. 3 ErbStG, 13 Abs. 2 BewG).
– Nachlaßregelungskosten (Erbscheingebühren, Kosten der Nachlaßpflegschaft, Honorar des Testamentsvollstreckers);

nicht dazu gehören die Kosten der Nachlaßverwaltung und die Erbschaftsteuer.

Für die drei letzten Positionen können pauschal 10000 DM (ab 1. 1. 1996: 20000 DM) angesetzt werden; wird mehr behauptet, sind Belege vorzulegen.

c) Freibeträge

– Ehegatten haben einen allgemeinen Freibetrag von 250000 DM. Zusätzlich wird ein Versorgungsfreibetrag von weiteren 250000 DM gewährt; er wird bei Ehegatten, denen aus Anlaß des Todes des Erblassers nicht der ErbSt unterliegende Versorgungsbezüge (zB Hinterbliebenenrente aus der Sozialversicherung, Beamtenpension, berufsständische Pflichtversicherung) zustehen, um den Kapitalwert dieser Bezüge gekürzt. Lebten die Ehegatten in Zugewinngemeinschaft (immer, wenn notariell kein anderer Güterstand vereinbart wurde), gilt *der* Betrag nicht als „geerbt" (und ist also ErbSt-frei), den der Überlebende als Zugewinnausgleich (vgl. S. 55) verlangen könnte (§ 5 ErbStG).

– Kinder haben einen allgemeinen Freibetrag von je 90000 DM. Zusätzlich wird ein Versorgungsfreibetrag gewährt (bei einem Alter bis 5 Jahren 50000 DM; bei mehr als 5–10 Jahren: 40000 DM; mehr als 10–15 Jahren: 30000 DM; mehr als 15–20 Jahren: 20000 DM; mehr als 20–27 Jahren: 10000 DM). Stehen dem Kind ErbSt-freie Versorgungsbezüge (zB Waisenrente) zu, wird der Freibetrag um deren Kapitalwert gekürzt. Bei steuerpflichtigen Erwerben über 150000 DM vermindert sich der Freibetrag um den darüber hinausgehenden Betrag.

d) Befreiungen, Vergünstigungen

– Geht Vermögen innerhalb von 10 Jahren durch Erbschaft von einer Person der Steuerklasse I oder II erneut auf eine Person dieser Steuerklasse über, ermäßigt sich die ErbSt für den weiteren Übergang je nach Zeitablauf bis um 50% (§ 27 ErbStG).

– Inländisches Betriebsvermögen kann ab 1994 einmal innerhalb eines Zeitraums von zehn Jahren bis zur Höhe von 500000 DM durch Erbanfall oder im Weg der vorweggenommenen Erbfolge steuerfrei auf die Unternehmensnachfolge übertragen werden (sog. Standortsicherungsgesetz). Mit Wirkung vom 1. 1.

1996 wurde diese Regelung erweitert (§ 13 Abs. 2a, § 37 Abs. 15 ErbStG): Übergehendes Betriebsvermögen, das den Freibetrag von 500 000 DM übersteigt, ist nur mit 75 v. H. anzusetzen. Im Gegensatz zum Freibetrag löst die Inanspruchnahme des Bewertungsabschlags bei einer Schenkung keine Sperrfrist aus (vgl. § 13 Abs. 2a Satz 3 ErbStG). Der Bewertungsabschlag steht daher bei jeder Zuwendung begünstigten Vermögens an den gleichen, aber auch an andere Erwerber zur Verfügung. Die Begünstigung für Betriebsvermögen (Freibetrag *und* Bewertungsabschlag) gilt künftig auch für Anteile an sog. familienbezogenen Kapitalgesellschaften.

– Wer den Erblasser gegen unzureichendes Entgelt gepflegt hat, kann bis zu 2000 DM vom Erbe abziehen (nicht aber Ehegatten), § 13 Abs. 1 Nr. 9 ErbStG;
– Bei Betriebs-, land- und forstwirtschaftlichem Vermögen kann u. U. die darauf entfallende ErbSt bis zu 7 Jahre (für Erbfälle ab 1. 1. 1996: bis zu 10 Jahren) gestundet werden (§ 28 ErbStG).
– Auslandsvermögen eines Inländers unterliegt u. U. ausländischer und inländischer ErbSt. Die ausländische ErbSt kann u. U. angerechnet werden (§ 21 ErbStG). Hier spielen ferner die Doppelbesteuerungsabkommen (mit Griechenland, Schweden, Österreich, Schweiz, USA, Israel) eine Rolle.
– Zahlreiche weitere Fälle regelt § 13 ErbStG.

e) Zehnjahresgrenze

Erwerbe innerhalb der letzten 10 Jahre vor dem Todestag werden mit der Erbschaft zusammengezählt. Hat zB V 1985 seinem Sohn ein Haus (Einheitswert 64 000 DM; 140% = 89 600) geschenkt, war dies damals steuerfrei, da der Freibetrag (90 000 DM) nicht überschritten wurde. Vererbt V 1993 seinem Sohn dann Wertpapiere für 200 000 DM, werden nun 289 600 DM als Erwerb behandelt. Wurde 1985 wegen höherem Erwerb Schenkungsteuer bezahlt, wird sie beim Erbfall auf die ErbSt angerechnet (§ 14 ErbStG).

4. Steuerklassen (§ 15 ErbStG)

Steuerklasse I
1. Der Ehegatte,
2. die Kinder und Stiefkinder,
3. die Kinder verstorbener Kinder und Stiefkinder.

Steuerklasse II
1. Die Abkömmlinge der in Steuerklasse I Nr. 2 genannten Kinder, soweit sie nicht zur Steuerklasse I Nr. 3 gehören,
2. die Eltern und Voreltern bei Erwerben von Todes wegen.

Steuerklasse III
1. Die Eltern und Voreltern, soweit sie nicht zur Steuerklasse II gehören,
2. die Geschwister,
3. die Abkömmlinge ersten Grades von Geschwistern,
4. die Stiefeltern,
5. die Schwiegerkinder,
6. die Schwiegereltern,
7. der geschiedene Ehegatte.

Steuerklasse IV
Alle übrigen Erwerber und die Zweckzuwendungen.

5. Freibeträge (§ 16 ErbStG)

Der Freibetrag beträgt
1. für Ehegatten	250000,– DM;
2. für die übrigen Personen der Steuerklasse I je	90000,– DM;
3. für Personen der Steuerklasse II je	50000,– DM;
4. für Personen der Steuerklasse III je	10000,– DM;
5. für Personen der Steuerklasse IV je	3000,– DM.

6. Steuertarif (§ 19 ErbStG)

Die Erbschaftsteuer wird nach folgenden Vomhundertsätzen erhoben:

Wert des steuerpflichtigen Erwerbs bis einschließlich Deutsche Mark	Vomhundertsatz in der Steuerklasse			
	I	II	III	IV
50 000	3	6	11	20
75 000	3,5	7	12,5	22
100 000	4	8	14	24
125 000	4,5	9	15,5	26
150 000	5	10	17	28
200 000	5,5	11	18,5	30
250 000	6	12	20	32
300 000	6,5	13	21,5	34
400 000	7	14	23	36
500 000	7,5	15	24,5	38
600 000	8	16	26	40
700 000	8,5	17	27,5	42
800 000	9	18	29	44
900 000	9,5	19	30,5	46
1 000 000	10	20	32	48
2 000 000	11	22	34	50
3 000 000	12	24	36	52
4 000 000	13	26	34	54
6 000 000	14	28	40	56
8 000 000	16	30	43	58
10 000 000	18	33	46	60
25 000 000	21	36	50	62
50 000 000	25	40	55	64
100 000 000	30	45	60	67
über 100 000 000	35	50	65	70

7. Beispiele

a) M verstirbt (in Hamburg) und hinterläßt die Witwe und drei Kinder; es tritt gesetzliche Erbfolge ein. Der Nachlaß besteht aus einem Haus (Einheitswert 100000 DM) und Guthaben/Wertpapieren im Kurswert von 300000 DM. Vom steuerlichen Erwerb von 440000 DM (Grundstück mit 140% des Einheitswerts gerechnet) erlangt die Witwe 1/2 (dh 200000 DM) jedes Kind 1/6 (dh 73333 DM). Alle Erwerbe sind steuerfrei, da sie unter den Freibeträgen liegen.

b) Die Tante vermacht dem Neffen: (1) Wohnhaus im Bay. Wald, Verkehrswert 300000 DM, steuerlicher Einheitswert 50000 DM, anzusetzen mit 140% vom EW = 70000 DM; (2) Wertpapiere im Kurswert von 20000 DM. (3) Möbel im Wert von 6000 DM; (4) Unbezahlte Rechnungen über 5000 DM. Die Beerdigung kostet 7000 DM, der Erbschein 300 DM.

Gesamtwert des Vermögens 90000 DM (70000 + 20000 DM; die Möbel liegen unter den Freibetragsgrenzen). Gesamtwert der Nachlaßverbindlichkeiten 15000 DM (5000 DM Schulden und pauschal 10000 Erbfallkosten). Dies ergibt einen Erwerb von 75000 DM; davon ab Freibetrag 10000 (Neffe, also Steuerklasse III), verbleibt ein steuerpflichtiger Erwerb von 65000 DM. Der Erbschaftsteuersatz beträgt laut Tabelle 12,5%, das ergibt eine Steuerschuld von 8125 DM. Würde ein Sohn oder ein Ehegatte erben, wären sie wegen des höheren Freibetrags keine ErbSt schuldig.

XXXVIII. Einkommensteuer, Vermögensteuer

1. Grundsatz

Die Einkommensteuerpflicht erlischt mit dem Tod des Steuerpflichtigen; ab seinem Tod anfallende Einkünfte werden dem Erben zugerechnet. Stirbt also V am 30. 6., sind die Einkünfte bis 30. 6. in der vom Erben auf den Namen des Verstorbenen abzugebenden Einkommensteuererklärung (bzw im Lohnsteuerjahresausgleich) aufzuführen, die Einkünfte ab 1. 7. sind solche des Erben und in dessen Einkommensteuererklärung aufzuführen.

2. Vorauszahlungen

Die auf den Verstorbenen entfallenden Einkommensteuervorauszahlungen können ab dem Todesfall auf Antrag vom Finanzamt auf Null ermäßigt werden. Das Finanzamt könnte aber zugleich die Vorauszahlungen der Erben entsprechend erhöhen.

3. Die Einkommensteuer des Erben

Der überlebende Ehegatte kann grundsätzlich für das Jahr des Todes des anderen Ehegatten noch Zusammenveranlagung (oder getrennte Veranlagung) wählen, § 26 EStG. Für das Jahr nach dem Todesjahr wird ihm trotz Einzelveranlagung noch der Splittingtarif gewährt (§ 32a Abs. 6 Nr. 1 EStG); sog. Witwensplitting.

Bei den Einkünften aus Vermietung und Verpachtung, aus Land- und Forstwirtschaft, Gewerbebetrieb, hat der Erbe die Buchwerte und Abschreibung des Erblassers fortzuführen, weil ein unentgeltlicher Erwerbsvorgang vorliegt (vgl § 11 d EStDV); Änderungen können sich nach der Auseinandersetzung ergeben (vgl. S. 201).

Bei der Einkommensteuer (bzw im Lohnsteuerjahresausgleich) können die Bestattungskosten teilweise von den Einkünften (nicht also von der Steuer!) abgezogen werden, wenn

– es sich um außergewöhnliche Belastungen handelt (§ 33 EStG).
Bei Gesamteinkünften von 50 000 DM sind zB bei kinderlosen
Steuerpflichtigen Belastungen bis 3000 DM zumutbar; bei Be-
stattungsaufwendungen von 15 000 DM würden also 12 000
DM einkommensteuerfrei bleiben.

– Eine außergewöhnliche Belastung liegt ferner nur vor, wenn
die Beerdigungskosten den Wert des Nachlasses übersteigen
und eine Ausschlagung der Erbschaft unzumutbar war.

– Schließlich werden nicht alle Ausgaben als Bestattungskosten
im Sinne des § 33 EStG anerkannt, zB nicht Ausgaben für
Trauerkleidung (BFH BStBl 67 III 364), Bewirtung der Trauergäste (BFH BStBl 88 II 130), Erneuerung des Grabmals, Fahrtkosten (vgl Schmidt § 33 EStG Anm. 8).

In manchen Fällen kann Einkommensteuer anfallen, wenn geerbtes Vermögen veräußert wird.

Beispiel: Ein Kunstmaler verstirbt. Er hinterläßt seiner Witwe 250 von
ihm produzierte Gemälde, die die Witwe in den nächsten Jahren an Gale-
rien verkauft. Der Bundesfinanzhof (ZEV 1994, 55) entschied, die Witwe
habe dadurch nachträglich Einkünfte aus künstlerischer Tätigkeit erzielt,
die der Einkommensteuer unterlägen (§§ 18, 24 EStG); dagegen habe die
Witwe keinen Gewerbebetrieb ausgeübt, müsse also keine Gewerbesteuer
bezahlen.

4. Steuerermäßigung bei Belastung mit Erbschaftsteuer

Sind bei der Ermittlung des Einkommens Einkünfte berücksichtigt worden, die im Veranlagungszeitraum oder in den vorangegangenen vier Jahren der Erbschaftsteuer unterlegen haben,
wird auf Antrag die Einkommensteuer nach einer komplizierten
Formel gekürzt (§ 35 EStG). So wirken sich zB Veräußerungsgewinne (§§ 14, 14a, 16, 17, 18 Abs. 3 EStG), Gewinne bei der
Veräußerung oder Entnahme einzelner Anlagegüter des geerbten
Betriebsvermögens, Forderungen aus betrieblicher Tätigkeit,
Einnahmen aus rückständigen Mietforderungen, nach dem Tod
des Erblassers bezahlte rückständige Zinsen und nachträglich be-
zahlter Arbeitslohn sowohl bei der Erbschaftsteuer wie später bei
der Einkommensteuer aus, es liegt also eine Doppelbelastung vor,
die § 35 EStG etwas mildert.

Beispiel: E hat seinen Vater, einen Arzt, beerbt. Der Nachlaß besteht aus der Praxis, 200 000 DM rückständigen Arzthonoraren sowie einem Mietshaus, bei dem 10 000 DM Miete rückständig sind. Hier unterliegen die 210 000 DM Außenstände als Forderungen der ErbSt, sobald sie bezahlt sind unterliegen sie nochmals der Einkommensteuer. Doppelbelastung! Der Erbe sollte hier einen Ermäßigungsantrag nach § 35 EStG stellen.

5. Die Erbengemeinschaft

Sind mehrere Erben vorhanden, fällt der Nachlaß an eine Erbengemeinschaft als Gesamthandsgemeinschaft. Die Erbengemeinschaft ist keine juristische Person. Die Erbengemeinschaft hat jährlich eine „Erklärung zur gesonderten und einheitlichen Feststellung von Besteuerungsgrundlagen für die Einkommensbesteuerung" bei dem für die Erbengemeinschaft örtlich zuständigen Finanzamt abzugeben: die Erklärung nennt die Erbengemeinschaft; die Anlage FB gibt die Feststellungsbeteiligten an, das sind die einzelnen Erben mit Name und Anschrift (sowie jeweiliger Steuernummer); der für die Steuererklärung verantwortliche Erbe hat sie zu unterschreiben, hilfsweise alle Erben. Ferner sind als Bestandteile dieser Feststellungserklärung die jeweiligen Anlagen (zB „Einkünfte aus Kapitalvermögen", „Einkünfte aus Vermietung und Verpachtung") auszufüllen; weiterhin eine Anlage (ESt 1, 2, 3 B), die die Einkünfte usw auf die Erben nach ihrer Erbquote aufteilt.

Das Finanzamt erläßt dann einen entsprechenden Feststellungsbescheid und informiert die Finanzämter der einzelnen Erben; die Erben haben im übrigen von sich aus die auf sie entfallenden Einkünfte in ihren Steuererklärungen anzugeben. § 39 II 2 AO; § 180 AO.

Beispiel: Drei Kinder A, B, C haben vom Vater ein Mietshaus zu je 1/3 geerbt. Der Überschuß beträgt im Jahr 1993 30 000 DM. Die Erbengemeinschaft hat (unter ihrer eigenen Steuernummer, die vom Finanzamt zugeteilt wird) eine Steuererklärung über diese 30 000 DM abzugeben, wobei der Vordruck über „Vermietung und Verpachtung" auszufüllen ist; jeder Miterbe hat in seiner eigenen Einkommensteuererklärung die Steuernummer der Erbengemeinschaft anzugeben und unter Bezugnahme auf die Beteiligung an der Gemeinschaft 10 000 DM als Einkünfte aus Vermietung anzugeben und zu versteuern, muß aber nicht nochmals den Vordruck über „Einkünfte aus Vermietung und Verpachtung" ausfüllen.

Die Einkünfte können von den Erben abweichend von der Erbquote aufgeteilt werden, wenn zB ein Vorgriff auf die spätere Auseinandersetzung vorliegt (Esch/Schulze zur Wiesche II Rz 365).

6. Die Auseinandersetzung der Erbengemeinschaft

a) *Grundsatz*

Sind mehrere Erben vorhanden, wird der Nachlaß gemeinschaftliches Vermögen der Erben (§ 2032 BGB); die Erben bilden eine Gesamthand. Teilen die Erben den Nachlaß unter sich auf, bilden sie aus dem Gesamthandseigentum Alleineigentum. Beides sind verschiedene Rechtsvorgänge. Die Auseinandersetzung kann entgeltlich oder unentgeltlich (im Sinne des Steuerrechts) erfolgen. Sind zB zwei Erben zu 1/2 vorhanden und erlangt ein Erbe an einem Nachlaßgegenstand das Alleineigentum, indem er die Miterben auszahlt oder deren Erbanteile kauft, hat er 1/2 (unentgeltlich) geerbt und 1/2 (entgeltlich) hinzuerworben; Erbfall und Erbauseinandersetzung bilden für die Einkommensbesteuerung keine rechtliche Einheit, sondern sind zwei getrennte Vorgänge; wenn Abfindungen geleistet werden, liegen Anschaffungs- und Veräußerungsgeschäfte vor (BFH NJW 1991, 249; neue Rechtsprechung des Großen Senats des BFH).

Wird dagegen eine Realteilung ohne Abfindung vorgenommen (zB zwei Miterben haben 10 Perser-Teppiche geerbt und einigen sich dahin, daß jeder Alleineigentum an 5 Teppichen erlangt), liegt unentgeltlicher Erwerb vor.

Die Erben können durch entsprechende Gestaltungen uU die Auseinandersetzung entgeltlich oder unentgeltlich gestalten. Diese Fragen sind kompliziert (vgl Meincke NJW 1993, 976; Ebenroth Rz 798–834). Einzelheiten der ertragsteuerlichen Behandlung der Erbengemeinschaft und ihrer Auseinandersetzung ergeben sich aus dem Schreiben des Bundesministers der Finanzen vom 11. 1. 1993 (abgedruckt NJW 1993, 977–993).

b) Geerbte Gebäude

Der Miterbe, der ein Gebäude durch Realteilung ohne Spitzenausgleich erwirbt, führt die Abschreibung der Erbengemeinschaft (also in der Regel: des Erblassers) fort. Erwirbt dagegen der Miterbe das Gebäude entgeltlich, hat er in Höhe des Entgelts Anschaffungskosten, die Bemessungsgrundlage für die künftige Abschreibung sind. Bei der Einkommensteuer spielt die Entgeltlichkeit ferner wegen des Spekulationsgewinns eine Rolle. Keine derartige Steuer fällt an, wenn zwischen Anschaffung und Veräußerung eine längere Frist als die Spekulationsfrist (bei Grundstücken 2 Jahre, bei Wertpapieren 6 Monate; § 23 EStG) liegt oder wenn ein unentgeltlicher Erwerb vorliegt (zB Realteilung dahin, daß A das Haus übernimmt, B die Wertpapiere und bewegliche Habe).

c) Geerbtes Betriebsvermögen

Auch hier kann die Auseinandersetzung je nach Gestaltung entgeltlich oder unentgeltlich erfolgen. Wenn bei der Auseinandersetzung etwas aus dem Betriebsvermögen in die außerbetriebliche (private) Sphäre überführt wird, können steuerpflichtige Entnahmegewinne bei den Erben (§ 4 EStG) anfallen. Stellt die Erbengemeinschaft die gewerbliche Tätigkeit ein, liegt eine Betriebsaufgabe vor (§ 16 Abs. 3 EStG); es können Veräußerungsgewinne anfallen.

7. Vermögensteuer

Die Vermögensteuer beträgt seit 1. 1. 1995 je nach Art des Vermögens 0,5% bis 1% des steuerpflichtigen Gesamtvermögens; der persönliche Freibetrag beläuft sich auf 120 000 DM je Person. Die allgemeine Veranlagung für die Vermögensteuer wird für drei Kalenderjahre vorgenommen (§ 12 VStG). Der Erblasser ist für das ganze Jahr seines Todes noch vermögensteuerpflichtig; stirbt also der Erblasser am 5. 1. 1993, müssen die Erben die Vermögensteuer noch bis 31. 12. 1993 zahlen. Eine neue Veranlagung kann erst zum 1. 1. des nächsten Jahres erfolgen (§ 15 VStG). Nun müssen die Erben das ihnen zugefallene Vermögen, soweit die Freibeträge überschritten werden, versteuern.

Die Erbengemeinschaft selbst unterliegt nicht der Vermögensteuer. Das Vermögen wird auch nicht (wie bei der Einkommensteuer) gesondert ermittelt und festgestellt. Lediglich der Einheitswert eines Grundstücks, eines Gewerbebetriebs oder eines land- und forstwirtschaftlichen Betriebs wird einheitlich und gesondert festgestellt; das sich aus den Einheitswerten errechnende steuerpflichtige Vermögen hat jeder Miterbe für sich in seiner Vermögensteuererklärung anzuführen.

Beispiel: Drei Kinder haben vom Vater ein Haus geerbt. Das Finanzamt stellt den Einheitswert des Hauses einheitlich auf 300 000 DM fest. Bei der Vermögensteuer ist dieses Haus (bisher! Neuregelung ab 1. 1. 1997) mit dem 1,4-fachen anzusetzen, also mit 420 000 DM. Jedes Kind hat in seiner Vermögensteuererklärung einen Anteil von 1/3 am Haus anzugeben, jeweils bewertet mit 140 000 DM.

Für die Mieteinkünfte aus dem Haus dagegen hat die Erbengemeinschaft eine gesonderte Steuererklärung abzugeben; lautet sie zB auf 15 000 DM und sind drei Kinder als Erben zu je 1/3 vorhanden, hat jedes Kind 1/3 = 5000 DM als Einkommen zu versteuern.

XXXIX. Hinterbliebenenversorgung

Das Recht der Hinterbliebenenrenten ist unübersichtlich und kompliziert. Die gesetzlichen Regelungen finden sich im Sechsten Buch des Sozialgesetzbuchs (SGB VI). Der folgende Überblick behandelt nur die Grundlinien. Zahlreiche Einzelheiten bleiben außer Betracht. Auskünfte erteilen die Landesversicherungsanstalten (die auch aktuelle Informationsbroschüren bereithalten) und die Versicherungsämter der Städte/Kreisverwaltungen. Wichtig ist, daß der Antrag auf Hinterbliebenenrente möglichst frühzeitig gestellt wird, weil eine rückwirkende Zahlung nur in beschränktem Umfang möglich ist.

1. Witwen/Witwerrente

a) Kleine Witwenrente

Eine Witwe erhält auf Antrag nach dem Tod ihres Ehegatten Witwenrente
– solange sie unverheiratet ist und
– wenn der verstorbene Ehegatte zur Zeit seines Todes die allgemeine Wartezeit erfüllt hat oder sie als erfüllt gilt, § 46 SGB VI.
Die allgemeine Wartezeit (§ 50 SGB VI) beträgt bei den Hinterbliebenenrenten in der Regel 5 Jahre Beitragszeiten (Pflichtbeitragszeiten, freiwillige Beitragszeiten, uU Kindererziehungszeiten), Ersatzzeiten (zB Militärzeit) sowie (bei Scheidung ab 1. 7. 1977) durch Versorgungsausgleich erworbene Zeiten. Die Wartezeit gilt zB als erfüllt, wenn der verstorbene Versicherte bis zu seinem Tod eine Rente bezogen hat. Sie ist zB vorzeitig erfüllt, wenn der Versicherte wegen eines Arbeitsunfalls verstorben ist.

Wenn die obigen Voraussetzungen erfüllt sind, erhält die Witwe die sog. „kleine Witwenrente"; sie beträgt 25% der Altersrente des verstorbenen Ehegatten. Dessen Altersrente hängt der Höhe nach u. a. davon ab, wie lange der Verstorbene der gesetzlichen Rentenversicherung angehörte und wieviel er in dieser Zeit verdient hat.

b) Große Witwenrente

Die große Witwenrente steht der Witwe zu, wenn zusätzlich (zu oben a)
- die Witwe das 45. Lebensjahr vollendet hat; oder
- sie berufs- bzw erwerbsunfähig ist; oder
- sie ein eigenes Kind oder ein Kind des verstorbenen Ehegatten unter 18 Jahren erzieht; oder
- sie ein behindertes Kind in häuslicher Gemeinschaft versorgt.

Die „große Witwenrente" beträgt 60% der Altersrente des verstorbenen Ehegatten.

c) Änderungen der Verhältnisse

Wenn die Witwe das 45. Lebensjahr vollendet, erhält sie statt der kleinen die große Witwenrente; wird bei der „jungen Witwe" das Kind 18 Jahre, erhält sie die kleine anstatt der großen Witwenrente. Fällt die Erwerbsunfähigkeit weg, verringert sich die Rente der „jungen" Witwe.

d) Anrechnung von Einkommen

Bei Todesfällen bis 31. 12. 1985 wird eigenes Einkommen der Witwe nicht angerechnet. Bei Todesfällen ab 1. 1. 1986 werden bestimmte eigene Einkünfte der Witwe, soweit sie einen Freibetrag übersteigen, mit einem bestimmten Prozentsatz auf die Rente angerechnet (§ 97 SGB VI). Für Renten in den ehemaligen DDR-Ländern gelten Besonderheiten.
- Anrechenbar sind Erwerbseinkommen aus einem Arbeitsverhältnis oder aus selbständiger Tätigkeit sowie Erwerbsersatzeinkommen aus dem öffentlich-rechtlichen Versorgungssystem (zB die eigene Altersrente, Berufsunfähigkeitsrente, Erwerbsunfähigkeitsrente, Erziehungsrente, Beamtenpension, Krankengeld, Arbeitslosengeld, Verletztengeld aus der gesetzlichen Unfallversicherung).
- Nicht anrechenbar sind zB Einkünfte aus Kapitalvermögen, aus Vermietung/Verpachtung, Lebensversicherung, betriebliche Altersversorgung, Zusatzversorgung im öffentlichen Dienst; bestimmte Sozialleistungen wie Sozialhilfe, Wohngeld, Arbeitslosenhilfe, Grund- und Ausgleichsrente der Kriegsop-

ferversorgung, Lastenausgleich; Rentenanteile, die auf Höherversicherung beruhen; Leistungen für Kindererziehung, die Mütter der Geburtsjahrgänge vor 1921 (in Sonderfällen: vor 1927) erhalten; Arbeitsentgelt, das eine Pflegeperson vom Pflegebedürftigen (zB der alten Mutter) erhält, sofern es das gesetzliche Pflegegeld nicht übersteigt.

Die Witwe muß der jeweiligen Landesversicherungsanstalt das Bruttoeinkommen mitteilen; die LVA ermittelt mit bestimmten Formeln aus dem Brutto- einen fiktiven „Nettoeinkommenbetrag" (Abschlag zwischen 25 und 37,5% vom Brutto).

Wichtig ist sodann, ob der Freibetrag überschritten wird. Der Freibetrag betrug im 2. Halbjahr 1995 monatlich 1 220,47 DM (zuzüglich 258,89 DM für jedes waisenrentenberechtigte Kind); in den neuen Bundesländern 959,11 DM (zuzüglich 203,45 DM je waisenrentenberechtigtes Kind). Vgl. § 97 Abs. 2 SGB VI.

■ Liegt dieses errechnete eigene „Nettoeinkommen" der Witwe unter dem Freibetrag, wird die Witwenrente nicht gekürzt.

Beispiel: bei einem Rentnerehepaar (in den alten Bundesländern) hat der Mann 1900 DM Altersrente, die Frau 900 DM eigene Altersrente. Stirbt der Mann, behält die Frau ihre 900 DM und erhält 60% von 1900 (= 1140 DM) Witwenrente; die eigene Rente wird nicht angerechnet, weil sie unter dem Freibetrag (1220,47 DM) liegt. Gesamtbezug: 2040 DM. Die Rentnerkrankenversicherung und Übergangsrecht blieb im Beispiel unberücksichtigt.

■ Liegt das „Nettoeinkommen" über dem Freibetrag, werden 40% des überschießenden Betrages von der errechneten Witwenrente abgezogen.

Beispiel: bei einem Rentnerehepaar (in den alten Bundesländern) hat der Mann 1900 DM Altersrente, die Frau 900 DM eigene Altersrente. Stirbt die Frau, erhält der Mann weiter seine eigene Rente von 1900 DM. Die Witwerrente würde an sich 540 DM (60% von 900) betragen. Das eigene Einkommen des Mannes übersteigt aber den Freibetrag um 679,53 DM (1900–1220,47); 40% davon, also 271,81 DM werden von der Witwerrente (540 DM) abgezogen, sodaß der Mann noch 268,19 DM Witwerrente erhält. Gesamtbezug: 2168,19 DM. Die Rentnerkrankenversicherung und Übergangsrecht blieb im Beispiel unberücksichtigt.

e) Sterbevierteljahr

Für die auf den Sterbemonat folgenden drei Kalendermonate erhält die Witwe eine Geldleistung in Höhe der Altersrente des Verstorbenen (ohne Anrechnung vom eigenen Witweneinkommen). War der Verstorbene bereits Rentenempfänger, kann die Witwe innerhalb von 20 Tagen nach dem Tod beim Postrentendienstzentrum einen entsprechenden Vorschuß beantragen; der Antrags-Vordruck ist beim Postamt erhältlich (der Vorschußantrag gilt zugleich als Rentenantrag), die Vorlage einer Sterbeurkunde ist erforderlich.

f) Wiederverheiratung

Bei Wiederheirat fällt die Witwenrente mit Ablauf des Monats der Eheschließung weg. Die Witwe erhält aber auf Antrag eine Witwenabfindung; sie beträgt das 24-fache der tatsächlich bezahlten monatlichen Witwenrente (Durchschnitt der letzten 12 Monate mal 24). Kleine Abweichungen bei der Abfindung ergeben sich, wenn die Witwe innerhalb von 3 Monaten oder innerhalb von 15 Monaten wieder heiratet.

Wenn die neue Ehe aufgelöst wird, kann die Witwenrente uU wieder aufleben.

g) Rente von Geschiedenen

aa) Ist die Ehe vor dem 1. 7. 1977 geschieden worden und stirbt der Ehegatte anschließend, erhält die Witwe auf Antrag aus der Versicherung des früheren Ehegatten die „Geschiedenen-Witwerrente", wenn die allgemeine Wartezeit nach ihm erfüllt ist (oder als erfüllt gilt) und die Witwe im letzten Jahr vor dem Tod des früheren Ehegatten von diesem Unterhalt tatsächlich erhalten hat oder einen Unterhaltsanspruch nach dem „letzten wirtschaftlichen Dauerzustand" hatte; in bestimmten Fällen ist eine solche frühere Unterhaltspflicht nicht erforderlich (zB wenn damals nur wegen guten Einkommens der Witwe kein Unterhaltsanspruch bestand). Diese Rente wird (wie oben a, b ausgeführt) als große oder kleine Witwenrente bezahlt. Anderes gilt in den neuen Bundesländern.

bb) Bei Scheidung ab 1. 7. 1977 ist uU durch den Versorgungsausgleich ein eigener Rentenanspruch der Witwe begründet worden.

Ferner kann bei Scheidung ab 1. 7. 1977 (auf Antrag) eine Erziehungsrente (§ 47 SGB VI) bewilligt werden, wenn der frühere Ehegatte verstorben ist. Dies ist eine Rente aus eigener Versicherung des überlebenden geschiedenen Ehegatten; Voraussetzung ist deshalb, daß der geschiedene Ehegatte bis zum Tod des früheren Ehegatten die allgemeine Wartezeit (u. a. 5 Jahre Beitragszeiten) selbst erfüllt hat, daß er unverheiratet bleibt und ein Kind unter 18 Jahren erzieht. Eigenes Einkommen der Witwe wird u. U. angerechnet. Die Erziehungsrente endet mit Volljährigkeit des Kindes, Wiederverheiratung oder 65. Lebensjahr der Witwe. Dann schließt sich die reguläre Altersrente an. In den neuen Bundesländern kann Erziehungsrente auch bei Scheidung vor dem 1. 7. 1977 in Frage kommen.

h) Übergangsrecht und Sonderregelungen

Bei Todesfällen ab 1. 1. 1986 werden bis 31. 12. 1995 eigene Einkünfte der Witwe nur stufenweise angerechnet. Beim Bezug von Erziehungsrente oder Hinterbliebenenrente aus der gesetzlichen Unfallversicherung bestehen besondere Anrechnungsbestimmungen. Auch sonst sind mehrere Sonderregelungen zu beachten, insbesondere für die neuen Bundesländer.

i) Beitragserstattung

Wenn die Wartezeiten für eine Hinterbliebenenrente nicht erfüllt sind, können unter bestimmten Voraussetzungen Witwen oder Waisen auf Antrag die Erstattung der Beiträge des Verstorbenen erlangen (§ 210 SGB VI).

j) Witwerrenten

Die Ausführungen zur Witwenrente gelten entsprechend bei Witwern.

2. Waisenrenten

Waisenrente erhalten nach dem Tod eines versicherten Elternteils auf Antrag dessen (eheliche, nichteheliche, adoptierte) Kinder und in den Haushalt aufgenommene Enkel, Stief- und Pflegekinder. Voraussetzung ist, daß der Verstorbene bis zu seinem Tod die allgemeine Wartezeit (5 Jahre Beitragszeiten, Ersatzzeiten, Zeiten aus Versorgungsausgleich) erreicht hat oder diese Wartezeit als (evtl. vorzeitig) erfüllt gilt (§ 48 SGB VI). Sie wird bezahlt, bis das Kind 18 Jahre ist (bei Schul- oder Berufsausbildung oder Behinderung bis zum 27. Lebensjahr, in Sonderfällen länger). Ab 1. 1. 1992 wird bei Waisen über 18 Jahren eigenes Erwerbseinkommen in bestimmtem Umfang angerechnet, wobei ein Freibetrag besteht. Für Waisen, die vorher ihr 18. Lebensjahr vollendet haben, gelten Sonderregelungen. Bei Halbwaisen beträgt die Waisenrente 10% der persönlichen Entgeltpunkte für die Altersrente des Verstorbenen, erhöht um einen bestimmten Zuschlag; bei Vollwaisen 20% nebst Zuschlag.

3. DDR-Renten

Eine Witwe oder Waise, die am 18. 5. 1990 (Tag der Unterzeichnung des deutsch-deutschen Staatsvertrages) ihren Wohnsitz oder gewöhnlichen Aufenthalt in der damaligen DDR hatte und deren Rente zwischen 1. 1. 1992 und 31. 12. 1996 beginnt, kann noch Hinterbliebenenrentenansprüche nach altem DDR-Recht haben (zB auf Witwen-/Witwerrente, Zusatzhinterbliebenenrente, Übergangshinterbliebenenrente, Unterhaltsrente für geschiedene Ehegatten, Waisenrente). Einzelheiten regelt das Renten-Überleitungsgesetz.

4. Zusatzversorgung im öffentlichen Dienst

Arbeiter und Angestellte im öffentlichen Dienst erhalten die Rente der gesetzlichen Rentenversicherung. Auf Grund von verschiedenen Tarifverträgen sind sie ferner in der Zusatzversorgung versichert. Diese gewährt Zusatzrenten an Witwen, Witwer, Waisen sowie Sterbegelder.

5. Altershilfe für Landwirte

Personen, die selbständig und als Existenzgrundlage Landwirtschaft und ähnliche Bodenbewirtschaftung betreiben, erhalten Altersgeld nach dem GAL, wenn sie eine bestimmte Anzahl von Monatsbeiträgen (60 bzw 180) entrichtet und das Unternehmen abgegeben haben. Die Hinterbliebenen erhalten unter den Voraussetzungen des § 3 GAL Altersgeld bzw Hinterbliebenengeld (§ 3b GAL) bzw Waisengeld (§ 3a GAL).

6. Betriebliche Altersversorgung

Die betriebliche Altersversorgung wird durchgeführt, um die Versorgungslücke zwischen Sozialrente und letztem Arbeitseinkommen zu schließen. In Frage kommen Höher- oder Weiterversicherung, innerbetriebliches Ruhegeld, Pensions- und Unterstützungskassen, Lebensversicherungen zugunsten des Arbeitnehmers. Hier kommen jeweils Leistungen an die Hinterbliebenen in Frage.

XL. Beamtenversorgung

1. Rechtsgrundlagen

Die Versorgung der Beamten ist im BeamtenversorgungsG (BeamtVG) geregelt; dieses Gesetz gilt für Beamte des Bundes, der Länder, der Gemeinden, der Gemeindeverbände und der sonstigen der Aufsicht eines Landes unterstehenden Körperschaften, Anstalten und Stiftungen des öffentlichen Rechts, sowie für die Richter des Bundes und der Länder (§ 1 BeamtVG). Es gilt nicht für die öffentlich-rechtlichen Religionsgesellschaften und ihre Verbände (§ 1 Abs. 3 BeamtVG). Auch die Rechtsverhältnisse der am 1. 1. 1977 vorhandenen Ruhestandsbeamten, entpflichteten Hochschullehrer, Witwen und Waisen richten sich im wesentlichen nach früherem Recht (§ 69 BeamtVG). Im übrigen gelten zahlreiche Besonderheiten; hier werden nur die Grundzüge dargestellt. Die Versorgung der Hinterbliebenen nach dem BeamtVG umfaßt die Bezüge für den Sterbemonat, Sterbegeld (S. 40), Witwengeld, Witwenabfindung, Waisengeld, Unterhaltsbeiträge und Witwenversorgung.

2. Bezüge für den Sterbemonat

Den Erben eines verstorbenen Beamten oder eines Ruhestandsbeamten verbleiben für den Sterbemonat die Bezüge des Verstorbenen (§ 17 BeamtVG).

3. Witwengeld

a) Regelfall

Die Witwe eines Beamten auf Lebenszeit oder eines Ruhestandsbeamten erhält Witwengeld. Es beträgt 60% des Ruhegehalts, das der Verstorbene erhalten hat oder hätte erhalten können, wenn er am Todestage in den Ruhestand getreten wäre (§ 20

BeamtVG). Witwengeld wird unabhängig von der Bedürftigkeit gewährt.

Das Ruhegehalt des Beamten beträgt mindestens 35%, höchstens 75% der ruhegehaltfähigen Dienstbezüge (§ 14 Abs. 1, 4 BeamtVG). Die genaue Höhe richtet sich nach der Zahl der Jahre ruhegehaltfähiger Dienstzeit (jährliche Steigerung: 1,875%).

Die Zahlung beginnt mit Ablauf des Sterbemonats und endet mit dem Ende des Monats, in dem die Witwe stirbt bzw mit dem Ende des Monats, in dem sich die Witwe wiederverheiratet (§ 61 Abs. 1 Nr. 2, 3 BeamtVG), ferner wenn die Witwe wegen eines Verbrechens rechtskräftig zu einer Freiheitsstrafe von mindestens 2 Jahren verurteilt wird (§ 61 Abs. 1 Nr. 4 BeamtVG).

Für Probebeamte gelten Sonderregelungen (§ 26 BeamtVG).

b) Junge Witwen:

War die Witwe mehr als 20 Jahre jünger als der Verstorbene und ist aus der Ehe ein Kind nicht hervorgegangen, so wird das Witwengeld für jedes angefangene Jahr des Altersunterschiedes über 20 Jahre um 5% gekürzt, jedoch höchstens um 50%. Nach fünfjähriger Dauer der Ehe werden für jedes angefangene Jahr ihrer weiteren Dauer dem gekürzten Betrag 5% des Witwengeldes hinzugesetzt, bis der volle Betrag wieder erreicht ist.

c) Versorgungsehen:

Kein Witwengeld erhalten Witwen, wenn die Ehe mit dem Verstorbenen weniger als drei Monate gedauert hat, „es sei denn, daß nach den besonderen Umständen des Falles die Annahme nicht gerechtfertigt ist, daß der alleinige oder überwiegende Zweck der Heirat war, der Witwe eine Versorgung zu verschaffen (§ 19 Abs. 1 S. 2 Nr. 1 BeamtVG).

Kein Witwengeld erhalten ferner Witwen, wenn die Ehe erst nach dem Eintritt des Beamten in den Ruhestand geschlossen worden ist und der Ruhestandsbeamte zur Zeit der Eheschließung das 65. Lebensjahr bereits vollendet hatte (§ 19 Abs. 1 S. 2 Nr. 2 BeamtVG). In diesem Fall erhält die Witwe aber einen Unterhaltsbeitrag in Höhe des Witwengeldes unter Abzug von eigenem Erwerbseinkommen und Erwerbsersatzeinkommen in angemessenem Umfang (§ 22 Abs. 1 BeamtVG).

d) Geschiedene Witwen:

Der geschiedenen Ehefrau eines verstorbenen Beamten oder Ruhestandsbeamten kann auf Antrag in einem bestimmten Umfang ein Unterhaltsbetrag gewährt werden (§ 22 Abs. 2 BeamtVG).

e) Wiederverheiratung:

Eine Witwe, die Anspruch auf Witwengeld hat, erhält im Falle einer Wiederverheiratung eine Witwenabfindung; sie beträgt das 24-fache des monatlichen Witwengeldes (§ 21 BeamtVG).

f) Witwer von Beamtinnen

Die obigen Regelungen (§§ 19–27 BeamtVG) gelten entsprechend für den Witwer oder den geschiedenen Ehemann einer verstorbenen Beamtin oder Ruhestandsbeamtin.

4. Waisenversorgung

Die Kinder eines verstorbenen Beamten auf Lebenszeit oder eines verstorbenen Ruhestandsbeamten erhalten Waisengeld (§ 23 Abs. 1 BeamtVG); es beträgt für die Halbwaise 12% und für die Vollwaise 20% des Ruhegehalts, das der Verstorbene erhalten hat oder erhalten hätte (§ 24 Abs. 1 BeamtVG). Witwen- und Waisengeld dürfen zusammen den Betrag des ihrer Berechnung zugrundeliegenden Ruhegehalts nicht übersteigen (§ 25 Abs. 1 BeamtVG); sonst erfolgte eine anteilige Kürzung, die aber bei Wegfallen eines Berechtigten wieder ausgeglichen wird (§ 25 Abs. 2 BeamtVG). Die Waisenversorgung endet mit dem Ende des Monats, in dem die Waise 18 Jahre alt wird; in Sonderfällen (zB bei Behinderung) wird es länger bezahlt (§ 61 Abs. 1 Nr. 3, Abs. 2 BeamtVG).

XLI. Die Todeserklärung

1. Voraussetzungen

Wer verschollen ist muß für tot erklärt werden, damit die Witwe wieder heiraten kann und die Hinterbliebenen Witwen- und Waisenrenten erhalten. Verschollen ist, wessen Aufenthalt während längerer Zeit unbekannt ist, ohne daß Nachrichten darüber vorliegen, ob er in dieser Zeit noch gelebt hat oder gestorben ist, sofern nach den Umständen hierdurch ernstliche Zweifel an seinem Fortleben begründet werden (§ 1 VerschG).

Niemand kann vor dem Ende des Jahres, in dem er das 25. Lebensjahr vollendet hätte, für tot erklärt werden. Im übrigen ist die Todeserklärung zulässig, wenn seit dem Ende des Jahres, in dem der Verschollene nach den vorhandenen Nachrichten gelebt hat, 10 Jahre, oder wenn der Verschollene zur Zeit der Todeserklärung das 80. Lebensjahr vollendet hätte, 5 Jahre verstrichen sind (§ 3 VerschG). Für die Verschollenen des 2. Weltkriegs gelten kürzere Fristen (Art. 2 § 1 des VerschÄnderungsG), für sonstige Kriegsverschollenheit eine Frist von einem Jahr (§ 4 VerschG).

2. Verfahren

Den Antrag können der Ehegatte, die Abkömmlinge, Eltern, der Staatsanwalt und sonstige rechtlich Interessierte beim Amtsgericht des letzten Wohnsitzes des Verschollenen stellen (§§ 14, 16 VerschG). Die Behauptungen (letzter Aufenthalt, letzte Post, Fehlen weiterer Nachrichten) sind glaubhaft zu machen, notfalls durch eidesstattliche Versicherung; Geburtsurkunde und Vermißtenmeldung sind vorzulegen. Der Rechtspfleger erläßt dann ein Aufgebot, das veröffentlicht wird; bei Verschollenen des 2. Weltkriegs wird ferner bei der deutschen Dienststelle für die Benachrichtigung der nächsten Angehörigen von Gefallenen der ehemaligen deutschen Wehrmacht in Berlin angefragt. Nach Fristablauf wird der Verschollene, wenn sich keine Lebenszeichen zeigen, für tot erklärt und der Todeszeitpunkt festgestellt

(§ 23 VerschG). Taucht der für tot erklärte wieder auf, kann er oder der Staatsanwalt die Aufhebung der Todeserklärung beantragen (§ 30 VerschG). Hat die Witwe inzwischen wieder geheiratet, bleibt zwar die spätere Ehe bestehen (§ 38 Abs. 2 EheG). Die Witwe kann aber die Aufhebung der zweiten Ehe beantragen (§ 39 Abs. 1 EheG) und dann den Wiederaufgetauchten erneut heiraten. Entsprechendes gilt für den Witwer.

Todeserklärungen und gerichtliche Feststellungen der Todeszeit werden vom Standesbeamten des Standesamts I in Berlin in ein besonderes Buch für Todeserklärungen eingetragen (§ 40 Abs. 1 PStG); dort werden auch Auskünfte erteilt.

Sachverzeichnis

BECK-RECHTSBERATER im

RECHT einfach

Schmoeckel · Wie bekomme ich Geld vom Staat?
Soziale Leistungen in der BRD.
(dtv-Band 50601)

Doetsch · Guter Rat zu meinen Versicherungen
Alle wichtigen Rechtsfragen zu Abschluß, Inhalt, Änderung und Kündigung privater Versicherungen.
(dtv-Band 50603)

Fraulob · Richtiges Verhalten in der Zwangsvollstreckung
Praktische Hinweise für Schuldner und Gläubiger.
(dtv-Band 50604)

Hüttenbrink Fragen zur Sozialhilfe
Voraussetzungen und Umfang meines Rechtes auf Sozialhilfe.
(dtv-Band 50605)

Wetter · Ärger im Betrieb
Rechtsfragen im Arbeitsverhältnis und bei der Kündigung.
(dtv-Band 50606)

Wetter Der richtige Arbeitsvertrag
Die wichtigsten Rechtsfragen bei Vertragsabschluß und späteren Änderungen.
(dtv-Band 50607)

Nasemann · Richtig bewerben
Praktische Hinweise für die Stellensuche, Inhalt und Form der Bewerbung, alle Rechtsfragen zu Vorstellungsgespräch und Einstellungstest.
(dtv-Band 50608)

Frieser Wie gestalte ich mein Testament?
Alle wichtigen Rechtsfragen für den Erblasser.
(dtv-Band 50609)

Frieser · Was tun im Erbfall?
Rechte und Pflichten des Erben.
(dtv-Band 50610)

Grziwotz Wichtige Rechtsfragen zur Ehe
Alles was ich wissen muß zu Eheschließung, Rechten und Pflichten in der Ehe, ehelichem Güterrecht, Eheverträgen.
(dtv-Band 50611)

Grziwotz Trennung und Scheidung
Wichtige Rechtsfragen zu Getrenntleben, Scheidungsvoraussetzungen, Vermögensauseinandersetzung und Unterhalt.
(dtv-Band 50612)

Schmidt · Rentenversicherung leichtgemacht
Wichtige Fragen zur Berufs- und Erwerbsunfähigkeitsrente, Alters- und Hinterbliebenenrente.
(dtv-Band 50614)

Schmitz · Was tun bei Wohnungskündigung?
Alles was ich wissen muß zu Kündigungsschutz und Beendigung eines Mietverhältnisses.
(dtv-Band 50615)

Gallwas · Polizei und Bürger
Rechtsfragen zu polizeilichem Handeln.
(dtv-Band 50616)

Schmoeckel · Meine Rechte und Pflichten als junger Unternehmer
(dtv-Band 50617)

Nasemann · Guter Rat bei der Wohnungssuche
Praktische Hinweise und Rechtsfragen zu Wohnungsvermittlung, Abschluß und Inhalt des Mietvertrags, Wohngeld und Umzug.
(dtv-Band 50618)

Schmidt Guter Rat zur Pflegeversicherung
Alle wichtigen Rechtsfragen zu: Versicherungspflicht, Beitragsbemessung, Pflegeleistungen.
(dtv-Band 50619)